全国行政执法人员培训示范教材

QUANGUO XINGZHENG ZHIFA RENYUAN
PEIXUN SHIFAN JIAOCAI

行政征收征用制度教程

全国行政执法人员培训示范教材编辑委员会 / 编

沈开举　主　编
王红建　程雪阳　副主编

中国法制出版社
CHINA LEGAL PUBLISHING HOUSE

全国行政执法人员培训示范教材编辑委员会

主　任：何　勇

副主任：刘　波　徐志群　孔祥泉　方　军
　　　　赵树堂　陈春生

成　员：李富成　闫光永　李秀群　袁雪石
　　　　彭　飞　刘茂亮　宫　建　赵　鹏
　　　　舒　丹　马　颖

联络员：王　宇

总　序

为深入学习贯彻习近平法治思想，认真贯彻党中央关于全面推进依法治国、加快法治政府建设的重大决策部署，全面落实《法治政府建设实施纲要（2021—2025年）》，严格履行司法部"指导行政执法队伍规范化、制度化建设，指导开展行政执法人员培训工作"的职责，全面提高行政执法人员素质，建设德才兼备的高素质行政执法队伍，大力推进严格规范公正文明执法，经司法部部领导批准，司法部行政执法协调监督局、中国法制出版社会同国家有关部委法制机构和地方司法行政部门成立全国行政执法人员培训示范教材编辑委员会，负责全国行政执法人员培训示范教材编写工作。

全国行政执法人员培训示范教材编写工作实行编审分离的原则，各编写组负责示范教材各分册教程的具体编写工作。全国行政执法人员培训首批示范教材包括一个基础教程和六个具体制度教程，即《行政执法基础教程》《行政处罚制度教程》《行政许可制度教程》《行政强制制度教程》《行政救济制度教程》《行政征收征用制度教程》《行政执法监督制度教程》。

本套教材适应全国行政执法人员培训标准化体系建设的需要，着眼于全面提高行政执法人员素质，具有权威性、基础性、示范性、实用性的鲜明特点。在体例、内容和形式上都力求符合行政执法人员培训工作的要求，紧紧围绕行政执法实际问题指导行政执法实践，体现为执法服务，适应不同层级、不同行业、不同岗位行政执法人员培训工作的多样化需求。本套示范教材的出版将有力促进行政执法人员培训工作的制度化、规范化、常态化，推动形成行政执法人员培训教材体系，全面提高行政执法人员素质，为推进国家治理体系和治理能力现代化提供有力的执法人才支撑。

教材在编写过程中，得到各有关单位的关心和支持，教材编写组各位主编、副主编、作者对教材的编写倾注了大量的心血，在完成时间紧、编写任务重、质量要求高的情况下，比较圆满地完成了本套教材的编写任务，在此表示衷心感谢。因编写时间有限，错漏在所难免，恳请广大读者不吝指正。

司法部行政执法协调监督局

2022 年 9 月

前 言

PREFACE

行政征收征用是国家为了公共利益需要，依照法律规定强制取得公民、法人或者其他组织的财产权并给予补偿的法律行为。作为一种国家公权力，征收征用权的行使对行政相对人的财产权益影响甚大，必须符合公共利益，必须遵循法定程序，必须给予公平补偿。

目前，我国已初步形成以《宪法》为统领，以《土地管理法》等为核心的行政征收征用法律规范体系。现行《宪法》第10条第3款和第13条第3款从根本法层面对征收征用制度进行了规定，《土地管理法》和《国有土地上房屋征收与补偿条例》对集体土地征收、国有土地上房屋征收作出了具体规定。针对一些特殊领域和特殊情况，《国防动员法》《传染病防治法》等对临时征用，《戒严法》《突发事件应对法》《自然灾害救助条例》等对紧急征用作出了规定。为了严格、规范行使征收征用权，中共中央、国务院印发的《法治政府建设实施纲要（2021—2025年）》对土地房屋征收、突发事件应对等重点领域的征收征用提出了明确的要求。

对于一些新的征收征用类型，诸如管制征收、事实征收等，本书也从学理上进行了介绍，以便读者更好地把握征收征用制度、应对实践需求。

立法进程不断推进，行政执法面临的问题日趋复杂，学术研究逐渐深化，都对行政执法人员的征收征用补偿工作提出了更高要求和挑战。为了帮助广大行政执法人员全面理解和准确把握征收征用的基本理论、法律法规规定的主要内容，提高行政执法水平，在全国行政执法人员培训示范教材编辑委员会的指导下，我们编写了这本《行政征收征用制度教程》，作为全国行政执法人员培训示范教材之一。本书编写立足于行政执法人员示范教程的定位，突出权威性、基础性、示范性和实用性，既紧扣立法文本，又紧密结合执法实践，既注重理论阐释，又通俗易懂。编写体例上力求创新，在每一节增设案例和思考题，帮助读者理解和消化教程的内容。在编写人员组成上，既有国内长期研究行政征收征用的著名专家学者，也有实践经验丰富的自然资源部门的领导、一线执法人员和法院行政审判法官。

本书各章编撰分工如下：

第一章　沈开举、杜志勇

第二章　王红建、王蕊

第三章　李永超、邱烈飞

第四章　杨会永、乔小雨

第五章　郑磊、魏海深、魏丽平

第六章　沈思达、邢昕

全书由主编沈开举撰写大纲，由副主编王红建、程雪阳统稿、校对，邢昕协助统稿。

由于行政征收征用制度涉及面广，行政执法实践中遇到的问题纷繁复杂，加之编写时间和能力有限，疏漏之处在所难免。诚望广大读者见谅！

本书编者

2022年11月

目 录
CONTENTS

第一章　行政征收征用概述 / 001

第一节　行政征收征用的概念和类型 / 001

第二节　行政征收征用的理论基础 / 015

第三节　行政征收征用的基本原则 / 022

第二章　集体土地征收 / 029

第一节　集体土地征收概述 / 029

第二节　集体土地征收条件 / 037

第三节　集体土地征收程序 / 042

第四节　集体土地征收安置补偿 / 058

第三章　国有土地上房屋征收 / 076

第一节　国有土地上房屋征收概述 / 076

第二节　国有土地上房屋征收决定 / 087

第三节　国有土地上房屋征收补偿 / 099

第四节　国有土地上房屋征收补偿执行 / 119

第四章　特殊类型行政征收征用 / 126

第一节　国有土地使用权有偿收回 / 126

第二节　行政征用 / 143

　　第三节　准征收 / 161

第五章　行政征收的法律救济 / 179

　　第一节　行政复议 / 179

　　第二节　行政诉讼 / 188

　　第三节　国家赔偿 / 205

第六章　法律责任 / 213

　　第一节　行政机关及其工作人员的法律责任 / 214

　　第二节　被征收征用人的法律责任 / 227

　　第三节　第三方机构的法律责任 / 234

附录一　相关法律规定 / 239

　　中华人民共和国土地管理法 / 239

　　中华人民共和国土地管理法实施条例 / 258

　　国有土地上房屋征收与补偿条例 / 272

　　自然资源部关于印发《土地征收成片开发标准（试行）》的通知 / 279

　　住房城乡建设部关于印发《国有土地上房屋征收评估办法》的通知 / 281

附录二　集体土地征收过程中部分公告参考模板 / 288

　　××市（县）人民政府土地征收启动公告 / 288

　　××市（县）人民政府征地补偿安置方案公告 / 290

　　××市（县）人民政府征收土地公告 / 293

后　记 / 295

第一章 行政征收征用概述

本章知识要点

□ 行政征收征用的概念和类型
□ 行政征收征用的理论基础
□ 行政征收征用的基本原则

行政征收征用作为一种重要的行政行为,涉及国家机关权力行使、公民合法财产权益保护、社会经济发展等多个方面,必须严格依法实施。本章首先从宏观层面介绍行政征收征用的概念和类型,继而阐释其理论基础和基本原则,为进一步阐述征收征用具体制度奠定基础。

第一节 行政征收征用的概念和类型

行政征收征用是国家为了公共利益的需要,依照法律规定强制取得公民、法人或者其他组织的财产权并给予补偿的法律行为。**行政征收征用作为一种国家主权行为,具有国家强制力,对公民、法人或者其他组织的财产权影响甚大,必须符合公共利益,必须按照法定程序进行,必须给予公平补偿。**在我国征收征用实践中,征收征用类型繁多,主要包括集体土地征收、国有土地上房屋征收等。

一、行政征收征用的基本概念

（一）行政征收

行政征收是行政决定的形态之一，是一种独立的行政行为。在广义上，它是指行政主体为了公共利益的需要，依法向行政相对人**强制收取税费或者土地、房屋等财产的行政行为。从财产权的角度来说，它至少包括税收，收费，强制获得他人所有的不动产、动产或者其他财产权益的行为；从非财产权的角度来说，还包括征兵、征调劳力等。**[1]征税或行政收费相对于行政征收土地或房屋，彼此之间具有明显的不同，前两者无需进行补偿，而后两者是需要进行补偿的。[2]

相对于广义上的行政征收概念和征收范围，**狭义上的行政征收主要指国家基于公共利益所需，由政府部门根据法律规定强制取得他人的财产权，并给予公平补偿的法律行为，不包含征税、征兵、收费、征调劳力等行政行为。**本教程所涉及的内容也主要是指狭义上的行政征收。

行政征收的法律效果是剥夺和处分相对人的私人财产权，而公民的私有财产权是受《宪法》和《民法典》保护的基本权利，因此**行政征收是一项必须由法律直接明确设定的法律制度。**[3]换言之，也只有基于公共利益的目的，根据法律规定，国家才能够行使征收权，强制获得他人财产权，并给予公平补偿。因此，行政征收具有

---

[1] 沈开举：《征收、征用与补偿》，法律出版社2006年版，第1页。
[2] 征税或行政收费通常被认为是无偿的，但事实上这种补偿显然是通过私人对政府提供的公共产品消费的方式来实现的。这样获得补偿的方式与征收情形下直接获得经济上的补偿不同，因此，可以认为前者是无偿的，后者是有偿的。
[3]《行政法与行政诉讼法学》编写组编：《行政法与行政诉讼法学》，高等教育出版社2018年版，第154—155页。

以下几个方面的法律特征。

其一，公益性。只有为了公共利益或公共目的，才能征收他人的财产权益，这是对征收权的明确限制。国家享有征收权，但不能毫无限制地恣意行使权力，符合公共利益是前提性条件。唯有如此，才能够保障被征收人的合法权利，符合法治政府建设的要求。

其二，法定性。行政主体必须按照法律、法规明确规定的条件、标准、范围、程序实施征收，依法征收。《宪法》第13条第3款规定，国家为了公共利益的需要，可以依照法律规定对公民的私有财产实行征收或者征用并给予补偿。根据我国《立法法》第11条[①]的规定，"对非国有财产的征收、征用"属于法律保留事项，只有全国人大及其常委会制定的"法律"才能设定。行政征收是对公民私有财产权的处分，从效果上看，直接获取了他人的财产权益，因此必须依法进行，恪守"法无授权即禁止"的原则。但是，关于征收补偿标准，则可以由地方政府规章制定。《土地管理法实施条例》第32条第1款规定，省、自治区、直辖市应当制定公布区片综合地价，确定征收农用地的土地补偿费、安置补助费标准，并制定土地补偿费、安置补助费分配办法。

其三，强制性。征收权源自国家主权，是国家主权的具体行使，因此具有强制力。行政机关为实现公共利益目的而实施征收行为，就是凭借国家强制力转移他人财产所有权。在国家征收行为中，被征收人必须服从国家的征收权，例如土地征收法律关系不是基于双方的自愿和一致，而是基于国家的单方面的意思表示，无需被征收人同意。[②]

其四，补偿性。"无补偿不征收"，征收与补偿密切相连，征收

[①] 《立法法》第11条规定："下列事项只能制定法律：……（七）对非国有财产的征收、征用；……"

[②] 季金华、徐骏：《土地征收法律问题研究》，山东人民出版社2011年版，第18页。

他人财产，国家必须予以公平补偿。补偿一方面可以弥补被征收人丧失财产权的损失，另一方面可以限制政府肆意行使征收权。《土地管理法》第48条第1款规定，征收土地应当给予公平、合理的补偿，保障被征地农民原有生活水平不降低、长远生计有保障。征收与补偿是一体两面，一为因，一为果，只有全面看待二者，才能衡平征收主体与被征收者之间的利益关系，既实现征收的公共利益目的，又保障被征收者的合法权益。

（二）行政征用

行政征用也是一种行政决定，是一种独立的行政行为。它是指行政主体根据法律规定，基于公共利益的目的，强制地使用相对人的财产并给予补偿的行政行为。

在我国，"征用"与"征收"有着十分密切的联系，两者的内涵在社会发展中经历了变迁和转化。早在2004年宪法修正之前，我国宪法上关于财产权征收一直使用的是"征用"概念。因为"征用"是有偿的，要给予相对人一定的补偿，而"征收"一般被认为是指征税，是无偿的。1954年《宪法》第13条规定："国家为了公共利益的需要，可以依照法律规定的条件，对城乡土地和其他生产资料实行征购、征用或者收归国有。"1982年《宪法》第10条规定："城市的土地属于国家所有。农村和城市郊区的土地，除由法律规定属于国家所有的以外，属于集体所有；宅基地和自留地、自留山，也属于集体所有。国家为了公共利益的需要，可以依照法律规定对土地实行征用……"1996年，全国人大常委会办公厅研究室政治组编著的《中国宪法精释》，将"征用"解释为"国家依照法律规定，征用劳动群众集体所有制的土地"[①]。由此可见，在上述两个法律文本中，

---

① 全国人大常委会办公厅研究室政治组编著：《中国宪法精释》，中国民主法制出版社1996年版，第121页。

"征用"所指的其实就是现在意义上的狭义行政征收（土地征收）。

不能忽视的是，虽然当时的宪法中使用的是"征用"概念，但是依然有其他法律使用"征收"概念表示财产权征收。例如，1990年《中外合资经营企业法》第2条第3款规定："国家对合营企业不实行国有化和征收；在特殊情况下，根据社会公共利益的需要，对合营企业可以依照法律程序实行征收，并给予相应的补偿。"在这里，征收显然是有偿的，与上述观点中"征收"是无偿的，产生矛盾。这一问题在2004年宪法修正时得到了解决。

2004年修正后的《宪法》第10条第3款规定："国家为了公共利益的需要，可以依照法律规定对土地实行征收或者征用并给予补偿。"第13条第3款规定："国家为了公共利益的需要，可以依照法律规定对公民的私有财产实行征收或者征用并给予补偿。"由此可见，我国宪法层面明确了征收和征用两种法律制度。

2004年3月8日，在第十届全国人民代表大会第二次会议上，全国人民代表大会常务委员会副委员长王兆国在《关于〈中华人民共和国宪法修正案（草案）〉的说明》中指出："征收和征用既有共同之处，又有不同之处。共同之处在于，都是为了公共利益需要，都要经过法定程序，都要依法给予补偿。不同之处在于，征收主要是所有权的改变，征用只是使用权的改变。宪法第十条第三款关于土地征用的规定，以及依据这一规定制定的土地管理法，没有区分上述两种不同情形，统称'征用'。从实际内容看，土地管理法既规定了农村集体所有的土地转为国有土地的情形，实质上是征收；又规定了临时用地的情形，实质上是征用。为了理顺市场经济条件下因征收、征用而发生的不同的财产关系，区分征收和征用两种不同情形是必要的。"[①]

[①] 王兆国：《关于〈中华人民共和国宪法修正案（草案）〉的说明》，载中国政府网，http://www.gov.cn/test/2005-06/26/content_9598.htm，最后访问时间：2023年3月2日。

由此可见，**征收与征用主要区别有两点：其一，行为的法律效果不同。征收发生所有权的转移，征用只是使用权的改变**。①**其二，被征收者财产权利丧失的期限不同。征收是相对人永久性失去财产权利，而征用是临时性失去财产的使用权**。但是，随着法律实践的发展，征收的对象不局限于所有权，其他财产权类型也有可能成为征收的对象。2007年，我国《物权法》颁布，明确规定了土地承包经营权、建设用地使用权、宅基地使用权等用益物权类型。2020年，《民法典》颁布，我国用益物权类型进一步丰富。用益物权逐渐成为除所有权之外最重要的财产权类型，也会成为征收的对象。

因此，在我国现行的法律体系中，行政征用制度的适用对象并不是宽泛意义上的财产使用权，而仅指临时性、紧急情况下的财产使用权。如果国家永久性地、不可逆转地剥夺了作为用益物权的财产使用权，那么构成了"征收"而非"征用"。②当然，无论是行政征收还是行政征用，根据现行宪法和法律的规定，都需要基于公共利益的需要并给予公平合理的补偿。

（三）行政征收征用补偿

有征收就有补偿，因为征收实质上就是一种买卖，这种买卖的特殊性就在于其具有强制性，被征收人在强制买卖中丧失了意思自治，即买卖自由。既然是买卖，就必须对被征收人的财产损失按市场价格予以公平补偿。**补偿是行政征收征用制度的核心要素或概念要素**，凡欲获得补偿，必先存在公权力对私人财产的剥夺、限制，被认定为征收或征用；凡公权力对私人财产的剥夺、限制构成征收

---

① 沈开举：《论征收征用权》，载《理论月刊》2009年第2期。
② 比如，"一次性口罩"这种物品一次使用后，便不能再次使用，因此对于这种物品只能适用行政征收制度而无法适用行政征用制度，即使征收机关作出的只是"征用决定"，其法律效果依然是"征收决定"。

或征用，就必须给予公平的补偿。

征收征用和补偿为"唇齿条款"，有了公平补偿原则的限制，即使符合公共利益的目的，又经过了民主的合法的程序，也会使作为征收主体的政府有所顾忌。有公平补偿原则的限制，也使作为被征收人的个人财产权利没有承受过多的损失，基本上达到了保障公民财产权利的目的。[①]"无补偿则无征收"已经成为各国法律的共识，补偿成为征收征用制度的核心内容。

理论上，一般还将补偿区分为"完全补偿"和"适当补偿"。在一般情形下，应对被征收人给予完全的补偿，不能因公共利益目的而损害私人财产权益。《土地管理法》第2条第4款、《国有土地上房屋征收与补偿条例》第2条、《民法典》第117条等，都对征收征用他人财产应该予以补偿进行了明确规定。关于补偿的具体内容，应根据被征收的客体不同而有所不同，如集体土地征收，要支付土地补偿费、安置补助费以及农村村民住宅、其他地上附着物和青苗等的补偿费用，并安排被征地农民的社会保障费用。

与此同时，征收征用补偿还要遵循一定的程序，通过程序正义保障被征收人的合法权益。《土地管理法》第45条至第49条、《土地管理法实施条例》第26条至第32条等，就明确规定了土地征收与补偿程序。依法按照征收程序开展征收和补偿，才能真正保障被征收人的合法权益。

此外，行政补偿不同于行政赔偿。行政补偿和行政赔偿都属于国家责任，但行政赔偿是由违法行为引起的，而行政补偿是由合法行为引起的。针对合法的行政征收征用行为，国家承担的是行政补偿责任，补偿行政相对人的损失。但是，若违法征收、征用他人财产，受害人有取得赔偿的权利，国家要承担相应的赔偿责任。

[①] 张明：《农民权利保护视野下的土地征收制度研究》，法律出版社2013年版，第74页。

二、行政征收征用的主要类型

在我国法律实践中，行政征收征用主要包括集体土地征收和国有土地上房屋征收两大类，此外还包括国有土地使用权有偿收回、行政征用、准征收等特殊类型。

（一）集体土地征收

集体土地征收是一种十分重要的行政征收类型，是指国家出于公共利益的需要，通过法定程序将集体所有的土地及其附属物转变为国家所有的法律过程及其法律制度。[①] 我国土地所有权分别由国家和集体经济组织享有，基于公共利益的需要，国家可以依法征收集体土地、地上附着物的所有权和用益物权，并给予集体经济组织和农民公平的补偿。

征收集体土地，首先，必须符合法律规定的目的。《土地管理法》第45条第1款[②]对此进行了明确的规定，列举了六种情形（含五种具体类型和一项兜底条款）。其中，第1项到第6项都应当符合国民经济和社会发展规划、土地利用总体规划、城乡规划和专项规划；第4项、第5项规定的建设活动，还应当纳入国民经济和社会发展年度计划；第5项规定的成片开发并应当符合国务院自然资源主管部门规定的标准。

[①] 胡建淼：《行政法学》，法律出版社2015年版，第722页。
[②] 《土地管理法》第45条第1款规定："为了公共利益的需要，有下列情形之一，确需征收农民集体所有的土地的，可以依法实施征收：（一）军事和外交需要用地的；（二）由政府组织实施的能源、交通、水利、通信、邮政等基础设施建设需要用地的；（三）由政府组织实施的科技、教育、文化、卫生、体育、生态环境和资源保护、防灾减灾、文物保护、社区综合服务、社会福利、市政公用、优抚安置、英烈保护等公共事业需要用地的；（四）由政府组织实施的扶贫搬迁、保障性安居工程建设需要用地的；（五）在土地利用总体规划确定的城镇建设用地范围内，经省级以上人民政府批准由县级以上地方人民政府组织实施的成片开发建设需要用地的；（六）法律规定为公共利益需要可以征收农民集体所有的土地的其他情形。"

其次，征收集体土地还要符合法定的程序要件。《土地管理法》第45条、第47条、第48条和《土地管理法实施条例》第26—32条都明确规定了集体土地征收程序，主要包括发布征收土地预公告、开展拟征收土地现状调查、开展社会稳定风险评估、拟定征地补偿安置方案并公告、依申请组织听证、签订安置补偿协议、申请土地征收报批、发布征收土地公告、拨付并足额支付征地补偿费用、交付土地等程序。

此外，我国坚持严格的耕地保护制度，征收集体土地，若涉及农用地转为建设用地，还要先经过农用地转用审批程序。《土地管理法》第44条和《土地管理法实施条例》第24条就明确规定了农用地转用审批手续，涉及永久基本农田转为建设用地的，由国务院批准；不涉及占用永久基本农田的，由国务院或者国务院授权的省、自治区、直辖市人民政府批准。其中，根据《土地管理法》第46条第3款的规定，经国务院批准农用地转用的，同时办理征地审批手续，不再另行办理征地审批；经省、自治区、直辖市人民政府在征地批准权限内批准农用地转用的，同时办理征地审批手续，不再另行办理征地审批，超过征地批准权限的，应当依法另行办理征地审批。

（二）国有土地上房屋征收

依照宪法规定，国家对特定的城市土地享有所有权，农民集体对农村和城市郊区的土地享有所有权，个人并不享有土地所有权。不过，个人对其在依法取得的土地上自行建设或购买的房屋享有所有权。因此，当国家基于公共利益的需要，对房屋予以征收时，也应给予被征收人公平的补偿。对城市土地上的房屋进行征收时，是国有土地上房屋征收，依据《城市房地产管理法》第6条和《国有土地上房屋征收与补偿条例》开展。对集体土地上的房屋进行征收时，根据《土地管理法》第48条的规定，房屋（农村村民住宅）作为土地上的附属物一并被征收，应给予被征收人相应的补偿。

国有土地上房屋征收也必须符合法律规定的公共利益目的，按照法定程序开展，对被征收人给予公平的补偿。国有土地上房屋的征收与补偿程序一般分为三个阶段，即征收决定阶段、征收补偿阶段、搬迁执行阶段。《国有土地上房屋征收与补偿条例》第8条[①]明确了六种符合公共利益可以征收国有土地上房屋的情形，前五种都是具体情形的列举，最后一种是兜底性条款。只有基于此，才能依法作出征收决定。

具体实施中，由市、县级人民政府负责本行政区域的房屋征收与补偿工作，市、县级人民政府确定的房屋征收部门组织实施本行政区域的房屋征收与补偿工作。市、县级人民政府作出房屋征收决定，并按照程序要求制定征收补偿方案。其中，关于房屋征收补偿的范围，主要包含被征收房屋价值的补偿，因征收房屋造成的搬迁、临时安置的补偿，因征收房屋造成的停产停业损失的补偿等方面。

补偿方案确定后，房屋征收部门应与被征收人签订房屋征收补偿协议。实施房屋征收应当先补偿、后搬迁。作出房屋征收决定的市、县级人民政府对被征收人给予补偿后，被征收人应当在补偿协议约定或者补偿决定确定的搬迁期限内完成搬迁。尤其要明确的是，任何单位和个人不得采取暴力、威胁或者违反规定中断供水、供热、

---

① 《国有土地上房屋征收与补偿条例》第8条规定："为了保障国家安全、促进国民经济和社会发展等公共利益的需要，有下列情形之一，确需征收房屋的，由市、县级人民政府作出房屋征收决定：（一）国防和外交的需要；（二）由政府组织实施的能源、交通、水利等基础设施建设的需要；（三）由政府组织实施的科技、教育、文化、卫生、体育、环境和资源保护、防灾减灾、文物保护、社会福利、市政公用等公共事业的需要；（四）由政府组织实施的保障性安居工程建设的需要；（五）由政府依照城乡规划法有关规定组织实施的对危房集中、基础设施落后等地段进行旧城区改建的需要；（六）法律、行政法规规定的其他公共利益的需要。"

供气、供电和道路通行等非法方式迫使被征收人搬迁。禁止建设单位参与搬迁活动。

（三）特殊类型征收征用

除了上述集体土地征收、国有土地上房屋征收两类典型的行政征收行为之外，还存在以下特殊类型的行政征收征用情形。

其一，国有土地使用权有偿收回。根据《土地管理法》和《民法典》的有关规定，在国有土地上可以为他人设定建设用地使用权，国家基于公共利益需要也可以收回该建设用地使用权。《土地管理法》第58条第1款第1项就明确规定了国有土地使用权收回的情形，即为实施城市规划进行旧城区改建以及其他公共利益需要，确需使用土地的，可以收回国有土地使用权。此处法律概念上虽然用的是"收回"，但从本质上看，就是国家对土地使用权的"征收"，原土地使用权人丧失了原有权利，国家应对此给予补偿。

但应明确的是，法律意义上的"收回"，并不都是有偿的。例如，民法上土地使用期限届满收回、逾期未缴纳土地出让金收回、因政府原因导致闲置土地时的协议收回；行政法上因单位撤销、迁移等原因停止使用原划拨国有土地收回，用地项目经核准报废收回，非因不可抗力或者政府原因造成闲置土地超过二年收回，因违规使用土地收回等情形，并不都是有偿收回。因收回的具体情形不同，法律性质也不同。本教程后面具体章节仅阐述因公共利益需要有偿收回国有土地使用权这一种情形，因为其本质上属于行政征收范畴。

其二，行政征用。包含日常生活中基于特定公共利益的临时性征用和特定紧急情况下的临时性征用。简言之，是指临时征用和紧急征用。行政征用的本质就是对他人财产权短时间内的使用，而非永久性的剥夺。狭义上的临时征用，仅指在社会秩序正常的情况下临时征用土地，比如修桥铺路过程中临时征用特定集体土地，工程建设完成后又返还给权利人。而因各种紧急情形临时征用财产的，例如在抢险、救灾、防疫、国防、军事等突发紧急情况下实施行政征用的，属于紧急征用范畴。

其三，准征收。包含管制征收和占有征收。准征收是与征收相对的一个概念，准征收并不是我国法律上明确规定的概念，而是学者借鉴域外法制和理论引入的一个学术概念，是行政征收的特殊形式。国家以增进公共利益为目的，通过行政行为在法律上或在事实上对私有财产权予以限制（严重影响私人财产经济价值，造成特别牺牲），并给予经济或其他补偿的行为，就是准征收。

根据对财产的占有和价值影响程度的不同，可将准征收分为管制征收和占有征收。管制征收通常是指国家通过作出具有规制性的法律行为，有意限制私人财产权的利用，例如因划设自然保护区等而无法使用土地或经营、因修建水电站等而依法关闭相关经营场所、因保护永久基本农田而限制土地用途。[①] 占有征收是指国家并非有意占有或使用私人财产，或者有意限制私人财产权，而是其合法行为的附随结果在客观上造成了私人财产的损失，该行为多是出于偶发或不可预见的事实行为，而对私人财产造成无意的损害。诸如因公共工程施工所造成的损失、国家公害行为所造成的损失、排除危险等即时强制措施造成的损失等情形。在实践中，上述行为构成准征收的，国家应当给予相对人公平的补偿，充分保障其合法权益。

[①] 国务院2021年修订的《土地管理法实施条例》第12条第1款规定："国家对耕地实行特殊保护，严守耕地保护红线，严格控制耕地转为林地、草地、园地等其他农用地，并建立耕地保护补偿制度，具体办法和耕地保护补偿实施步骤由国务院自然资源主管部门会同有关部门规定。"该规定表明，我国法律已着手建立管制性征收的补偿制度。

典型案例

毛培荣诉永昌县人民政府房屋征收补偿决定案[①]

案情简介：

2012年1月，甘肃省永昌县人民政府拟定《永昌县北海子景区建设项目国有土地上房屋征收补偿方案》，向社会公众公开征求意见。期满后，作出《关于永昌县北海子景区建设项目涉及国有土地上房屋征收的决定》并予以公告。原告毛培荣、刘吉华、毛显峰（系夫妻、父子关系）共同共有的住宅房屋一处（面积276平方米）、工业用房一处（面积775.8平方米）均在被征收范围内。经房屋征收部门通知，毛培荣等人选定评估机构对被征收房屋进行评估。评估报告作出后，毛培荣等人以漏评为由申请复核，评估机构复核后重新作出评估报告，并对漏评项目进行了详细说明。同年12月26日，房屋征收部门就补偿事宜与毛培荣多次协商无果后，告知其对房屋估价复核结果有异议可依据《国有土地上房屋征收评估办法》，自接到通知之日起10日内向甘肃省金昌市房地产价格评估专家委员会申请鉴定。毛培荣在规定的期限内未申请鉴定。2013年1月9日，县政府作出永政征补〔2013〕第1号《关于国有土地上毛培荣房屋征收补偿决定》，对涉案被征收范围内住宅房屋、房屋室内外装饰、工业用房及附属物、停产停业损失等进行补偿，被征收人选择货币补偿，总补偿款合计人民币1842612元。毛培荣、刘吉华、毛显峰认为补偿不合理，补偿价格过低，向市政府提起行政复议。复议机关经审查维持了县政府作出的征收补偿决定。毛培荣、刘吉华、毛显峰不

[①] 本案系最高人民法院发布的征收拆迁十大案例之七，载最高人民法院网站，https://www.court.gov.cn/zixun-xiangqing-13405.html，最后访问时间：2023年3月2日。

服，提起行政诉讼，请求撤销征收补偿决定。

法院认为： 县政府为公共事业的需要，组织实施县城北海子生态保护与景区规划建设，有权依照《国有土地上房屋征收与补偿条例》的规定，征收原告国有土地上的房屋。因房屋征收部门与被征收人在征收补偿方案确定的签约期限内未达成补偿协议，县政府具有依法按照征收补偿方案作出补偿决定的职权。在征收补偿过程中，评估机构系原告自己选定，该评估机构具有相应资质，复核评估报告对原告提出的漏评项目已作出明确说明。原告对评估复核结果虽有异议，但在规定的期限内并未向金昌市房地产价格评估专家委员会申请鉴定。因此，县政府对因征收行为给原告的住宅房屋及其装饰、工业用房及其附属物、停产停业损失等给予补偿，符合《甘肃省实施〈国有土地上房屋征收与补偿条例〉若干规定》的相关规定。被诉征收补偿决定认定事实清楚，适用法律、法规正确，程序合法。遂判决：驳回原告毛培荣、刘吉华、毛显峰的诉讼请求。宣判后，各方当事人均未提出上诉。

案例评析：

在符合法律规定的情形下，为了公共利益，遵照法定征收程序并给予被征收人公平补偿，国家可以征收他人房屋等财产，行使征收权。在本案征收补偿过程中，征收部门在听取被征收人对征收补偿方案的意见、评估机构选择、补偿范围确定等方面，比较充分到位，保障了当事人知情权、参与权，体现了公开、公平、公正原则。虽然县政府与当事人未达成房屋征收补偿安置协议，但是县政府具有依法按照征收补偿方案作出补偿决定的职权，于法有据。在行政诉讼过程中，通过法官释法明理，原告逐步消除了内心疑虑和不合理的心理预期，不仅未上诉，其后不久又与征收部门达成补偿协议，公益建设项目得以顺利推进，案件处理取得了较好法律效果和社会效果。这也表明人民法院通过发挥司法监督作用，对合乎法律法规的征收补偿行为给予有力支持。

思考题

1. 行政征收与行政征用有何区别？
2. 行政征收与准征收有何区别？
3. 行政征收包含哪些类型？
4. 国有建设用地使用权收回是否都要给予被征收人补偿？如何补偿？

第二节　行政征收征用的理论基础

行政机关实施行政征收征用行为，是国家行使征收权的体现。但是，国家为何享有征收权，可以对私人合法拥有的财产进行剥夺或使用，合理性在哪里？这是征收征用制度理论必须回答的问题。只有明晰了征收征用制度的理论基础，才能更好地理解和运用征收征用制度。同时，也会在实践中更慎重地行使征收权，以保障公民合法私有财产权不受公权力肆意侵害。

一、国家主权理论

国家享有征收权的诸多理论中，国家主权理论可以说是最基本的理论。根据国家学通说，国家的构成包括三个要素：人民、土地和主权。主权是对内的统治权和对外的独立权、平等权与自卫权，构成一个国家人格独立性的精髓。[1] 换言之，主权是一个国家的象征，国家拥有了主权，才能对一个国家的内外事务进行管理和处置。由此，一个国家为了实现其统治，发挥管理职能，必然还需要

---

[1] 沈开举：《论征收征用权》，载《理论月刊》2009年第2期。

拥有不同的具体的权力，征收权就是其中之一。为了实现特定的公共利益，国家不得不对一部分财产进行征收，以实现其统治管理职能。因此，征收权的理论根基就在于国家主权，是国家享有的一种"天然"权力。

同时，也应看到，国家虽然享有主权，但是征收权的行使也不是任意的。根据主权在民原则，主权主要是为人民服务的。这也就能够演绎出，征收权的行使也要为人民服务，为实现公共利益而为。也就是说，行政征收行为虽有国家权力行使的表象，但却成为履行公共义务的手段，公众利益增进与否，成为限制和约束征收行为的要素。[①] 我国《宪法》第13条第1款明确规定，公民的合法的私有财产不受侵犯。不是基于公共利益的目的，行政征收就不能打破"公民的合法的私有财产不受侵犯"这一原则。

除了上述公共利益目的，征收权的行使还要受到宪法上其他的限制：正当程序和公平补偿。 只有符合公共利益目的，经过正当程序，且给予被征收人公平的补偿，才能行使征收权。综上，虽然国家主权理论奠定了征收权的理论基础，但是征收权的行使并不是任意的，只有在法律的约束和制度框架下展开，才能既充分保障被征收人的合法权益，又顺利实现预期的公共利益目的。

二、警察权理论

基于上文，如果说国家主权理论是征收权的基本理论，那么，警察权理论就是帮助理解征收权的另外一个重要理论。这里所说的"警察权"，并不是指现实生活中，公安系统中警察依法行使的各种职权，而是一个更为抽象和宏观的概念："警察权"是指政府基于公共安全、健康、美德、一般福利等公益目的，采取合理的立法或行政手段，对私有财产权的本质内容与范围予以限制的权

[①] 沈开举：《论征收征用权》，载《理论月刊》2009年第2期。

力。[①]由此可见，警察权是一个类似于集合性的行政管理权，以实现多种公益目的为宗旨。为了维护公共安全、公共福利、社会安宁、秩序及道德等公共利益，可以对人和事采取一切必要的方法及管制措施来限制人民的财产权，这是警察权的题中应有之义。在现实生活中，一个国家也越来越需要通过使用警察权来促进公共利益，实现社会正义。

但是，警察权的行使或曰行政管理权的行使，并不是没有限度的。为了实现特定的公共利益目的，可以通过警察权的行使剥夺私人的财产权，但这是有限度的，如果超过了必要的限度，就会构成征收，应当给予相对人公平的补偿。

在我国的一般法律实践中，行政征收征用行为都由法律明确规定，不会与警察权产生直接的联系。但是在准征收情形中，警察权行使和是否构成征收征用，其判断标准就会显得格外重要。因为在准征收情形中，法律不会直接明确该种行为是否构成征收征用，而是需要行政机关或司法机关根据具体的情形和相关法律规定，进行衡量和判断，这就凸显出衡量标准的重要性。但是，应秉持的原则是，警察权的行使应是有限度的、必要的、合理的，以此尽可能地保护他人的合法财产权益。

三、特别牺牲理论

在行政征收征用理论中，国家主权理论和警察权理论阐明了征收权的理论基础。特别牺牲理论和公共负担平等理论将主要说明征收补偿的理论根基，即为何征收要给予被征收人公平的补偿。**特别牺牲理论就是征收补偿理论中最为基础也最为重要的理论。**

若进行历史追溯，19世纪末，德国学者奥托·迈耶就提出了特

[①] 王洪平、房绍坤：《论管制性征收的构成标准——以美国法之研究为中心》，载《国家检察官学院学报》2011年第1期。

别牺牲理论。他认为，任何财产权的行使都受到一定内在的、社会的限制，只有当财产的限制或征收超过这些内在的限制时，才会产生补偿问题。也就是说，当行使所有权的内在社会限制是所有公民都平等承受的一定负担时，不需要补偿。然而，当这种负担只落到某个公民头上时，它就变成了一种特殊的牺牲，必须进行补偿，以符合公平正义的原则。现实生活中，虽然每一位公民都对自己合法拥有的财产享有权利，但是财产权也并不是没有任何限制的，都要服从于国家为实现其统治和管理所要求的一般性的限制，这是所有公民必须承担的，不需要补偿。只有在特殊情形下，国家为实现公共利益，对某一个人或一部分人的财产权进行剥夺或限制时，才要给予补偿，因为这一个人或一部分人相对于其他人为公共利益受到了特别的牺牲。

换另一个视角观察，从公民和国家的关系以及宪法对公民固有权利（包括生命权、健康权、自由权、财产权等）的保障义务来看，为了公共利益所采取的行为很可能牺牲个人的利益，但因国家行为对个人造成的损害是具有公益性质的，不应由个人来负担，而应由社会公众负担。因此，在国家征收行为中，被征收人可以得到补偿。例如，在我国集体土地征收中，集体经济组织对集体土地享有所有权，如果国家基于公共利益目的征收集体土地，那么集体经济组织和相应的农民就会因为土地征收而受到特别的牺牲，他们的特别牺牲是因要服务于公共利益而产生的。集体土地被征收后，公共利益目的实现，公众获益，而集体经济组织和相应的农民受损，这明显是不公平的，因此必须给予补偿。

四、公共负担平等理论

公共负担平等理论是征收征用补偿理论的另一个重要理论，该理论与宪法上的平等原则密切相连。平等原则要求公民权利的享有、义务的承担都应是平等的。具体到公共生活领域，就要求公民平等地享有公共生活的利益，同时也须平等地承受公共生活的负担。因此，国家在任何情况下都应以平等为基础为公民设定义务。政府的活动是为了公共利益而实施，其成本应由社会全体成员平均分担。[1]

合法的公务行为，给公民、组织的合法权益造成损失，实际上是受害人在一般纳税负担以外承受了额外负担。由于行政机关的行为是为公共利益而实施的，受益者是社会全体成员，其中的成本或费用亦应由社会全体成员平均分担，而不能由公民个人或个别组织承担。全体社会成员平均分担的方式是由国家以全体纳税人缴纳的金钱来补偿个人所蒙受的损失，以达到实现社会公平的目的。由此可见，公共负担平等理论的最终落脚点是平等和公平。

其实，公共负担平等理论与特别牺牲理论是相通的，前者是结果，后者是原因。正因为个别人为社会公共利益，也即为社会全体成员作出了特别牺牲，所以受益的社会全体成员应公平负担这种损失，通过国库支付形式给予个人补偿，从而使社会公众之间负担平等的机制得以恢复。[2]

我国2021年修订的《土地管理法实施条例》第12条第1款明确规定，国家对耕地实行特殊保护，严守耕地保护红线，严格控制耕地转为林地、草地、园地等其他农用地，并建立耕地保护补偿制度。建立耕地保护补偿制度的一个重要理论依据，就是公共负担平等理论。我国实行严格的耕地保护制度和永久基本农田制度，坚决遏制耕地"非农化""非粮化"。保护耕地，是保障国家粮食安全和社会稳定的重要物质基础。但是，农村集体经济组织的土地为保障国家粮食安全和社会稳定的公共利益，只能用作农业用途，而不能转为

---

[1] 姜明安主编：《行政法与行政诉讼法》，北京大学出版社、高等教育出版社1999年版，第476页。

[2] 马怀德：《国家赔偿法的理论与实务》，中国法制出版社1994年版，第42页。

建设商品房等其他获利较高的用途，土地价值明显受到了损失，造成特别牺牲，这是不公平的。因此，国家对耕地用途的明确限制，其实就构成了征收或是准征收，限制了耕地的发展权，应当给予补偿，以弥补特别牺牲。这样的补偿是由全体社会公众通过税收方式负担的，也以此实现社会全体成员的平等和公正。

典型案例

苏某某与河北省唐县人民政府集体土地征收补偿订立行政协议行为纠纷再审申请案[①]

案情简介：

2018年4月16日，唐县人民政府在仁厚镇大马庄村张贴《集体土地征收决定》，决定对仁厚镇大马庄棚户区改造项目涉及集体土地进行征收，并告知被征收人按唐县大马庄棚户区改造征收补偿安置方案，与征收部门签订集体土地征收补偿安置协议，在规定期限内搬迁，以及不服征收决定申请行政复议、提起行政诉讼的权利和期限。2018年5月，仁厚镇政府与苏某某签订大马庄村棚户区改造征收补偿安置协议，协议第九条约定：签订征收补偿安置协议的比例达到全部被征收户数的98%后，甲方发布房屋搬迁公告或通知，征收补偿安置协议生效。

2018年12月21日，唐县人民政府在大马庄村张贴《关于大马庄棚户区改造项目告知书》，主要内容：2018年4月16日，唐县人民政府对仁厚镇大马庄村棚户区改造区域内集体土地进行预征收，现已基本达到组卷报批条件，准备对已签订协议的集体土地进行组卷报批，待省自然资源厅正式批复下达后，发布正式征收决定。苏

---

① 案件来源于中华人民共和国最高人民法院行政裁定书（2020）最高法行申9650号。

某某以征收未经河北省人民政府批复同意，2018年签订协议却以2016年评估结果进行补偿，严重侵犯其合法权益为由，提起本案行政诉讼，请求确认补偿协议无效。

法院认为： 根据《最高人民法院关于适用〈中华人民共和国行政诉讼法〉的解释》（以下简称《行政诉讼法适用解释》）第1条第2款第10项的规定，对公民、法人或者其他组织权利义务不产生实际影响的行为不属于行政诉讼的受案范围。在集体土地预征收过程中，征收管理部门与被征收人签订的征收补偿协议属于附条件的行政行为，只有在省级人民政府作出征收批复，市、县人民政府发布正式的征收公告后，征收补偿协议才能够发生法律效力，对当事人的权利义务产生实际影响。未发生法律效力的征收补偿协议，对当事人的权利义务不产生实际影响，不属于行政诉讼的受案范围。本案中，苏某某与仁厚镇政府签订的补偿协议属于预征收过程中签订的补偿协议，应当在河北省人民政府作出同意征收涉案土地的批复，唐县政府发布正式的征收公告后发生法律效力。未生效的补偿协议对苏某某的权利义务不产生实际影响，不属于行政诉讼的受案范围。苏某某主张，涉案协议已经生效且对其权利义务产生了实质性影响。但是，不能提供充分确凿的证据，不予支持。

案例评析：

在集体土地征收中，无论是征收人还是被征收人，都应遵守法律规定，按照法定程序维护自身的合法权益。本案中，唐县人民政府征收大马庄村集体土地，与被征收人苏某某签订征收补偿安置协议，符合法律规定的征收审批程序，征收人只有在与被征收人签订补偿安置协议后才能依法申请有审批权限的人民政府批准，在此之前，补偿安置协议还未生效，也就不存在无效的情形。若被征收人对安置补偿协议内容等有争议，可以在签订协议时与征收人协商，或协议生效后再提出协议无效的行政诉讼。

🔍 **思考题**

1. 国家行使征收权的理论基础是什么？国家是否可以随意行使征收权？

2. 被征收人获得补偿的理论依据是什么？被征收人是否享有无限制的求偿权？

第三节　行政征收征用的基本原则

行政征收征用作为重要的行政行为，必须坚持一定的原则，以保障被征收人的合法权益，防止政府任意实施征收征用行为。在具体的行政征收征用行为中，应坚持公共利益、正当程序和公平补偿的基本原则。

一、公共利益

不管是集体土地征收还是城市房屋征收，只要涉及征收征用，必须坚持公共利益的基本原则。但是，何谓"公共利益"？

首先，公共利益与共同体利益相关。共同体的性质和价值取向决定了共同体利益的性质。其次，公共利益与公众的利益密切相关。但是，公众利益并不能代替公共利益。因为公众利益既有纯私人性质的，也有公共性质的；公众除了消费公共物品之外，还大量地消费私人物品。最后，公共利益具有客观性和社会共享性的本质属性。不管人们之间利益关系如何，公共利益都是客观的，尤其是那些外生于共同体的公共利益。公共利益影响着共同体所有成员或绝大多数成员，它具有社会共享性，不得用于为特定的个人或少数人谋取私利。

从另一个视角看，公共物品是公共利益主要的现实的物质表现形式，我们也可以通过公共物品这一具体的事物感知抽象的公共利益概念。公共物品是指社会公众可以共享的产品、服务或资源，主要包括国防、治安、法律制度、公共基础设施、重大科研成果、基础义务教育、公共卫生保健、社会保障和公共福利制度等，与私人物品相对。站在公众的立场上，公共利益是现实的，而不是抽象的。它表现为公众对公共物品的多层次、多样化、整体化的利益需求。我们每一个人都会直接或间接地消费公共物品，享受公共利益带来的好处。

综上，虽然我们很难给公共利益下一个准确的定义，但公共利益仍然是征收行为的限定条件。**我国在立法上对公共利益的范围和认定程序有明确的规定，目的就在于通过立法的方式界定公共利益内涵，避免征收机关恣意行使征收权。**例如《土地管理法》第45条第1款就明确规定了在征收农民集体所有的土地时，符合公共利益的六种情形。除立法规定的六种情形外，都不能认定为符合公共利益原则。《国有土地上房屋征收与补偿条例》第8条也明确规定六种情形符合公共利益征收条件，其他情形下不得征收他人房屋。这表明，征收权的行使必须符合公共利益原则，政府不得随意行使征收权。在特殊的征收类型中，立法也会直接规定何种情形符合公共利益，可以行使征收权。但同时也应看到，公共利益作为征收制度必须坚守的原则，其内涵也应随着社会发展变迁而不断调整，如此才能更好地处理公益与私益之间的关系。

二、正当程序

法律程序的重要性并不亚于实体法规则。经由法律程序而实现正义是一种法律过程，在此过程中，法律程序通过合理分配程序之间的权力、控制权力的运用，达到限制恣意，从而输出正当结果的目的。法律的正当程序的基本要求是，当法律影响个人的生命、自由、财产时应提前告知他们，并给他们足够的机会通过举行适当的听证来解决因此产生的争议。程序权利能够促进形式正义和法治的实现。[①] 正当程序对政府行为的限制，有助于保证行政相对人的权利不受侵害。

在征收征用过程中，也必须坚持正当程序原则。征收征用程序，是征收征用的步骤、方式、顺序、手续和时限的总称。行政征收征用作为一种公权力主体享有的权力，其作出必须遵守法律规定的程序。完整、科学的征收征用程序作为一种制约机制，能够保障征收征用的依法、合理和正确实施。2019年《土地管理法》修正时，就对集体土地征收程序做出了重大调整。征收程序"倒置"，以往征收土地申请被批准后实行的"两公告一登记"需要在征收土地申请报批前完成，增加了土地征收申请报批前的土地征收启动公告程序，并且规定征收土地申请后需要再次发布正式的土地征收公告程序（也称为二次公告），有利于保障被征地农民的知情权、参与权、监督权，缓解被征地所有权人、使用权人的后顾之忧，减少纠纷和矛盾，这无疑有巨大的进步意义。

综上，征收程序至少应包含以下几个方面的内容：其一，"公共利益"认定程序。征收的基本前提是基于公共利益的需要，通过一定程序认定一项预征收行为是否符合公共利益，尤其关键。其二，征收中的实施程序。主要包括财产评估程序、补偿标准公示程序、协商程序、强制拆迁程序等。其三，听证程序。在某些重大事项上，必须经过听证程序作出决定。《土地管理法》已明确规定了基于公共利益征收的政府审批程序、重大事项听证程序、补偿安置程序等，以此充分保障被征收人的合法权益。其四，征收救济程序。例如行政复议程序、仲裁程序和行政诉讼程序。

[①] 余凌云：《行政法讲义》，清华大学出版社2019年版，第103页。

三、公平补偿

在征收征用制度链条中，补偿性规定是最为核心的制度，要坚持公平补偿的原则。《土地管理法》第48条第1款规定："征收土地应当给予公平、合理的补偿，保障被征地农民原有生活水平不降低、长远生计有保障。""公平补偿"也是一个抽象的、内涵不确定的概念。但总体上可以概括为完全补偿说和适当补偿说。前者认为对成为征收对象的财产的客观价值，应按其一般市场交易价格进行全额补偿，甚至还应当补偿搬迁费、营业上的损失等伴随征收而产生的附带性损失。后者又可称为相当补偿说，其认为宪法关于正当补偿的规定并不一定要求全额补偿，参照补偿行为作出时社会的一般观念和经济社会发展情况，按照客观、公正、妥当的补偿基准计算出合理的金额予以补偿。[①]

具体到我国征收征用补偿制度，应坚持完全补偿原则，即根据当事人的全部损害并充分考虑对当事人生存和发展利益的长远影响，来确定补偿的具体数额。不管从社会公平和正义原则的宏观角度分析，还是从社会经济发展、人权保护、法治文明的中观角度分析，都要求补偿当事人遭受的全部损害。尤其在法治社会建设过程中，国家日益尊重和重视保障私人财产权益，对被征收人应当予以完全的补偿。补偿"全部损害"中的"全部"应是社会能够普遍接受的"全部"，即既不是补偿权利人眼中的"全部"，也不是补偿义务人眼中的"全部"，这种"全部"一般应当通过市场评估程序确定补偿标准。

《国有土地上房屋征收与补偿条例》第19条第1款规定："对被征收房屋价值的补偿，不得低于房屋征收决定公告之日被征收房屋类似房地产的市场价格。被征收房屋的价值，由具有相应资质的房

[①] 陈新民：《中国行政法学原理》，中国政法大学出版社2002年版，第272页。

地产价格评估机构按照房屋征收评估办法评估确定。"《土地管理法》第48条第3款规定："征收农用地的土地补偿费、安置补助费标准由省、自治区、直辖市通过制定公布区片综合地价确定。制定区片综合地价应当综合考虑土地原用途、土地资源条件、土地产值、土地区位、土地供求关系、人口以及经济社会发展水平等因素，并至少每三年调整或者重新公布一次。"由此可见，征收征用补偿必须根据市场调节对被征收人予以完全的补偿，坚持公平补偿的原则，切实保障被征收人的合法财产权益。

典型案例

武汉市武昌南方铁路配件厂诉武汉市洪山区人民政府房屋征收补偿决定案[①]

案情简介：

2015年5月，武汉市洪山区人民政府作出洪政征决字〔2015〕第1号房屋征收决定，对杨泗港长江大桥建设用地范围内的国有土地上房屋实施征收，征收部门为该区房屋征收管理办公室（以下简称洪山区征收办）。武汉市武昌南方铁路配件厂（以下简称南方配件厂）的厂房位于征收范围内，规划用途为工业配套。被征收人投票选定评估机构后，洪山区征收办分别于2015年6月12日及24日对房屋初步评估结果和房屋征收价格评估结果进行了公告，评估公司在此期间制作了南方配件厂的分户评估报告，但洪山区征收办直至2016年5月31日才向南方配件厂留置送达。洪山区征收办另外委托资产评估公司对南方配件厂的变压器、车床等设备类资产的市场价值进行评估并出具了资产评估咨询报告，但未向南方配件厂送

---

① 案件为2020年最高人民法院产权保护行政诉讼典型案例之四。

达。因南方配件厂与洪山区征收办始终未达成补偿协议，经洪山区征收办申请，洪山区人民政府于2016年8月12日作出洪政征补字〔2016〕2号《房屋征收补偿决定书》（以下简称2号补偿决定）并张贴于南方配件厂厂房处。2016年9月28日，南方配件厂的厂房被强制拆除。南方配件厂不服该补偿决定，诉至法院。

法院认为： 根据《国有土地上房屋征收与补偿条例》及《国有土地上房屋征收评估办法》的规定，房屋征收部门应当在分户初步评估结果公示期满后向被征收人转交分户评估报告，被征收人对评估结果有疑问的可以申请复核评估及鉴定。本案中，洪山区征收办向南方配件厂留置送达分户评估报告的时间距该报告作出近一年，导致南方配件厂失去了申请复核及鉴定的权利并错过签约期，构成程序违法。对于南方配件厂的设备资产补偿问题，虽然洪山区征收办另委托评估公司出具了资产评估咨询报告，但未向南方配件厂送达，亦构成程序违法。一审遂判决撤销洪山区人民政府作出的2号补偿决定，洪山区人民政府提起上诉。

二审对2号补偿决定程序违法的一审裁判意见予以支持。同时认为，2号补偿决定虽然在形式上设定了货币补偿和产权调换两种补偿方式供选择，但就实质内容而言，洪山区人民政府针对南方配件厂的规划用途为工业配套、实际亦用于生产的厂房，提供10套住宅用于产权调换，这与南方配件厂秉持的通过产权调换获得新厂房、征收后继续生产经营的意愿及需要严重不符，实质上限制了南方配件厂对补偿方式的选择权。洪山区人民政府也未能举证证明南方配件厂的上述意愿违反法律强制性规定或客观上无法实现。据此，2号补偿决定设定的房屋产权调换方式不符合行政行为合理性原则的要求，属于明显不当的情形。二审终审判决驳回洪山区人民政府的上诉请求，维持原判。

案例评析：

在行政征收中，必须坚持正当程序和公平补偿原则，以保护被征收人合法权益。一方面，在本案的征收程序中，洪山区征收办存在两处程序违法，造成被征收人丧失了主张保护自己合法权益的机会，严重背离了正当程序原则。另一方面，在本案公平补偿方面，2号补偿决定仅是洪山区人民政府单方面作出的行政行为，并未考虑被征收人的意愿，不符合行政行为合理性原则，也有违公平补偿原则。详言之，处于正常生产经营状态，特别是经济效益尚可的企业在遇到征收时，出于坚持生产事业、安置员工等主客观方面的实际需要，往往抱有在征收后继续生产经营的意愿，这种意愿是企业经营权及财产权的合理延伸。为实现这一意愿，被征收企业多倾向于选择房屋产权调换的补偿方式，希望直接获得用于继续生产的房屋、场地等必要生产资料。在征收补偿工作中，征收补偿实施主体应当适度考虑被征收企业的意愿和被征收房屋的特定用途，在不突破法律规定和征收补偿政策框架、不背离国家利益及社会公共利益的前提下，尽可能制定与之相匹配的征收补偿安置方案，正当履行告知、送达等法定程序义务，作出合理的补偿决定，在维护国家利益及社会公共利益的同时，兼顾对企业经营权、财产权等合法权益的保护，使企业的市场经济活力得以维系。

🔍 思考题

1. 在行政征收实践中，公共利益如何界定？
2. 如何通过正当程序原则保护被征收人的合法权益？
3. 公平补偿，补偿标准如何确定？

第二章　集体土地征收

本章知识要点

- 集体土地征收的概念和征收主体
- 集体土地征收的条件
- 集体土地征收的程序
- 集体土地征收安置补偿

第一节　集体土地征收概述

一、土地征收的法律规定

我国土地制度有两种所有制形式，即国有土地和集体土地。根据我国现行宪法的规定，城市的土地属于国家所有，农村和城市郊区的土地，除由法律规定属于国家所有以外，属于集体所有；宅基地和自留地、自留山，也属于集体所有。国家为了公共利益的需要，可以依照法律规定对土地实行征收或者征用并给予补偿。这些规定意味着，非公共利益需要的建设用地可以通过集体经营性建设用地入市制度予以落实。2019年修正的《土地管理法》也确认了这一点。

我国现代法律体系中最早出现的是土地征用的概念，出现在

1954年《宪法》[①]和1953年《国家建设征用土地办法》[②]、1982年《国家建设征用土地条例》[③]、1986年《土地管理法》[④]等法律法规中。直到2004年修正后的《宪法》第10条第3款规定"国家为了公共利益的需要，可以依照法律规定对土地实行征收或者征用并给予补偿"，2004年修正后的《土地管理法》第2条第4款规定"国家为了公共利益的需要，可以依法对土地实行征收或者征用并给予补偿"，科学合理的土地征收制度在宪法和法律中最终确定下来。现行《土地管理法》[⑤]第2条第4款规定："国家为了公共利益的需要，可以依法对土地实行征收或者征用并给予补偿。"《民法典》第243条第1款规定："为了公共利益的需要，依照法律规定的权限和程序可以征收集体所有的土地和组织、个人的房屋以及其他不动产。"

二、土地征收的主体

广义上理解，一般会认为县级以上地方人民政府是征收集体土地的主体。其实这是不准确的，征收过程是一个环节和步骤复杂、参与主体众多的繁复过程，涉及报批机关、审批机关、组织实施机关、具体实施参与主体等，需要加以区分。

[①] 1954年9月20日第一届全国人民代表大会第一次会议通过的《宪法》第13条规定："国家为了公共利益的需要，可以依照法律规定的条件，对城乡土地和其他生产资料实行征购、征用或者收归国有。"

[②] 1953年11月5日政务院第一百九十二次会议通过、12月5日政务院公布施行《国家建设征用土地办法》，明确了国家建设需要征用土地及相关的批准和使用情形等问题。

[③] 1982年5月4日全国人民代表大会常务委员会第二十三次会议原则批准、1982年5月14日由国务院公布施行《国家建设征用土地条例》，即行废止《国家建设征用土地办法》，该条例第2条规定："国家进行经济、文化、国防建设以及兴办社会公共事业，需要征用集体所有的土地时，必须按照本条例办理……"第5条规定："征用的土地，所有权属于国家，用地单位只有使用权。"

[④] 1986年6月25日第六届全国人民代表大会常务委员会第十六次会议通过、1987年1月1日起施行的《土地管理法》第2条第3款规定："国家为了公共利益的需要，可以依法对集体所有的土地实行征用。"

[⑤] 2019年8月26日第十三届全国人民代表大会常务委员会第十二次会议通过。

（一）报批机关：县级以上地方人民政府

根据《土地管理法实施条例》第23条、第24条以及《建设用地审查报批管理办法》的规定，县级以上自然资源主管部门根据拟征收土地的现状调查、登记、听证、征询等情况以及县级以上地方人民政府拟定的征地补偿安置方案、建设项目的相关资料，依法编制建设项目用地呈报说明书、拟定农用地转用方案、补充耕地方案、征收土地方案和供应土地方案（俗称"一书四方案"），经过县级以上地方人民政府初步审核同意后正式行文报批，然后由省、自治区、直辖市自然资源主管部门受理并进行审核，审核完毕后报省、自治区、直辖市人民政府审批。需要报国务院批准的，由省、自治区、直辖市人民政府报国务院批准。因此，无论从法律规定还是从实践操作看，**土地征收申请材料都是以县级以上地方人民政府的名义报批的。**

（二）审批机关：国务院或省、自治区、直辖市人民政府

根据《土地管理法》第46条规定，县级以上地方人民政府需要依据土地征收的对象和征地规模分别报国务院或者省、自治区、直辖市人民政府进行农用地转用审批和征地审批后，才能实施土地征收。具体来说，征收永久基本农田、永久基本农田以外的耕地超过35公顷的、其他土地超过70公顷的，由国务院批准；征收其他土地的由省、自治区、直辖市人民政府批准。征收农用地的，应当先行办理农用地转用审批。其中，经国务院批准农用地转用的，同时办理征地审批手续，不再另行办理征地审批；经省、自治区、直辖市人民政府在征地批准权限内批准农用地转用的，同时办理征地审批手续，不再另行办理征地审批，超过征地批准权限的，应当另行办理征地审批。

2019年修正前的《土地管理法》对新增建设用地规定了从严从紧的审批制度，旨在通过复杂的审批制度引导地方政府利用存量建

设用地。自2017年《土地管理法》再次启动修改程序以来，立法机关认识到了集体土地征收领域长期存在"审批层级高、时限长、程序复杂、地方反映强烈"等问题。为了解决相关问题，2019年修正《土地管理法》时删除了"省级征地批准报国务院备案"的规定，并以"是否占用永久基本农田"为标准来划分国务院和省级政府在农用地转用领域的审批权限。同时，国务院和省级政府也正在根据"放管服"改革的要求，将用地审批权进一步下放。[①]于是，国务院2020年3月1日发布《国务院关于授权和委托用地审批权的决定》，将国务院可以授权的永久基本农田以外的农用地转为建设用地审批事项授权各省、自治区、直辖市人民政府批准；将永久基本农田转为建设用地和国务院批准土地征收审批事项委托部分省、自治区、直辖市人民政府批准，土地征收审批事项行政委托的首批试点省份为北京、天津、上海、江苏、浙江、安徽、广东、重庆，试点期限1年，具体实施方案由试点省份人民政府制订并报自然资源部备案。不过，国务院在2021年3月试点期满后，没有继续委托试点省份实施上述土地征收审批事项。

（三）组织实施机关、征收补偿主体：县级以上地方人民政府

《土地管理法》第47条第1款规定："国家征收土地的，依照法定程序批准后，由县级以上地方人民政府予以公告并组织实施。"据此，有权组织实施征收集体土地的机关是县级以上地方人民政府。结合《土地管理法》第48条的规定，县级以上地方人民政府还是征收补偿主体，应当履行征收补偿事宜的法定职责。

需要注意的是，现已被废止的《征收土地公告办法》[②]第11条

[①] 王红建：《论集体土地协议征收的法律规制》，载《中外法学》2021年第5期。
[②] 2020年3月20日自然资源部发布《自然资源部关于第二批废止和修改的部门规章的决定》，主要调整农村集体土地征收程序的《征收土地公告办法》被废止。

"征地补偿、安置方案经批准后，由有关市、县人民政府土地行政主管部门组织实施"及2014年修订后的《土地管理法实施条例》第25条第3款"……征地补偿、安置方案报市、县人民政府批准后，由市、县人民政府土地行政主管部门组织实施……"曾明确市、县人民政府土地行政主管部门也是组织实施征收集体土地的主体，但在现行《土地管理法》及《土地管理法实施条例》施行后，目前法定征收集体土地的组织实施机关只有县级以上地方人民政府。

基于集体土地征收、补偿程序的多阶段性及组织实施形式的多样性，县级以上地方人民政府通常会发布土地征收预公告或者启动公告、土地征收补偿安置方案公告，以及征收被批准后的土地征收公告，其他具体工作一般由其他机关或者部门来实施，比如由自然资源主管部门或者成立专门征收办公室来具体组织实施本行政区域的土地征收补偿工作；由县级以上地方人民政府组织多部门相关人员成立临时指挥部或者由街道办事处组织多部门相关人员成立临时指挥部，与街道办事处、乡镇人民政府等主体一起实施土地现状调查、参与征收补偿的协商、实施拆除行为等，但征收决定行为需要以市、县人民政府的名义实施，并由市、县人民政府承担相关行为的法律责任。

典型案例

李某某、吉林市某公司诉吉林市人民政府履行法定职责案[①]
——征收集体土地时具有补偿安置职责的主体

案情简介：

李某某系吉林市某公司法定代表人，与某村委会于2005年5

---

① 吉林省高级人民法院（2019）吉行终423号行政判决书。案件来源于中国裁判文书网。

月19日签订《征地协议书》，书面确认某村24840.8平方米土地使用权归该公司使用，并载明征地费用已交足。2012年6月6日，吉林省国土资源厅作出《关于吉林市人民政府2011年城市建设农用地转用和土地征收实施方案二十六的批复》，2012年6月7日，吉林市人民政府作出〔2012〕88号《吉林市人民政府征收土地方案公告》，同日，吉林市国土资源局作出〔2012〕88号《吉林市国土资源局征地补偿安置方案公告》，李某某、吉林市某公司所使用的某村24840.8平方米土地在上述公告载明的征收范围内。2016年6月，上述公告范围内的土地补偿费向某村发放完毕。2020年3月11日，李某某及该公司提起行政诉讼，请求判决吉林市人民政府履行补偿安置法定职责，对征收李某某、某公司使用的案涉土地给予7719.9977万元补偿。

法院认为：《行政诉讼法》第34条第1款规定："被告对作出的行政行为负有举证责任，应当提供作出该行政行为的证据和所依据的规范性文件。"《土地管理法》第47条第1款规定："国家征收土地的，依照法定程序批准后，由县级以上地方人民政府予以公告并组织实施。"第48条第1款、第2款规定："征收土地应当给予公平、合理的补偿，保障被征地农民原有生活水平不降低、长远生计有保障。征收土地应当依法及时足额支付土地补偿费、安置补助费以及农村村民住宅、其他地上附着物和青苗等的补偿费用，并安排被征地农民的社会保障费用。"本案中，吉林市人民政府作为案涉土地的征收补偿主体，并未提供充分有效证据证明其在实施征收土地行为过程中及征收后，依法履行了对案涉土地的征收补偿事宜作出处理的法定职责。此案经过一审、二审，法院判决吉林市人民政府于判决生效之日起6个月内对李某某、某公司使用的某村24840.8平方米土地的征收补偿事宜作出处理。

案例评析：

根据《土地管理法》第47条第1款、第48条第1款及第2款的规定，县级以上地方人民政府对其征收的土地具有补偿安置的法定职责。若其怠于履行该职责，则会损害被征收人的合法权益，有损法治政府形象，必定会因此承担相应的法律责任。

（四）其他参与主体

1. 县级以上自然资源主管部门

如前所述，县级以上自然资源主管部门除了在集体土地征收过程中履行编制"一书四方案"进行报批的法定职责外，一般还负责土地现状调查（包括土地勘测定界）、附属物清点登记、征收补偿登记、补偿安置方案听证申请、参与实施拆除工作等，有的地方人民政府则会确定同级自然资源主管部门具体组织实施本行政区域的土地房屋征收补偿工作，包括补偿安置协议的签订等。①

2. 街道办事处、乡镇人民政府

街道办事处和乡镇人民政府在集体土地征收过程中，主要负责县级以上地方人民政府委托的事项和配合征收部门开展工作，比如配合开展土地现状调查、附属物清点登记、征收补偿登记、开展社会稳定风险评估工作、与拟被征收集体土地所有权人和使用权人协商补偿事宜、组织参与拆除工作等，并承担因具体实施拆除被征收人的房屋等附属物所产生的法律责任。②有些地方街道办

---

① 2022年6月1日起施行的《江西省征收土地管理办法》第7条第1款规定："设区的市、县（市、区）人民政府自然资源主管部门或者自然资源管理机构负责具体实施本行政区域内的征收土地工作，承担征收土地红线划定和勘测定界，土地、青苗、树木等调查确认，征地补偿安置方案中土地、青苗、树木等补偿、留用地安置内容拟订，协议签订，补偿费用测算及拨付等工作。"

② 根据2021年4月1日起施行的《最高人民法院关于正确确定县级以上地方人民政府行政诉讼被告资格若干问题的规定》的有关规定，县级以上地方人民政府通过会议、下发文件等方式进行指导的，以具体实施行政行为的职能部门为被告；对集体土地征收中强制拆除房屋的行为诉讼的，以作出强制拆除决定的行政机关为被告；没有强制拆除决定书的，以具体实施强制拆除等行为的行政机关为被告。总结来说，以"谁行为，谁负责"为原则。

事处、乡镇人民政府还可以根据本省规定或者根据有权部门的指定签订补偿安置协议，并对外承担履行补偿安置协议产生的法律责任。①

3.指挥部

实践中，有的集体土地征收项目会成立临时指挥部，一般由县级以上地方人民政府组织各相关部门人员成立或者由街道办事处组织各相关部门依据红头文件临时成立，对外统一处理征收安置补偿事宜，包括入户调查、与拟被征收集体土地的使用权人和所有权人签订补偿安置协议、组织拆除工作等，**对外产生的法律责任一般由成立指挥部的行政机关承担**。②

4.村民委员会

在集体土地征收过程中，村民委员会作为基层群众性自治组织，虽然不是行政机关，但是参与的工作一般也非常繁多，比如需要配合街道办事处或乡镇人民政府、县级以上地方人民政府确定的征收部门等开展土地现状调查、附属物清点登记、征收补偿登记、确定符合条件的补偿安置人员名单、通知被征收集体土地使用权人领取补偿安置费用并受上级行政机关委托发放补偿安置费用（有的还会受上级行政机关的委托与拟被征收集体土地使用权人签订补偿安置协议）、参与拆除房屋工作等。

---

① 2021年11月1日起施行的《浙江省土地管理条例》第44条第1款规定："设区的市、县（市、区）人民政府指定的部门或者乡镇人民政府应当依法与拟被征收土地的所有权人、使用权人签订征地补偿安置协议……"2022年8月1日起施行的《广东省土地管理条例》第32条规定："县级以上人民政府根据法律、法规的规定和听证会等情况确定征地补偿安置方案后……由有关部门与拟征收土地的所有权人、使用权人签订征地补偿安置协议……"2022年6月1日起施行的《河北省土地管理条例》第35条第1款规定："县级以上人民政府确定征地补偿安置方案后，应当组织有关部门与拟征收土地的所有权人、使用权人签订征地补偿安置协议。"

② 《行政诉讼法适用解释》第20条第1款规定："行政机关组建并赋予行政管理职能但不具有独立承担法律责任能力的机构，以自己的名义作出行政行为，当事人不服提起诉讼的，应当以组建该机构的行政机关为被告。"

其中，需要注意的是，对于村民委员会与拟被征收集体土地的所有权人、使用权人签订的补偿安置协议在征收土地申请被批准、征收土地公告后因为履行纠纷产生的诉讼，目前是按照被征收人自愿选择行政诉讼或者民事诉讼来受理并分别进行审理的。选择行政诉讼的一般以街道办事处或者乡镇人民政府、县级以上地方人民政府为被告，选择民事诉讼的一般以村民委员会为被告。那么在行政诉讼中，因行政机关对补偿安置协议履行享有监督权，发现不符合补偿安置条件却签订了补偿安置协议的，由此继续履行协议则可能导致出现严重损害国家利益、社会公共利益的情形，可根据《最高人民法院关于审理行政协议案件若干问题的规定》第16条的规定享有行政优益权，作出变更、解除协议的行政行为，而民事诉讼中村民委员会不能基于上述理由享有单方变更、解除协议的权利，由此可能导致民事审判与行政审判裁判结果不一致，引发新的社会矛盾，应尽早统一裁判标准。

思考题

1. 集体土地征收的概念是什么？它与土地征用有何区别？
2. 现行《土地管理法》规定的集体土地征收实施主体与实践中具体实施的参与主体分别是什么？其实施行为所产生的法律责任该如何承担？

第二节 集体土地征收条件

征收集体土地，是以国家的名义强制性取得集体所有的、农民使用的土地，相当于对其财产权的一种剥夺，故为了防止公权力不合法、不合理的侵害，必须对征收条件加以严格限制，避免征收权力滥用从而侵犯被征收人的合法权益，避免扰乱社会秩序。因此，征收集体土地必须符合法律规定的条件，否则属于违法征收，需要依法承担相应的法律责任。

一、征收集体土地必须是国家为了公共利益

根据我国《宪法》《民法典》《土地管理法》等法律的规定，只有国家才能成为土地征收的主体，行使征收的权力，而且必须是为了公共利益。

《土地管理法》对征收集体土地必须符合公共利益的情形进行了明确界定，其第45条第1款规定，为了公共利益需要征收农民集体所有的土地的情形是"（一）军事和外交需要用地的；（二）由政府组织实施的能源、交通、水利、通信、邮政等基础设施建设需要用地的；（三）由政府组织实施的科技、教育、文化、卫生、体育、生态环境和资源保护、防灾减灾、文物保护、社区综合服务、社会福利、市政公用、优抚安置、英烈保护等公共事业需要用地的；（四）由政府组织实施的扶贫搬迁、保障性安居工程建设需要用地的；（五）在土地利用总体规划确定的城镇建设用地范围内，经省级以上人民政府批准由县级以上地方人民政府组织实施的成片开发建设需要用地的；（六）法律规定为公共利益需要可以征收农民集体所有的土地的其他情形"，充分体现了公共利益应当具备的法定性、公众性、程序性、必要性。

但值得注意的是，关于《土地管理法》第45条第1款第5项规定的成片开发及标准，一直存在争议。

我们认为，"公共利益"可以区分为"一般或概括性的公共利益"（如消除贫困、社会进步、改善环境等）、"重大的公共利益"（如特定公共设施的建设）以及"特别重大的公共利益"。其中，对于那些"因交易成本过高，无法通过集体经营性建设用地入市制度和具体公益项目征收制度有效实现的公共利益"可以界定为

"特别重大的公共利益"。在我国当前的社会发展过程中，像"为实施由国务院或省级政府批准的开发区建设项目"、"集体土地所有权人无法有效实施的城中村改造项目"以及"以公益性建设为主的综合开发项目"等类型，虽然不属于特定公共设施建设，但是对于我国经济的均衡发展、土地资源的合理利用、城市面貌的改善和功能的优化等具有重要的意义，因此法律可以将这些情况界定为"特别重大的公共利益"并列入基于成片开发所进行的土地征收。[①]

当然，由于该项制度影响巨大，如果适用不当，会对征收制度乃至整个社会造成诸多负面影响。因此，《土地管理法》《土地征收成片开发标准（试行）》对成片开发征收制度设置了严格的适用条件和适用程序。具体包括：

（1）成片开发征收制度只在土地利用总体规划确定的城镇建设用地范围内适用，不能在农业保护红线和生态保护红线区域内实施。

（2）成片开发征收权的行使，必须符合土地利用总体规划、城乡规划或国土空间规划及专项规划。这意味着其应当尊重和保护相关权利人的知情权和参与权。根据《重大行政决策程序暂行条例》的相关规定，成片开发征收会对集体和公民的土地财产权产生重大影响，属于"重大行政决策事项"，必须通过公告、听证或其他方式充分听取相关权利人和其他公众的意见。

（3）成片开发征收的具体方案必须符合国民经济和社会发展规划以及年度计划。根据《宪法》第99条第2款以及《地方各级人民代表大会和地方各级人民政府组织法》第11条的规定，县级以上的地方各级人民代表大会有权审查和批准本行政区域内的国民经济和社会发展计划。这意味着人大有权对本级政府制定的成片开发征收

[①] 程雪阳：《合宪性视角下的成片开发征收及其标准认定》，载《法学研究》2020年第5期。

计划进行审议和讨论，并对地方政府不当利用成片开发征收制度的行为进行监督和制约。

（4）成片开发征收方案必须"经省级以上人民政府批准由县级以上地方人民政府组织实施"。这意味着乡镇一级地方政府不享有成片开发征收权。市、县级地方人民政府虽有此种权力，但除了要听取相关权利人和社会公众的意见、获得本级人大的支持外，还必须获得省级以上人民政府的批准。

（5）省级以上人民政府行使成片开发征收审批权时，需要符合国务院自然资源主管部门设定的实体标准，不能随心所欲。[①]对此，自然资源部于2020年11月5日发布并施行的《土地征收成片开发标准（试行）》，将成片开发限定在国土空间规划确定的城镇开发边界内的集中建设区，规定了成片开发的实施程序（包括成片开发方案的内容及制定必须经集体经济组织的村民会议三分之二以上成员或者三分之二以上村民代表同意），并要求省级人民政府组织专家委员会，对土地征收成片开发方案的科学性、必要性进行论证，论证结论应当作为批准的重要依据，同时界定了"（一）涉及占用永久基本农田的；（二）市县区域内存在大量批而未供或者闲置土地的；（三）各类开发区、城市新区土地利用效率低下的；（四）已批准实施的土地征收成片开发连续两年未完成方案安排的年度实施计划的"不得批准的具体情形。

二、"一书四方案"的报批必须符合法定条件

根据《土地管理法实施条例》第23条、第24条以及《建设用地审查报批管理办法》的规定，县级以上地方人民政府应当将本级自然资源主管部门编制的"一书四方案"依法报批。

其中，建设项目用地呈报说明书应当包括用地安排情况、拟使

[①] 程雪阳：《合宪性视角下的成片开发征收及其标准认定》，载《法学研究》2020年第5期。

用土地情况等，并附经批准的土地利用总体规划图、勘测定界图、地籍及权属资料等；农用地转用方案，应当包括占用农用地的种类、面积、质量等，以及符合土地利用总体规划和土地利用年度计划确定的控制指标、基本农田占用补划等情况，涉及占用永久基本农田的，还应当对占用永久基本农田的必要性、合理性和补划可行性作出说明；补充耕地方案，应当包括补充耕地的位置、面积、质量，补充的期限，资金落实情况等，以及补充耕地项目备案信息；征收土地方案，应当包括征收土地的范围、种类、面积、权属，土地补偿费和安置补助费标准，需要安置人员的安置途径等；供地方案，应当包括供地方式、面积、用途等，符合国家的土地供应政策，符合建设用地标准和集约用地的要求等。

三、征收涉及农用地的，必须办理农用地转用审批手续

农用地转用审批是土地用途管制制度的关键环节，是控制农用地转为建设用地的重要措施。《土地管理法》对农用地转用制度进行了重新设计，第4条第2款明确规定"严格限制农用地转为建设用地，控制建设用地总量，对耕地实行特殊保护"、第44条第1款规定"建设占用土地，涉及农用地转为建设用地的，应当办理农用地转用审批手续"，更加强调对耕地特别是永久基本农田的保护。

那么，农用地转为建设用地审批的主要依据是什么？根据《土地管理法》、《土地管理法实施条例》及《建设用地审查报批管理办法》的规定，决定农用地转为建设用地的依据主要有三个方面：一是必须符合土地利用总体规划，如果符合土地利用总体规划确定的用途，即在建设用地范围内，可以转为建设用地，否则将不得转为建设用地；二是必须符合土地利用年度计划确定的控制指标，不得超计划批准农用地转用；三是必须符合建设用地供应政策，国家通过制定建设用地的供应政策，控制建设用地总量，防止大量占用农

用地，以及优化投资结构，防止重复建设，促进国民经济的协调发展。征收农用地必须符合法定条件，才能依法通过审批，否则就是非法占用土地。

农用地转用的审批权集中于国务院和省级人民政府。其中，经国务院批准农用地转用的，同时办理征地审批手续，不再另行办理征地审批；经省、自治区、直辖市人民政府在征地批准权限内批准农用地转用的，同时办理征地审批手续，不再另行办理征地审批，超过征地批准权限的，应当另行办理征地审批。但是，省级人民政府可以根据"放管服"改革要求，依法向下级政府作一定程度的审批权下放，这种授权与土地利用总体规划的授权审批相一致，只限于乡村一级的规划。

思考题

1. 集体土地征收应当符合什么条件？
2. 集体土地征收中如何把握"为了公共利益"？

第三节　集体土地征收程序

一、集体土地征收的法定程序

在2019年修正《土地管理法》之前，土地征收是在被省级政府或国务院批准后，再由市、县人民政府或其授权部门进行土地补偿安置方案公告、办理补偿登记、签订补偿安置协议等程序。这种制度设计不利于保障被征地农民的知情权、参与权、监督权，容易引发矛盾和纠纷。2019年《土地管理法》修正之后，征收程序发生了"倒装式的变化"。具体而言，根据现行《土地管理法》

第45—48条、《土地管理法实施条例》第26—32条以及《民法典》第244条之规定，我国集体土地征收的一般法定程序，具体设置如图2-1所示。

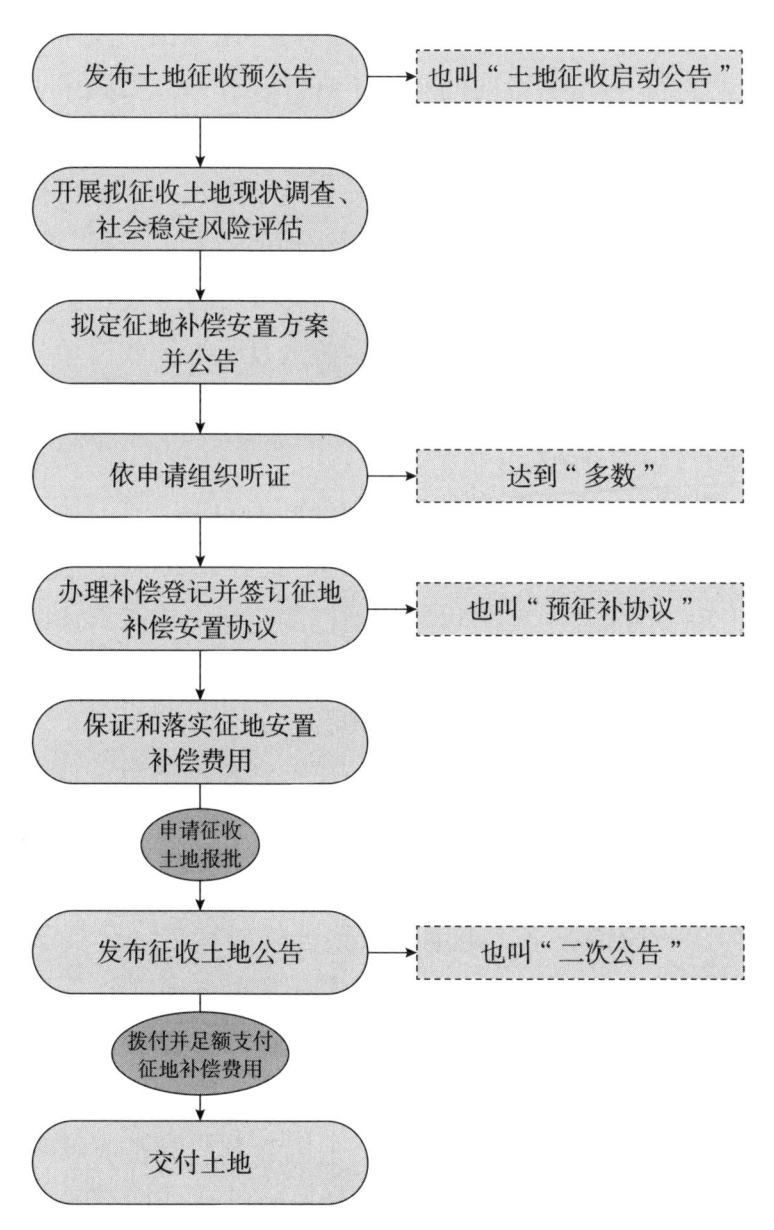

```
发布土地征收预公告 → 也叫"土地征收启动公告"
        ↓
开展拟征收土地现状调查、社会稳定风险评估
        ↓
拟定征地补偿安置方案并公告
        ↓
依申请组织听证 → 达到"多数"
        ↓
办理补偿登记并签订征地补偿安置协议 → 也叫"预征补协议"
        ↓
保证和落实征地安置补偿费用
        ↓
申请征收土地报批
        ↓
发布征收土地公告 → 也叫"二次公告"
        ↓
拨付并足额支付征地补偿费用
        ↓
交付土地
```

图2-1 征收集体土地程序

（一）发布土地征收预公告或者启动公告

县级以上地方人民政府认为符合法律规定、确需征收的，应当在拟征收土地所在的乡（镇）和村、村民小组范围内发布、张贴土地征收预公告，预公告的时间不少于10个工作日。实践中也有叫作土地征收启动公告的，虽然名称不一致，但内容和目的基本上是一致的，通俗的意思就是告知拟被征收土地所有权人、使用权人准备要征收了。公告内容基本包括拟征收土地的位置、范围、权属、用途，征收目的，开展土地现状调查的工作安排，开展社会稳定风险评估工作等，而且需要明确告知被征收人自土地征收启动公告发布之日起，任何单位和个人不得在拟征地范围内抢栽抢建；违反规定抢栽抢建的，不予补偿。

关于是否告知拟被征收土地的准确面积问题，有的地方人民政府在发布土地征收预公告或启动公告时，已经完成了勘测定界工作，故可以告知准确面积，也可以同时附勘测定界图或者具体四至范围图；有的地方人民政府则在开展土地现状调查工作时一并完成土地勘测定界工作，故在发布土地征收预公告或启动公告时，不告知拟征收土地的准确面积，而在土地征收申请被批准后再次发布土地征收公告时，再作准确描述。

关于土地征收预公告或者启动公告的可诉性问题，司法实践普遍认为，**一般情况下，土地征收预公告或者启动公告不具有可诉性**，因为通常县级以上地方人民政府发布土地征收预公告或者启动公告的主要目的是固定征收对象，该公告发布之后，任何单位和个人不得在拟征地范围内抢栽抢建。其虽然也会对被征收人的权利造成影响（比如限制改建），但因为其只是征收行为的启动程序，而不是对行政相对人权利和义务的终局性处分，故通常不具有可诉性。但土地征收预公告或者启动公告不可诉并不是绝对的，需要结合具体发布的公告内容综合分析，**如果预公告或者启**

动公告直接对被征收人设定了权利义务，代表其已经突破了预公告公布征收土地范围、补偿方案等告知功能的范畴，应当具有可诉性。

典型案例

吴某某、曹某某等诉浙江省仙居县人民政府土地征收公告案[①]
——土地征收启动公告是否具有可诉性

案情简介：

吴某某、曹某某等五原告系涉案《土地征收启动公告》（以下简称《公告》）确定征收范围内的利害关系人，目前均居住在某镇某村。2020年9月7日，被告仙居县人民政府作出《公告》确定征收某镇某村农村所有集体土地1.8334公顷，征收范围东至果园、民房，西至农道、果园，南至老35省道，北至农道、果园。五原告认为，上述公告程序内容均违法，且公告内容严重损害到各原告合法权益，故提起行政诉讼，要求撤销该《公告》。

法院认为：《行政诉讼法》第49条第4项规定，提起诉讼应当属于人民法院受案范围和受诉人民法院管辖。《行政诉讼法适用解释》第1条第2款第10项规定，对公民、法人或者其他组织权利义务不产生实际影响的行为，不属于人民法院行政诉讼的受案范围。从被告作出涉案《公告》的内容看，其依据是《土地管理法》等法律规定，其仅对征收范围、土地现状调查安排以及其他事项进行告知，是启动拟征收土地的程序。该《公告》尚未对拟征收土地进行报批，并未改变五原告对于土地的权利义务状态，对五原告的权利义务不产生实际影响。故五原告对涉案《公告》提起

[①] 浙江省台州市中级人民法院（2020）浙10行初137号行政裁定书。

行政诉讼，不属于人民法院行政诉讼的受案范围，裁定驳回原告的起诉。

案例评析：

根据《行政诉讼法适用解释》第1条第2款第10项的规定，可诉行政行为应当是对公民、法人或者其他组织权利义务产生实际影响的行为。本案中，仙居县人民政府根据《土地管理法》第47条及《土地管理法实施条例》第26条的规定，依法发布征收土地启动公告的行为，从内容看，仅仅是将拟征收土地的位置、范围、权属、用途以及拟征收土地补偿安置标准等事项对被征收人进行了告知，并未增设当事人的义务，减损当事人的权利。从土地征收程序看，发布征收土地预公告或者启动公告是办理征地审批手续前的准备性工作，是征地审批行为前的过程性行政行为，本身对当事人的权利义务并不产生实际影响，对当事人权利义务产生实际影响的是后续的征地审批行为及补偿安置等相关征地实施行为，被征收人若认为权益受损，可对后续征地审批行为及补偿安置等行为提起诉讼。因此，在这种情形下，征收土地预公告或者启动公告属于不可诉的行政行为。

（二）开展拟征收土地现状调查、社会稳定风险评估

实践中，县级以上地方人民政府在发布征收土地预公告或者启动公告时，通常会告知需要开展拟征收土地现状调查和社会稳定风险评估工作。那么公告发布后，就要开展土地现状调查工作和社会稳定风险评估工作。

土地现状调查，一般由拟征收土地的所有权人、使用权人持不动产权属证明材料到公告确定的部门办理土地征收被批准前的补偿登记手续，或者由县级以上地方人民政府或者自然资源主管部门组织有关部门如住建局、财政局、街道办事处或乡镇人民政府等具体实施入户调查，清点登记拟征收土地的权属、地类、面积、地上附

着物以及农村村民住宅、其他地上附着物和青苗等的权属、种类、数量等工作。这里需要注意的是，涉及集体土地上的房屋等地上附着物调查时，应尽量做到清点调查结果由调查各方尤其是由拟征收土地的所有权人、使用权人共同签字确认，为后续可能因补偿或者赔偿问题产生纠纷留存证据。拟被征收土地的所有权人、使用权人不同意签字确认时，也要请其他各方将上述情况载明并签字予以确认，必要时可以聘请公证机构进行公证，调查结束后可将调查结果书面通知相关权利人。对土地现状调查结果有异议的，应当按照征收土地预公告或者启动公告规定的期限和异议反馈渠道提出，有关部门应及时复核并妥善处理。另外，若发布征收土地预公告或者启动公告时未完成土地勘测定界工作，在开展土地现状调查工作时还需进行土地勘测定界工作，一般由县级以上自然资源主管部门组织实施土地勘测定界工作。街道办事处或乡镇人民政府和拟征地村、组需要现场配合和指界。

社会稳定风险评估，是申请土地征收的重要依据，可与土地现状调查工作同时进行，**一般由县级以上地方人民政府组织同级自然资源主管部门、信访部门或者维稳部门，也可由拟征收土地所在的街道办事处或乡镇人民政府等单位担任评估主体**。评估主体可自行组织开展社会稳定风险评估工作，也可以委托专业机构、社会组织等第三方机构作为评估实施主体。重点围绕征地的合法性、合理性、补偿安置措施的可行性等，听取被征地农村集体经济组织、村民代表、土地使用权人代表和其他利害关系人的意见，对因征地可能引发的社会稳定风险状况进行综合研判，确定风险点，提出防范措施和处置预案，形成评估报告。评估结果为低风险或属于中风险但可通过防范措施及处置预案化解为低风险的，方可实施征地。

（三）拟定征地补偿安置方案并公告

县级以上地方人民政府应当依据社会稳定风险评估结果，结合土地现状调查情况，组织自然资源、财政、农业农村、人力资源和社会保障等有关部门及乡（镇）人民政府编制征地补偿安置方案。实践中，征地补偿安置方案一般包括拟征收土地范围或者位置、现状、类型、面积，征收目的，征地区片综合地价标准，补偿标准，安置途径及方式①，社会保障，补偿登记以及异议反馈渠道等内容，保障被征地农民原有生活水平不降低、长远生计有保障。征地补偿安置方案拟定后，县级以上地方人民政府应当在拟征收土地所在的乡（镇）和村、村民小组范围内公告和张贴，公告时间不少于30日。

关于征收土地补偿安置方案的公告行为的可诉性，原则上该行为是过程性行为，根据《行政诉讼法适用解释》第1条第2款第6项的规定，"行政机关为作出行政行为而实施的准备、论证、研究、层报、咨询等过程性行为"不属于人民法院行政诉讼的受案范围，公告本身对被征地所有权人、使用权人权利义务不产生实际影响，直接影响其权利义务的系批准土地征收行为及土地征收实施行为，故**征地补偿安置方案的公告原则上不可诉，但如果公告内容与征地补偿安置方案内容不相符，侵犯了被征收人的合法权益，则是可诉的**，具体情况必须结合征地补偿安置方案公告的内容才能作出准确判断。

那么，关于征地补偿安置方案的可诉性，需要根据该方案是在征地申请被批准前还是被批准后进行具体分析。根据成熟性原则，征地补偿安置方案在征地申请被批准前只是拟征收土地补偿安置方案，并不具备终结性，其效力通常为最终的征收行为所吸收和覆盖，被征地所有权人、使用权人可以通过对最终行政行为依法提起行政复议或者行政诉讼获得救济。

---

① 农业人口安置一般采取货币化安置和产权置换（也有叫作集中安置的）两种方式。

典型案例

叶某诉张掖市人民政府不予受理行政复议申请决定案[1]
——征地补偿安置方案公告是否具有可诉性

案情简介：

张掖市自然资源局甘州分局2020年2月28日发出《征地补偿安置方案公告》（以下简称《补偿方案公告》）。2020年6月23日，叶某通过申请政府信息公开方式获得张掖市自然资源局甘州分局征求意见的《补偿方案公告》，并对该公告有异议，于2020年8月6日向张掖市自然资源局申请行政复议，请求撤销《补偿方案公告》，后张掖市自然资源局将案件移送至被告张掖市人民政府。2020年8月19日，被告作出案涉《不予受理行政复议申请决定书》，原告不服，提起行政诉讼，要求撤销该《不予受理行政复议申请决定书》。

法院认为： 本案争议的焦点为张掖市自然资源局甘州分局发布的《补偿方案公告》对原告的权利义务是否产生实际影响、是否具有可撤销性，被告作出的《不予受理行政复议申请决定书》是否应予撤销。首先，张掖市自然资源局甘州分局发布的《补偿方案公告》的主要内容是土地行政主管部门拟定的补偿安置方案，该补偿安置方案须经相关人民政府批准后才具有效力，方可组织实施。其次，公告的目的是告诉相关被征收人征地的范围、补偿的标准及方式，并告诉被征收人有提出意见的机会和方法。所以，案涉《补偿方案公告》本身就是土地行政主管部门拟定和发布、尚未获得批准的补偿安置方案的一个载体，土地行政主管部门发布的征地补偿安置方

---

[1] 甘肃省高级人民法院（2021）甘行终14号行政判决书。案件来源于中国裁判文书网。

案的公告行为,[①]仅仅是将征地补偿安置方案在被征收土地的范围内予以公示告知的行为,不会对被征收人的权利义务产生实际影响,不具有可撤销性,原则上属于不可诉的行政行为。对被征收人权利义务产生实际影响的是征地补偿安置方案以及后续相关征收土地的补偿安置等行为,而非该公告行为。故被告作出的《不予受理行政复议申请决定书》适用法律、法规正确,判决驳回原告叶某的诉讼请求。

案例评析:

根据现行《土地管理法实施条例》第27条第2款之规定,征地补偿安置方案一般包括征收范围、土地现状、征收目的、补偿方式和标准、安置对象、安置方式、社会保障等内容。县级以上地方人民政府对征地补偿安置方案的公告行为,不会影响被征收集体土地的所有权人、使用权人的权利义务,故不宜纳入行政诉讼受案范围和行政复议受案范围。

(四)依申请组织听证

拟征地补偿安置方案一般会告知被征地四至范围内的土地所有权人、使用权人,所有权人或使用权人认为方案不符合法律、法规规定的,可以提出意见或者听证申请(一般以书面意见和听证申请为准),多数被征地的农村集体经济组织成员认为方案不符合法律、法规规定的,县级以上地方人民政府将组织召开听证会,形成听证笔录和听证纪要,根据法律、法规和听证会的情况,确需修改征地补偿安置方案的,应及时修改完善并予以公布。征地补偿安置方案公告期内未提交书面听证申请的,视为放弃听证。

[①] 土地行政主管部门发布征地补偿安置方案并公告,系2014年修订后的《土地管理法实施条例》的规定,现已被修改,根据现行《土地管理法实施条例》第27—29条的规定,县级以上地方人民政府组织自然资源、财政、农业农村、人力资源和社会保障等有关部门拟定征地补偿安置方案,拟定后由县级以上地方人民政府公告。

但因目前尚无统一的法律、法规或司法解释对"多数"被征地农村集体经济组织成员提出异议时应当组织召开听证会的这个"多数"标准进行明确，故各地纷纷出台相关规定以便具体实施，一般以过半数被征地农村集体经济组织成员提出异议为准。比如2022年8月1日起施行的《广东省土地管理条例》第30条第2款规定："征地补偿安置公告期满，过半数被征地的农村集体经济组织成员对征地补偿安置方案有异议或者县级以上人民政府认为确有必要的，应当组织召开听证会……" 2022年1月1日起施行的《天津市土地管理条例》第39条第2款规定："过半数被征地的农村集体经济组织成员认为征地补偿安置方案不符合法律、法规规定的，区人民政府应当组织召开听证会，并根据法律、法规的规定和听证会情况修改征地补偿安置方案。" 2021年11月1日起施行的《浙江省土地管理条例》第42条第3款规定："过半数被征地的农村集体经济组织成员认为征地补偿安置方案不符合法律、法规规定的，设区的市、县（市、区）人民政府应当组织听证。" 2022年6月1日起施行的《江西省征收土地管理办法》第14条第1款规定："过半数被征地的农村集体经济组织成员认为拟定的征地补偿安置方案不符合法律、法规规定的，设区的市、县（市、区）人民政府应当组织听证。" 2021年5月1日起施行的《江苏省土地管理条例》第37条第3款规定："过半数被征地的农村集体经济组织成员认为征地补偿安置方案不符合法律、法规规定的，设区的市、县（市、区）人民政府应当组织召开听证会。"

而且，目前各地针对提出听证申请的期限也一般与征地补偿安置方案的公告期限一致，即一般不少于30日，是比较合理的。

（五）办理补偿登记并签订征地补偿安置协议

征地补偿登记，一般是指拟被征收土地的所有权人、使用权人在土地征收预公告或者启动公告、征地补偿安置方案公告规定的期限内，持不动产权属证明材料前往自然资源主管部门或者其他指定的部门办理征地补偿登记手续。实践中，若未如期办理征地补偿登记手续，其后续的补偿或者赔偿一般以前期县级以上地方人民政府组织有关单位制作的土地现状调查、清点、登记结果为准。

征地补偿安置协议，一般由县级以上地方人民政府根据征地补偿安置方案、评估报告等，组织或者指定有关部门与拟征收土地的所有权人、使用权人签订。个别确实难以达成协议的，不影响征地申请报批，但需要在申请征收土地时如实说明。但是，签订征地补偿安置协议具体达到多少比例才能申请征收土地，《土地管理法》及《土地管理法实施条例》并未明确，而是赋予省级以上人民政府较大的批准裁量权。结合实践中的具体操作标准，一般情况下签订征地补偿安置协议的比例以90%—100%为宜，因为该比例表明在征收启动阶段，绝大多数的拟被征收集体土地所有权人、使用权人对补偿安置是没有异议的，能最大限度保护被征收人的合法权益、减少补偿安置纠纷，确保后续征收程序顺利进行，值得提倡。针对个别尚未达成征地补偿安置协议的拟被征收土地所有权人、使用权人，在征收土地申请经依法批准，县级以上地方人民政府发布征收土地公告公布征收范围、征收时间后，依法作出征地补偿安置决定即可。

值得注意的是，因现行《土地管理法》实施后，签订补偿安置协议系在征收土地申请被批准前，此时征收土地申请能否被批准尚不确定，那么该协议就相当于一个"预征补协议"，存在不同于以往的征收土地申请被批准后签订的补偿安置协议的特殊性，该补偿安置协议效力及存在的问题该如何把握，我们会在本章第四节集体土地征收安置补偿中进一步论述。

（六）保证和落实征地安置补偿费用

被征收土地的安置补偿费用主要包括土地补偿费和安置补助费（也可以统称为征地补偿安置补助费）、农村村民住宅以及其他地上附着物和青苗等的补偿费用、社会保障费用等。申请征收土地的县级以上地方人民政府应保证上述费用足额到位、专户存储、专款专用，未足额到位的，不得批准征收土地。该制度的设计很好地保证了被征收人的合法权益，避免被征收人因为补偿无法到位而陷入流离失所的困境。

（七）申请征收土地报批

相关前期工作完成后，县级以上地方人民政府方可提出土地征收申请，按照《土地管理法》第46条的规定报有批准权的人民政府批准，按照不同情形分别由国务院和省级人民政府批准。有批准权的人民政府对征收土地的必要性、合理性、是否符合《土地管理法》第45条规定的为了公共利益确需征收土地的情形以及是否符合法定程序、条件进行审查，然后依法审批。

（八）发布征收土地公告（"二次公告"）

征收土地申请经依法批准后，县级以上地方人民政府应当自收到批准文件之日起15个工作日内在拟征收土地所在的乡（镇）和村、村民小组范围内发布土地征收公告，并组织实施。与土地征收预公告或启动公告作为"一次公告"相较而言，该公告系"二次公告"。公告内容一般包括征收土地用途、征收土地位置、被征地村（组）及面积、土地补偿安置、青苗及地上附着物补偿标准、农业人员安置方式、社会保障费用、行政救济（比如对征地批复有异议的可以依法申请行政复议）等基本内容，还包括征地批准机关、批准文号、批准时间，有的也会列明办理补偿登记、土地腾退要求、资金拨付时间等。对个别前期尚未签订征地补偿安置协议的被征收人，县级以上地方人民政府应当依据征地补偿安置方案和土地现状调查结果，依法作出征地补偿安置决定，送达被征收土地所有权人、使用权人。

需要注意的是，不同于国有土地上完善明确的征收决定制度，现行《土地管理法》及《土地管理法实施条例》并未建立明确的集体土地征收决定制度，维持了之前的"省级以上人民政府作出征地批复＋县级以上地方人民政府公告并组织实施"的模式。在旧的土地管理制度之下，司法实践中一般认为征收集体土地的批复在法律性质上属于征收决定。但在新的《土地管理法》和《土地管理法实施条例》施行之后，如何对集体土地征收行为进行司法审查，有待进一步研究和观察。

（九）拨付并足额支付征地补偿费用

因征收补偿费用必须保证足额到位，否则不能批准征收土地，故在征收土地申请被批准后，申请征收土地的县级以上地方人民政府应当及时将征地批准文件送同级财政、人力资源社会保障、农业农村等部门，同时组织相关部门尽快将征地补偿有关费用和社会保障费用足额拨付到被征地的农村集体经济组织账户和当地社会保障资金专户，并足额支付到被征收土地所有权人、使用权人。

（十）交付土地

上述工作完成以后，被征收土地所有权人、使用权人应当在规定的期限内及时交付土地，县级以上地方人民政府才可以实施法律上的传统征地程序，清理地上附属物、拆除房屋、平整土地，进行后续的土地开发利用程序。如果被征收土地所有权人、使用权人在规定的期限内对征地批复不申请行政复议、对补偿决定不申请行政复议也不提起行政诉讼，县级以上地方人民政府可以责令其交出土地（也可以作出《责令交出土地的行政决定》），拒不交付土地的，由县级以上地方人民政府依法申请人民法院强制执行。根据人民法院准予执行裁定，实施地表清理和房屋拆除，相关强制行为不得扩大强制清理的范围或者使用违法手段造成被征收人损失扩大，否则要承担相应的违法责任及赔偿责任。

二、集体土地征收程序中需要注意的问题

（一）集体土地征收程序中的信息公开问题

在集体土地征收过程中，被征地农民一般想知悉征地告知书（预征地告知书和征地批复后的征地告知书）、听证告知书、征地安置补偿方案、征地批复、"一书四方案"、补偿安置费用发放、过渡费的发放及其他奖励费用发放等政府信息，若行政机关未及时公开上述政府信息，在被征地农民申请公开时，应当依法公开。因为根据《政府信息公开条例》第21条之规定，**土地征收方面的政府信息属于政府应当主动公开的信息**，若不公开则可能引发村民申请信息公开并引发行政复议或者行政诉讼，那么制作和保存上述政府信息、具有公开义务的行政机关必定要承担相应的法律责任。

典型案例

王某某诉兰州市城关区人民政府信息公开案[①]
——补偿费用发放及使用情况的信息是否应当予以公开

案情简介：

2020年12月30日，原告王某某向被告兰州市城关区人民政府提出申请，要求书面公开原告所在村整体改造项目分户补偿安置明细。2021年1月1日，被告收到申请。2021年1月28日，被告对原告作出《关于政府信息公开的答复》（以下简称《答复》），以原告未签订政府补偿协议，故无法提供相关补偿费用的发放及使用情况；对已签约的村民的相关补偿费用的发放及使用情况，经征求已签约的村民意见，已签约村民认为公开内容涉及其个人隐私，均表示不

[①] 兰州铁路运输中级法院2020—2021年度行政审判十大典型案例之七。

予公开为由，不予公开原告申请内容。

法院认为：被告兰州市城关区人民政府依法有义务主动公开其辖区范围内涉及的土地征收和房屋征收情况。被告以村民不同意为由不予公开，但其并未提交书面征求村民意见且村民以涉及隐私为由不同意公开的相关证据。同时，在涉及第三方的情况下，政府信息是否公开，并不单纯取决于第三方是否同意，更要看是否确实涉及个人隐私以及是否因为公共利益的考虑而使个人隐私权进行必要的让渡。遂判决撤销《答复》，责令被告在20个工作日内对原告提出的政府信息予以公开。

案例评析：

本案是请求判决人民政府依法公开征地信息的案件。政府信息公开是充分尊重和保障公众知情权，监督权力在阳光下运行的重要制度。政府信息以公开为原则，不公开为例外，例外情形应由法律法规明确规定。根据《政府信息公开条例》第15条的规定，涉及商业秘密、个人隐私等公开会对第三方合法权益造成损害的政府信息，行政机关不得公开。但个人隐私豁免公开作为一项例外，其适用并不是绝对的。根据《政府信息公开条例》第21条的规定，设区的市级、县级人民政府及其部门应当根据本地方的具体情况，主动公开涉及市政建设、公共服务、公益事业、土地征收、房屋征收、治安管理、社会救助等方面的政府信息。集体土地征收尽管一定程度上涉及其他户的个人隐私，但为了保证征收补偿的公开和公平，消除被征收人不公平补偿的疑虑和担心，法律对这类个人隐私的保护进行了一定限制。行政机关对征地相关信息应当依法主动公开。本案判决对于促进各级行政机关充分履职，强化政务公开、打造法治政府、切实维护老百姓合法权益具有积极意义。

（二）征收过程中拆除集体土地上的房屋需要注意的问题

在集体土地征收过程中，因为征收土地申请被批准前绝大多数被征收人已经签订了补偿安置协议，在征收土地申请被批准后，针对极少数既不签订补偿安置协议，政府作出安置补偿决定后在法定期限内又不提起行政复议和行政诉讼、拒绝领取安置补偿款、拒不交出土地导致征收程序无法继续进行的被征收人，根据《土地管理法实施条例》第62条"违反土地管理法律、法规规定，阻挠国家建设征收土地的，由县级以上地方人民政府责令交出土地；拒不交出土地的，依法申请人民法院强制执行"和《行政强制法》第53条"当事人在法定期限内不申请行政复议或者提起行政诉讼，又不履行行政决定的，没有行政强制执行权的行政机关可以自期限届满之日起三个月内，依照本章规定申请人民法院强制执行"的规定，县级以上地方人民政府没有强制拆除房屋的权力，应当依法申请人民法院强制执行。

即便申请人民法院强制执行，也应当做好相关准备：第一，组织自然资源等相关部门对被征收土地上的房屋权属、位置、建筑面积等情况做好调查登记，及时制作相关清单，尽量让被征收人签字确认，若被征收人拒绝签字，也需要第三方测量机构、乡镇人民政府或者街道办事处、村委会相关人员签字确认，或者聘请专门机构进行公证。第二，履行催告程序，参照《行政强制法》第54条"行政机关申请人民法院强制执行前，应当催告当事人履行义务。催告书送达十日后当事人仍未履行义务的……"之规定，可以多次作出并送达催告通知，并及时拍照保存送达证据（拍照时最好显示拍照时间，并找好参照物），达到让被征收人知道即将拆除这样的效果，避免屋内存放贵重物品产生举证不能的不利后果。第三，拆除时保存证据注意事项。拆除现场实行同步录音录像，如果被征收人在即将被拆除时依然没有将室内物品搬走，应当清点物品并制作物品清单，通过正规搬家公司或者委托具体实施拆除主体对其物品进行搬离和定点保存。拆除完毕，应当通过正规程序将上述物品返还给被征收人处理，将被征收人的室内物品损失降到最低。

但是，实践中申请人民法院强制执行亦是一个比较漫长的过程，征收项目牵扯到绝大多数已经签了补偿安置协议的被征收人的合法权益，在征收土地申请被批准后，为了推进和加快征收项目的进程，可能会出现违法强制拆除拒不交出土地的被征收人房屋的现象，拆除主体必然会因此根据《国家赔偿法》的规定承担相应的赔偿责任。

🔍 思考题

1. 现行《土地管理法》规定的征收程序与其修正前规定的征收程序的不同之处是什么？
2. 集体土地征收程序中的两次土地征收公告有何区别？

第四节　集体土地征收安置补偿

尽管政府基于公共利益的需要可以对集体土地所有权人和使用权人分别所有和使用的集体土地进行剥夺，但必须给予相应的公平合理补偿，以弥补被征收集体土地的所有权人、使用权人因"特别牺牲"而产生的损失。《宪法》2004年修正时正式确立了征收补偿制度，《土地管理法》也确立了"公平合理补偿"和"及时足额支付"的补偿原则，规定了征收土地应给予公平合理补偿，保障被征地农民原有生活水平不降低，长远生计有保障；同时规定了征收土地应当及时足额支付补偿项目及标准等相关内容，很好地保护了被征地农民的合法权益，防止行政机关滥用征收权力。否则，在没有落实被征地农民补偿的情形下征收集体土地，则会因违法征收而承担相应的法律责任。

一、安置补偿的内容及方式

关于安置补偿内容，根据《土地管理法》及《土地管理法实施条例》的规定，**集体土地征收的安置补偿主要包括土地补偿费、安置补助费、农村村民住宅补偿费、其他地上附着物和青苗等补偿费用以及被征地农民的社会保障费用**。其中，被征地农民养老保险等社会保障费用并不直接向被征地农民本人发放，而是主要用于符合条件的被征地农民的养老保险等社会保险缴费补贴。该费用的筹集、管理和使用办法，由各地方人民政府具体制定。比如2022年6月1日起施行的《河北省土地管理条例》第38条第4款规定："县级以上地方人民政府应当将被征地农民纳入相应的养老等社会保障体系。农村集体经济组织应当依法确定参加养老保险等社会保险缴费补贴对象名单，报乡镇（街道）。乡镇（街道）对名单进行审查、公示、确认后，报人力资源和社会保障、自然资源主管部门。人力资源和社会保障主管部门应当按照规定落实缴费补贴，及时为补贴对象办理社会保险手续。"

然而，关于征收集体经营性建设用地的安置补偿应当包含哪些内容，《土地管理法》及《土地管理法实施条例》并未规定。《土地管理法》第48条第4款只是规定了征收农用地以外的其他土地、地上附着物和青苗等的补偿标准，由省、自治区、直辖市制定，赋予了地方政府很大的自由裁量权。既然集体经营性建设用地可以通过依法出让、出租、转让等入市流转，那么集体经营性建设用地安置补偿标准及补偿内容必然会影响到集体土地市场的发展和稳定，各地方应慎重明确。

关于安置补偿的方式，根据《土地管理法》及《土地管理法实施条例》的规定，主要采用货币补偿方式支付地上附着物、青苗等各种补偿安置费用，但针对农村村民住宅补偿，按照先补偿后搬迁、居住条件有改善的原则，尊重农民意愿，采取重新安排宅基地建房、提供安置房或者货币补偿的补偿方式。

二、安置补偿的标准

不同于我国国有土地上房屋征收与补偿有完善、明确的制度设计,[①]我国集体土地征收及其地上的房屋等附着物、青苗等的安置补偿,除了征收农用地的安置补偿标准立法比较明确外,其他均由地方自由裁量形成,在一定程度上造成法治不统一,亟须通过立法制定统一的规则框架或者作出立法指引。

根据现行土地法律制度,安置补偿的标准种类可以归纳总结如图2-2所示。

```
                征收集体土地的安置
                     补偿标准
    ┌───────────┬───────────┼───────────┬───────────┐
  农用地补偿   农用地以外   城市规划区   城市规划区   集体土地上
    标准      的其他集体   内集体土地   外集体土地   的非居住房
              土地的补偿   上的居住房   上的居住房   屋补偿标准
                标准       屋补偿标准   屋补偿标准
```

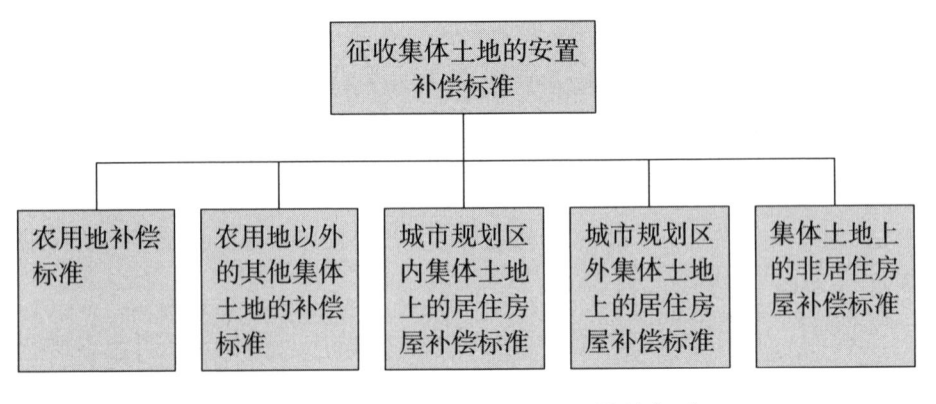

图2-2 征收集体土地的安置补偿标准

(一) 征收农用地的安置补偿标准

关于征收农用地的土地补偿费、安置补助费标准,现行《土地管理法》第48条规定的征地补偿安置标准将2004年修正后的《土地管理法》规定的被征收耕地年产值倍数补偿标准,改为省、自治区、直辖市人民政府制定公布征地区片综合地价和社会保障的补偿标准,制定区片综合地价应当综合考虑土地原用途、土地资源条件、土地产值、

---

① 关于征收国有土地上的房屋,目前有《国有土地上房屋征收与补偿条例》《国有土地上房屋征收评估办法》等明确规定征收程序及补偿标准、评估办法。

土地区位、土地供求关系、人口及经济社会发展水平等因素，并至少每三年调整或者重新公布一次，这无疑是一个巨大的进步。同时，为了保障被征收人的知情权，也为了让全国征地区片综合地价信息更加透明、公正，自然资源部于2021年7月14日发布了《自然资源部关于公开全国征地区片综合地价信息的公告》，将全国各地上报备案的征地区片综合地价信息主动向全社会公开，公众随时可以查询。

与2004年修正后的《土地管理法》规定的耕地年产值倍数补偿标准相比，现行《土地管理法》规定的区片综合地价考虑因素更全面、更科学。 然而，在一定程度上，农用地征收补偿的区片综合地价对被征收人的土地价值补偿，并没有完全反映市场价值，因为区片综合地价考虑的因素虽然包括土地资源条件、产值、区位、供求关系、人口及经济发展水平等，但也仅限于对土地原有用途的补偿，该补偿标准并没有体现被征收土地的市场价值，被征收人也不能参与土地增值收益的分配。故如何设计一个更科学和更合理的征收农用地安置补偿标准，立法任务任重道远。

（二）征收农用地以外的其他集体土地的安置补偿标准

针对征收农用地以外的其他土地、地上附着物和青苗等的补偿标准，立法并不明确，《土地管理法》第48条第4款也仅仅规定了由省、自治区、直辖市制定，即由地方自由裁量设定补偿标准。因农用地以外的其他集体土地一般包括集体建设用地（包括集体经营性建设用地、宅基地、公益用地等）和未利用集体土地，实践中对上述土地的补偿标准各地规定不一致，有的地方不加区分直接规定统一的补偿标准。比如，河南省人民政府2020年5月6日公布的《河南省人民政府关于征收农用地区片综合地价有关问题的通知》规定"征收农用地以外土地的，按同一区片中农用地综合地价标准执行"；北京市人民政府2021年5月12日公布的《北京市人民政府关于公布〈北京市征收农用地区片综合地价标准〉的通知》规定"征收农用地以外的其他土地（包括集体建设用地、未利用地），参照本标准执行"；河北省人民政府2020年10月14日公布的《河北省人民政府关于完善征地区片综合地价标准的通知》规定"各类土地征收补偿执行统一标准，征地区片综合地价涵盖农用地、建设用地和未利用地"。而有的地方则对征收集体农用地、集体经营性建设用地、集体未利用地等进行区分，分别制定不同的补偿标准。比如，江苏省人民政府2020年5月19日公布的《江苏省人民政府关于公布江苏省征地区片综合地价最低标准的通知》规定"征收集体建设用地参照所在区片征收集体农用地区片综合地价标准执行。征收集体未利用地参照所在区片征收集体农用地区片综合地价标准的0.7倍执行。涉及征收依法取得的集体经营性建设用地采用宗地地价评估的方式确定"；江西省人大常委会2022年3月29日修订的《江西省征收土地管理办法》第24条规定"征收农用地以外的其他土地、农村村民住宅、其他地上附着物、青苗等的补偿标准由省人民政府制定，并至少每三年调整或者重新公布一次。征收依法取得的集体经营性建设用地，应当按照同地同权的要求，参照宗地地价评估的价格确定补偿标准"。

在这里，还要注意集体经营性建设用地的补偿标准问题。《土地管理法》及《土地管理法实施条例》赋予了集体经营性建设用地通过出让、出租等方式入市流转的权利，但是针对征收集体经营性建设用地时应采用何种补偿标准，并没有明确规定。根据《土地管理法》第48条第4款的规定，集体经营性建设用地应当由地方自行设定补偿标准。然而，这并不是赋予地方无限的自由裁量权，怎样科学、合理地设定补偿标准才是最重要的。对于省级人民政府而言，这种法律上的"空白授权"虽然意味着其拥有了非常广泛的自由裁量权，但也意味着在协调集体建设用地入市与集体土地征收增值收益分配过程中，该级政府负有更大的责任。

遗憾的是，从各地陆续出台的征收补偿标准来看，有的地方并没有意识到这一问题，有的地方注意到了这一问题，对征收农用地以外土地的补偿标准做出了区分，但区分的标准既不统一，也不很合理。[1]众所周知，市场经济条件下建设用地在多数情况下所能够产生的经济价值要远高于农用地。在这种情况下，如果集体经营性建设用地入市获得的是市场价格，而集体非经营性建设用地和宅基地被征收时获得的是"集体农用地区片综合地价"，那么必然会加剧"集体经营性建设用地入市"与"集体土地征收"制度之间的摩擦和冲突。在现行法的框架之下，解决这一问题的合理方案应当是吸收集体经营性建设用地入市制度所建立的"市场价格"标准进行补偿。[2]对此，有的地方开始进行探索，比如，2021年5月1日起施行的《江苏省土地管理条例》明确规定"征收依法取得的集体经营性建设用地的，应当按照同地同权的要求，采用宗地地价评估的方式确定补偿标准"，2022年6月1日起施行的《江西省征收土地管理办法》明确规定"征收依法取得的集体经营性建设用地，应当按照同地同权的要求，参照宗地地价评估的价格确定补偿标准"，具有一定的借鉴意义。否则，如果征收集体经营性建设用地的价格与其入市价格不同，必然会造成被征收人宁愿入市而不愿被征收的局面，甚至引发新的社会矛盾。

（三）征收城市规划区内集体土地时地上居住房屋的补偿标准

关于征收城市规划区内集体土地时对其地上居住房屋（一般指村民宅基地上的房屋）的补偿标准，目前没有统一的立法标准。实践中，有的地方未制定明确标准，各个征收项目视具体情况而定，

---

[1] 程雪阳：《论集体土地征收与入市增值收益分配的协调》，载《中国土地科学》2020年第10期。

[2] 程雪阳：《论集体土地征收与入市增值收益分配的协调》，载《中国土地科学》2020年第10期。

造成补偿标准非常混乱。有的地方自行制定本辖区内统一、合理的补偿程序和标准。比如，上海市规划和自然资源局2019年5月10日公布的《上海市征收集体土地房屋补偿评估管理规定》、上海市人民政府2021年9月29日公布的《上海市征收集体土地房屋补偿规定》、上海市规划和自然资源局公布并自2021年10月1日起施行的《上海市征地房屋补偿争议协调和处理办法》分别对上海市行政区域范围内征收集体土地时对房屋的补偿原则、补偿主体、补偿程序、补偿标准及范围（比如被征地的村或村民小组建制撤销的居住房屋补偿、被征地的村或村民小组建制未撤销的居住房屋补偿、居住房屋的其他补偿、已批未建房屋的补偿、可建未建的房屋补偿、超标准建房的补偿、非居住房屋的补偿及其他补偿、其他房屋及设施的补偿、违法建筑和临时建筑的处理）、补偿数额计算方法、评估程序、补偿争议协调程序、补偿安置决定作出程序及内容、责令交出土地及强制执行程序等作了详细的规定。再如，南阳市人民政府公布并自2021年12月1日起施行的《南阳市中心城区征收集体土地上房屋补偿安置办法（试行）》，参照《国有土地上房屋征收与补偿条例》，针对南阳市中心城区的农村宅基地、集体建设用地上建设的住房、公共用房、经营性用房等，规定征收补偿主体、征收程序、补偿安置内容、补偿安置方式及补偿标准的确定等。上述地方人民政府及其部门出台的这些针对各类集体土地上的居住房屋及经营性用房等作出区分处理，比较科学、合理。

　　那么关于城市规划区内集体土地上的居住房屋的补偿，目前司法实践中普遍认为参照周边类似国有土地上房屋的市场价格并扣除相应的土地出让金价值比较科学合理。因为，该类房屋系村民宅基地上的自建房，只能用于家庭居住，考虑到该类房屋所在土地已经划入城市区域，为了保障被征收人丧失宅基地使用权及其房屋之后的生活，参照该房屋周边类似国有土地上房屋的市场价格（实践中有的地方参照周边同区域二手房交易均价）能很好地保障被征收人的合法权益，保障其居住生活。同时，有些农村集体土地虽然已经被批准征收，但由于种种原因，有关部门对农村集体土地上的房屋没有补偿，也一直由原住户继续使用。若干年后，有关部门补偿安置时，房屋所在的地方已经纳入城市规划区，周围的房屋价格已经上涨，如果仍然按照农村集体土地上附着物的标准补偿，难以解决农民的居住问题。

对此问题如何解决，我们认为，虽然因为土地性质不同，征收集体土地上房屋的补偿不能直接适用《国有土地上房屋征收与补偿条例》，但由于房屋所在的土地已经城市化，如果按照农村集体土地补偿，会无法保障农民的权益。因此，可以参照《国有土地上房屋征收与补偿条例》的补偿标准予以补偿。由于国有土地上房屋征收补偿中实际上已经包含了地价，如果征收农民集体土地时已经对土地进行了补偿，那么按照国有土地上房屋征收补偿标准对其补偿时，应当扣除其已经取得的土地补偿费。[1]同时关于该问题，《最高人民法院关于审理涉及农村集体土地行政案件若干问题的规定》第12条第2款明确规定："征收农村集体土地时未就被征收土地上的房屋及其他不动产进行安置补偿，补偿安置时房屋所在地已纳入城市规划区，土地权利人请求参照执行国有土地上房屋征收补偿标准的，人民法院一般应予支持，但应当扣除已经取得的土地补偿费。"河南省高级人民法院2020年4月30日发布的《关于审理违法征收、违法强拆类行政赔偿案件的工作指南（试行）》规定，"城市规划规划区内集体土地上依法建造的房屋被违法拆除，按照安置补偿方案确定的赔偿标准处理对赔偿请求人显失公平的，可参考周边类似商品房交易平均价格确定房屋价值损失，但原则上应扣除相应的土地出让金价值"。

---

[1] 赵大光、杨临萍、马永欣：《解读〈关于审理涉及农村集体土地行政案件若干问题的规定〉》，载人民法院出版社编：《解读最高人民法院司法解释（含指导性案例）：行政·国家赔偿卷》，人民法院出版社2019年版，第223页。

典型案例

张某某诉河南省郑州市惠济区人民政府、长兴路街道办事处行政赔偿案[1]

——城市规划区内集体土地征收时其地上房屋的补偿标准

案情简介：

2016年5月4日，长兴路街道办事处对张某某位于老鸦陈村1组的房屋实施了强制拆除，该拆除行为已被生效判决确认违法。2017年12月7日，张某某提起行政赔偿诉讼，请求判令郑州市惠济区人民政府、长兴路街道办事处连带赔偿因违法强拆房屋造成的损失及附属物损失，并请求支付相应利息。张某某不服一、二审判决，提起再审申请。

法院认为： 根据《国家赔偿法》第2条、第4条的规定，张某某的案涉房屋被郑州市惠济区人民政府、长兴路街道办事处强制拆除，该强拆行为已被法院生效判决确认违法，故张某某认为其合法财产权益受到侵害，有要求行政赔偿的权利。第一，关于被拆房屋损失的赔偿问题。就案涉房屋三层以下部分的赔偿标准，二审法院鉴于案涉房屋已被拆除、评估机构因评估资料不足而退件的情况，根据《最高人民法院关于审理涉及农村集体土地行政案件若干问题的规定》第12条第2款的规定及案涉房屋为城中村自建房的实际情况，参照房屋被拆除时辖区二手住房成交均价8866元/平方米的标准，酌情扣除600元/平方米的土地出让费用，并无不当。对超出合法面积的剩余部分，一、二审判决参考案涉拆迁安置补偿方案中"拆工补助"400元/平方米的标准给予赔偿，并无明显不当之处。张某某关于二审判决确定的房屋赔偿标准过低的主张，因缺乏事实依据和

---

[1] 最高人民法院（2020）最高法行赔申1368号行政裁定书。案件来源于中国裁判文书网。

证据支持，本院不予支持。第二，关于附属物损失、利息的赔偿问题。一、二审法院根据举证责任分配原则，遵循法官职业道德，运用逻辑推理和生活经验，根据一般生活所需并考虑物品折旧等因素，结合本案证据情况对附属物损失予以酌情判赔，处理正确。对张某某关于该项赔偿数额低于实际情况的主张，因其未提交有效证据予以证明，本院不予支持。因利息不属于《国家赔偿法》第36条规定的直接损失范围，一、二审法院对该项损失不予支持，并无不当。第三，关于租房损失的赔偿问题。此项费用属于房屋被强拆后的必要开支，应予赔偿。一、二审判决根据张某某提供的相关证据及其家庭人口、区位等因素确定租房损失的赔偿数额，亦无明显不当。最终裁定驳回张某某的再审申请。

案例评析：

在集体土地征收过程中，如果未同时对被征收的集体土地上的房屋进行补偿，经过一定时间后，原坐落于集体土地上的房屋所在区域已经被纳入城市规划区，基本实现了城镇化，此时再对原集体土地上的房屋进行补偿，可以参照国有土地上房屋征收补偿标准，这样能保障失地农民的居住，更好地化解社会矛盾。

（四）征收城市规划区以外集体土地时地上居住房屋的补偿标准

针对未在城市规划区内的集体土地上居住房屋的补偿，一般由各征收项目根据本地实际制定具体的补偿标准，故存在一个项目一个补偿标准的现象。也有的地方并未区分是否在城市规划区内从而统一规定，比如，郑州市人民政府2020年2月25日发布的《郑州市人民政府关于调整国家建设征收集体土地青苗费和地上附着物补偿标准的通知》，统一规定了征收集体土地时对地上各类建筑物、构筑物（平房、楼房、厂房等）的补偿标准、过渡补助费和搬家补助费补偿标准，这样的补偿标准对城市规划区内集体土地上的居住房屋以及集体经营性建设用地上的非居住房屋而言是偏低的，不利于征地项目的推进。

为了更好地保障失地农民的权益，化解社会矛盾，各地方纷纷进行探索，比如河南省高级人民法院2020年4月30日发布的《关于审理违法征收、违法强拆类行政赔偿案件的工作指南（试行）》规定"城市规划区外农村宅基地上房屋被违法强制拆除，相应的安置补偿方案显失公平，赔偿义务机关、农村集体经济组织认可具备置换宅基地条件且赔偿请求人同意的，可判令赔偿义务机关按照房屋重置价赔偿房屋价值损失；不具备房屋安置、置换宅基地条件的，在确定房屋损失货币赔偿数额时，可在补偿安置方案基础上适当上浮，上浮幅度原则上不超过安置补偿方案所定标准的百分之五十"，这样的补偿或者赔偿标准具有一定的合理性。

（五）征收集体土地时地上非居住房屋的补偿标准

集体土地上的非居住房屋，主要是集体经营性建设用地上的经营性用房，以及农村集体经济组织以土地使用权入股、联营等形式参与的经营性用房。 因为该类房屋所在的土地依法通过出让、出租入市流转，与国有建设用地一样具有相应的市场价值，故对该类房屋不加区分统一按照征收集体土地上一般的附着物进行补偿，显然不公平、不合理，也是不科学的。对此，有的地方专门进行了明确。比如，2021年10月1日起施行的《上海市征收集体土地房屋补偿规定》第20条、第21条规定，针对集体经营性建设用地上的非居住房屋以及农村集体经济组织以土地使用权入股、联营等形式与其他单位、个人共同举办企业的非居住房屋的补偿，实行货币补偿，补偿计算公式为：房屋建安重置价＋相应的土地使用权取得费用。房屋建安重置价、相应的土地使用权取得费用，由区征地事务机构委托估价机构按照征收该地块集体土地的现行标准评估。同时该类非居住房屋补偿还应当包括设备搬迁和安装费用、无法恢复使用的设备按照重置价结合成新结算的费用、停产停业损失补偿（补偿标准由各区根据实际情况制定公布，该部分损失由区征地事务机构委托评估机构评估）。2021年12月1日起施行的《南阳市中心城区征收集体土地上房屋补偿安置办法（试行）》第16条规定，城市规划区内集体土地上的非居住房屋的补偿不仅包括房屋价值的补偿，因征收所造成的搬迁和临时安置的补偿，地上附着物、构筑物的补偿，社会保障费用，还包括因征收集体建设用地所涉及的经营手续完善的经营性用房造成的停产停业损失补偿。

上述地方人民政府的做法实际上参照了《国有土地上房屋征收与补偿条例》，将房屋本身的价值补偿、因征收所造成的设备搬迁安装和临时安置补偿、停产停业损失的补偿等都包含在内，比较科学合理，具有进步意义。

三、安置补偿制度

相较于国有土地上房屋征收具有比较成熟的协议补偿和决定补偿相衔接的制度安排，《土地管理法》及《土地管理法实施条例》虽然笼统地规定了协议补偿制度和决定补偿制度框架，但对协议补偿和决定补偿的程序、适用情形等，均未规定，在实践操作中容易引发问题，需要我们思考如何解决。

（一）签订拟征收补偿安置协议——"预征补协议"

根据《土地管理法》第47条的规定，县级以上地方人民政府在土地征收申请被批准前应当与拟征收土地的所有权人、使用权人就补偿、安置达成协议。该协议因为在征收土地申请被批准前、正式征收土地公告发布之前签订，故在法律上存在争议。司法实践中有的认为该协议相当于一个附条件或者附期限的补偿协议，只有在省级以上人民政府作出征地批复、县级以上地方人民政府发布正式征收土地公告后才能发生法律效力，才能对当事人的权利义务产生实际影响，故**集体土地预征收阶段签订的补偿安置协**

议可以称为"预征补协议"。引入"预征补协议"制度，可以认为是传统集体土地征收与补偿制度的重大"制度变迁"，并且是一种"强制性的制度变迁"。[①]

但是，"预征补协议"签订在先、征地审批在后，导致可能存在签订协议后征地行为发生多种变化，在先的约定与在后的履行无法对接，甚至可能因征地未能审批通过而造成协议无法生效的问题，这必然导致围绕"预征补协议"产生诸多纠纷。区分这些纠纷的原因，找到能够适用的归责原则，从而认定赔偿或补偿责任的大小，在司法审查中显得尤为重要。主要应包括以下几类情况：（1）签约后未征收；（2）签约后未批复提前征收；（3）补偿标准变动；（4）相对人不履行"预征补协议"。[②]针对可能出现的相对人不履行"预征补协议"、阻挠国家建设征收土地的情况，《土地管理法实施条例》第62条作出了明确规定，即"由县级以上地方人民政府责令交出土地；拒不交出土地的，依法申请人民法院强制执行"。

然而，针对可能出现的签约后未征收、签约后未批复提前征收、补偿标准因为征收时间过长产生变动等问题，现行法律并未明确给出答案。为了解决上述问题，有的地方对"预征补协议"的内容和模板等进行统一规定，并且设定了"预征补协议"的有效期，超过有效期就需要重新启动征收土地前期工作，包括重新签订"预征补协议"。比如，2022年6月1日起施行的《江西省征收土地管理办法》第16条第1款明确规定："……征地补偿安置协议内容应当包括被征收土地的位置、权属、地类、面积和农村村民住宅、其他

[①] 耿宝建、殷勤：《制度变迁：预征补协议在集体土地征收程序的引入——〈土地管理法修正案（草案）〉第47条第二款的完善建议》，载《法律适用》2019年第7期。

[②] 袁荷刚、张彩霞、史阳阳：《集体土地征收"预征补协议"司法审查的实施路径》，载刘贵祥主编：《审判体系和审判能力现代化与行政法律适用问题研究——全国法院第32届学术讨论会获奖论文集》（下），人民法院出版社2021年版，第602—612页。

地上附着物、青苗等的权属、种类、数量及其相应的补偿标准，以及补偿安置方式和落实期限、违约责任等内容。征地补偿安置协议示范文本由省人民政府制定。"第18条明确规定："征收土地前期工作完成后，设区的市、县（市、区）人民政府方可提出征收土地申请，依法报有批准权的人民政府审批。征收土地申请应当自签订集体土地所有权征收补偿安置协议之日起两年内提出，两年内未提出的，应当重新启动征收土地前期工作……"2022年1月1日起施行的《天津市土地管理条例》第39条第4款明确规定："征地补偿安置协议示范文本由市人民政府组织规划资源等部门制定。"2021年11月1日起施行的《浙江省土地管理条例》第44条第1款明确规定："……征地补偿安置协议示范文本由省人民政府制定。"上述做法具有一定的借鉴意义。

因此，鉴于征收土地程序后续的不确定性，"预征补协议"在拟定时条款应当尽量全面、科学，将上述可能出现的风险及解决方案提前在"预征补协议"中进行明确约定，同时在签订协议时明确告知被征收人该协议的特殊性及该协议的有效期，避免引发各种纠纷，提前妥善防范。

（二）安置补偿决定

根据《土地管理法实施条例》第31条之规定，县级以上地方人民政府在征收土地申请经依法批准后，针对个别尚未达成征地补偿安置协议的，应当作出征地补偿安置决定。但是，关于征地补偿安置决定的作出程序和内容，立法目前并未统一明确，故在实践中，有的地方便利用自由裁量权进行详细规定。比如，2021年10月1日起施行的《上海市征收集体土地房屋补偿规定》第26条等，以及2021年10月1日起施行的《上海市征地房屋补偿争议协调和处理办法》便规定了在作出安置补偿决定前需要依法履行的补偿协调程序和期限，以及征地补偿安置决定应当包括的具体内容，即"区征地事务机构、被补偿人等基本情况；征地批准文件、征地房屋补偿方案、建设项目名称等；争议事项；争议协调情况；具体补偿方案；搬迁期限；告知被补偿人行政复议、行政诉讼的权利及期限"。2022年6月1日起施行的《江西省征收土地管理办法》第20条第2款规定："征收土地补偿安置决定应当包括征收土地的人民政府与征收土地所有权人、使用权人的基本情况，征收土地的批准机关和批准文号，争议的主要事实和理由，补偿安置的标准、方式、金额、支付期限等，补偿决定的依据以及理由，申请行政复议和提起行政诉讼的权利和期限等内容。"上述关于安置补偿决定的制度设计，值得借鉴。

典型案例

崔某某诉兰州市七里河区人民政府房屋征收补偿决定案[①]
——集体土地征收补偿决定的合法性审查

案情简介：

原告崔某某在甘肃省兰州市七里河区某处拥有合法承包经营的土地，并建有房屋。因相关建设项目需要，有关单位对原告的房屋进行征收改造。因补偿标准不合理，原告没有与任何单位达成征收补偿安置协议，征收部门也没有履行征收的法定程序。2019年4月11日，原告收到了被告作出的《房屋征收补偿决定书》。原告对该《房屋征收补偿决定书》有异议，提起行政诉讼请求撤销该征收补偿决定。

法院认为： 首先，原告是被诉征收补偿决定的相对人，其在法定起诉期限内向本院提起本案行政诉讼，符合法律规定。其次，征

---

① 兰州铁路运输中级法院（2019）甘71行初264号行政判决书。案件来源于中国裁判文书网。

收补偿决定应当具有可执行的内容，且应当体现原告得到公平、合理的补偿，保障其原有生活水平不降低，内容应就补偿方式、标准、金额和支付期限、用于产权调换房屋的地点、面积、标准及搬迁费、临时安置费、搬迁期限、过渡方式和过渡期限等事项进行细化和明确。被告在未对以上事项进行明确的情况下作出被诉的《房屋征收补偿决定书》，属于认定事实不清、证据不足。被告辩称原告拒绝评估公司入户测量，从而无法计算补偿的具体金额及置换面积的理由，没有法律依据，判决撤销案涉《房屋征收补偿决定书》。

案例评析：

集体土地征收程序中的房屋拆迁补偿，在性质上属于征地补偿。市、县人民政府对集体土地上房屋作出征收补偿决定应符合法律规定。同时，在补偿期限内无法达成安置补偿协议的，应由人民政府或土地征收行政主管部门作出内容明确、具有可执行性、公平合理的征收补偿决定。征收补偿决定内容、补偿事项标准不明确或不具有可执行性的，该补偿决定应当依法予以撤销，以保护失地农民的合法权益，维护社会稳定。

（三）安置补偿中需要注意农村集体经济组织成员资格问题

近年来，征收集体土地引发诸多安置补偿纠纷，其中农村集体经济组织成员的资格问题具有代表性，俗称"村民资格问题"。因为村民资格问题比较复杂，而立法又没有统一明确规定，2018年修正后的《农村土地承包法》第69条仅规定"确认农村集体经济组织成员身份的原则、程序等，由法律、法规规定"，于是，有的地方纷纷出台地方性法规进行统一标准界定。比如，2021年7月29日修订的《山东省实施〈中华人民共和国农村土地承包法〉办法》第7条第2款规定："符合下列条件之一的人员，经本集体经济组织依法确认，享有农村土地承包经营权：（一）与本村村民结婚且户口迁入本村的；（二）本村村民依法办理收养手续且户口已迁入本村的养子女；（三）其他将户口依法迁入本村，并经本集体经济组织成员的村民会议三分之二以上成员或者三分之二以上村民代表的同意，接纳为本集体经济组织成员的。"2021年10月1日起实施的《四川省农村集体经济组织条例》第9条第1款规定："农村集体经济组织成员身份，应当依据法律、法规，按照尊重历史、兼顾现实、程序规范、群众认可的原则，统筹考虑农村土地承包关系、户籍关系，可以兼顾对集体积累的贡献等因素，通过民主程序进行确认。农村集体经济组织成立前其成员身份由村民会议确认，成立后其成员身份的取得或者丧失由成员大会决定。"上述地方性法规与《农村土地承包法》相结合，较好地解决了农村集体经济组织的成员资格这一问题。

另外，有的地方针对辖区内存在的问题，出台了一些具体的、便于操作的规定。比如，2019年10月21日起施行的《岳阳市云溪区农村集体经济组织成员身份确认指导意见》、2019年7月10日起施行的《佛山市高明区农村集体经济组织成员身份确认实施意见（试行）》等，均采取罗列的方式把辖区内可能涉及的、容易产生争议的村民资格问题进行了详细界定，为实践操作提供了明确依据，避免产生纠纷。但是，罗列方式的弊端就是无法穷尽所有，也就无法完全解决实践中遇到的所有难题。

结合村民资格问题引发的补偿案件司法实践可以看出，界定村民资格，户籍登记并不是唯一标准，因为实践中为了多获得补偿而采取空挂户、违规迁户口等情形屡见不鲜，一般会综合考虑是否以该集体经济组织的土地为基本生活保障，是否与该集体经济组织形成较为固定的生产、生活关系，并兼顾户籍登记等因素，从而具体问题具体分析。下面简单就几类人员详述。

1.外嫁女及其配偶、子女的村民资格。外嫁女出嫁后，户口仍然留在原集体未迁出，并且实际居住和生活在原集体的，一般可以认定为原集体的成员，如果原集体土地被征收，其可以要求分得其作为该集体成员应得的补偿利益。外嫁女的配偶、子女一般不属于原集体的成员，但如果符合村规民约、村民自治章程中的"招婿"（即无儿子户需要招婿）条件，则应认定为原集体成员。

2.农村子女考上大学后，一般都要将户口迁出。但在他们被录用为国家公务员、进入企业工作之前，或者国家为其提供最基本的生存保障、企业为之提供稳定收入之前，不能因为其户口不在原集体，就认为其不是原集体成员，因为这时还是农村的土地为其提供最基本的生存保障。

3.农村外出务工、经商人员。即便该类人员常年不在村内居住，由于仍然是农村的土地（宅基地及承包地）为其提供最基本的生存保障，因此，他们仍然是该集体的成员。

4."空挂户"人员。所谓"空挂户"，是指有关人员将户口迁入本集体经济组织的目的，并不是要在本集体经济组织生产、生活，而是出于利益驱动或其他各种原因，需要将户口挂在本集体经济组织的一种现象。由于"空挂户"仅迁入户口，所以"空挂户"不是本集体经济组织的成员。

5.回乡养退人员。虽然这些人将户口迁到了本集体经济组织，但由于国家已经为其提供了最基本的生存保障，所以其并不是本集体经济组织的成员。

综上，合理、科学界定农村集体经济组织成员资格对被征地农民基本权利的保护至关重要，应当慎之又慎。

思考题

1.集体土地预征收中的"预征补协议"的法律效力、生效条件及签订中应当注意哪些问题？

2.集体土地征收一般涉及哪几种类型土地？具体补偿标准应该如何把握？

3.集体土地征收中对集体土地上的房屋、附属物该如何补偿？

第三章　国有土地上房屋征收

本章知识要点

- 国有土地上房屋征收的范围与征收主体
- 国有土地上房屋征收决定
- 国有土地上房屋征收补偿及其执行

无论是征收农村集体土地，还是征收国有土地上房屋，都事关经济发展、城市建设和民生保障。地方政府既要完成好征收拆迁任务，保障建设项目及时用地，推进经济跨越式发展，还要保障被征收群众的合法权益，维护好社会的和谐稳定。为了规范国有土地上房屋征迁行为，2011年1月21日，国务院公布并施行《国有土地上房屋征收与补偿条例》，同时废止了《城市房屋拆迁管理条例》。根据《国有土地上房屋征收与补偿条例》的相关规定，国有土地上房屋的征收与补偿一般分为三个阶段，即征收决定阶段、征收补偿阶段、搬迁执行阶段。本章也将以此为框架对国有土地上房屋征收制度予以分析介绍。

第一节　国有土地上房屋征收概述

一、"国有土地"上"房屋"的范围

国有土地上的房屋征收，其实质就是国家为了公共利益的需要，

在法定情形下运用一定的行政强制性权力对私人财产的购买。 该"私人财产"的范围，即征收的对象，仅限于"国有土地上的房屋"，故关于"国有土地"和"房屋"的范围认定等就非常重要。

1.国有土地。它是指所有权归属于国家的土地，其常见类型有：城市市区的土地；农村与城市郊区中已被依法没收、征收或征购为国有的土地；被国家依法征收的土地；林地、草地、荒地、滩涂及其他依法不归属于集体所有的土地；农村集体经济组织中的全部成员均已转为城镇居民，原属于其成员集体所有的土地；因国家组织移民或发生自然灾害等原因，农民成建制地迁移后不再使用的原属于迁移农民集体所有的土地等。

按照现行法律的规定，国务院代表国家行使国有土地的所有权。2018年政府机构改革之后，国务院授权自然资源部具体代表国家行使国有自然资源资产所有权职责。目前，国家有关部门正在研究和探索如何通过"委托—代理"机制来完善自然资源部与地方各级政府在国有土地所有权行使领域的权利和义务关系。另外，自20世纪80年代以来，我国逐渐在国有土地上建立了"所有权—使用权"两权分离制度。即公民、法人和其他社会组织不能取得国有土地所有权，但可以通过有偿购买、租赁等方式获得一定期限的国有土地使用权，并在相关土地上建设或购买私有房屋。国有土地的所有权与使用权的这种关系直接决定了我国国有土地上房屋征收的实质。

2.房屋。对于国有土地上"房屋"的含义与范围，条例未作界定，结合生活实际和立法意旨，"国有土地上房屋"完整的理解应是在国有土地使用权范围内合法建造的所有建筑物、构筑物及其附属设施，既包括地表上建筑物，也包括地下空间合法建造的建筑物，如地下室等；既可以是直接供居住或经营使用的房屋，也可以是其他的构筑物及其附属设施，如供水设施等。

二、征收的基本前提

房屋征收属于强制性"剥夺"被征收人财产的行为，为了防止征收权滥用和维护被征收人的合法权益，宪法、法律和法规[①]等都将"公共利益"和"公平补偿"作为启动征收的基本前提。

1.公共利益。作为不确定法律概念，公共利益的识别一直是困扰行政和司法实践的难点与痛点，在征收领域亦是如此。为解决房屋征收的这一难题，《国有土地上房屋征收与补偿条例》除对公共利益基本内涵作出界定外，还对其情形范围作了列举概括。

根据《国有土地上房屋征收与补偿条例》第8条的规定，公共利益必须是"保障国家安全、促进国民经济和社会发展等"的共同利益，具体包括"（一）国防和外交的需要；（二）由政府组织实施的能源、交通、水利等基础设施建设的需要；（三）由政府组织实施的科技、教育、文化、卫生、体育、环境和资源保护、防灾减灾、文物保护、社会福利、市政公用等公共事业的需要；（四）由政府组织实施的保障性安居工程建设的需要；（五）由政府依照城乡规划法有关规定组织实施的对危房集中、基础设施落后等地段进行旧城区改建的需要"五种被实践认可的、相对成熟的情形。同时，为了兼顾公共利益的宽泛性、满足实践的多样性需要，第8条还补充设定了兜底性概括条款，即"（六）法律、行政法规规定的其他公共利益的需要"，此情形下，在判断某一具体建设项目是否符合公共利益需要时，应主要通过立法规定进行判断；对于立法规定不明确或者认识

[①] 如《宪法》第13条第3款规定："国家为了公共利益的需要，可以依照法律规定对公民的私有财产实行征收或者征用并给予补偿。"《城市房地产管理法》第6条规定："为了公共利益的需要，国家可以征收国有土地上单位和个人的房屋，并依法给予拆迁补偿，维护被征收人的合法权益；征收个人住宅的，还应当保障被征收人的居住条件。具体办法由国务院规定。"《国有土地上房屋征收与补偿条例》第2条规定："为了公共利益的需要，征收国有土地上单位、个人的房屋，应当对被征收房屋所有权人（以下称被征收人）给予公平补偿。"

上可能存在分歧的，则应通过正当程序（如征收预告、论证、听证等）进行判断，地方人大及其常委会和绝大多数被征收居民同意的建设项目，应被视为符合公共利益需要的项目。尤其是以征收形式进行的旧城区改建，不仅交织公共利益与商业开发，还涉及保护旧城与都市更新，更应当注重被征收人的改建意愿；大多数或者绝大多数被征收人同意改建方案的，则可认为是符合公共利益需要的建设项目。

2.公平补偿。这是国有土地上房屋征收产生的法律效果。被征收人的房屋所有权和土地使用权的权属主体将发生变更，相应的权利或利益会消灭或牺牲，因此依法应予以"公平补偿"，即"无补偿则无征收"，这强调了对公民私权的保障。对于何谓"公平"，从词义上讲是不确定性法律概念，需要将其置于特定的场域用具体的标准予以衡量。在征收领域，随着权利观念从权利社会化向权利私有化转变，立法已逐渐拓宽了补偿范围、提高了补偿标准，**确立了足以填补损失的完全补偿模式，要求对被征收财产依据市场价值评估确定**，使因征收遭受的财产损失得到充分、合理的补偿，如《国有土地上房屋征收与补偿条例》第17条、第19条第1款规定①。同时，"公平"还意味着要在被征收人之间实现相对平等的补偿，同等条件同等对待，不能偏私。这不仅是公平的应有之义，也是推进现实工作的需要，这要求具体的补偿须以补偿方案为依据②，以

---

① 《国有土地上房屋征收与补偿条例》第17条规定："作出房屋征收决定的市、县级人民政府对被征收人给予的补偿包括：（一）被征收房屋价值的补偿；（二）因征收房屋造成的搬迁、临时安置的补偿；（三）因征收房屋造成的停产停业损失的补偿。市、县级人民政府应当制定补助和奖励办法，对被征收人给予补助和奖励。"第19条第1款规定："对被征收房屋价值的补偿，不得低于房屋征收决定公告之日被征收房屋类似房地产的市场价格。被征收房屋的价值，由具有相应资质的房地产价格评估机构按照房屋征收评估办法评估确定。"

② 如《国有土地上房屋征收与补偿条例》第26条规定："房屋征收部门与被征收人在征收补偿方案确定的签约期限内达不成补偿协议，或者被征收房屋所有权人不明确的，由房屋征收部门报请作出房屋征收决定的市、县级人民政府依照本条例的规定，按照征收补偿方案作出补偿决定，并在房屋征收范围内予以公告。补偿决定应当公平，包括本条例第二十五条第一款规定的有关补偿协议的事项……"

公开为保障①。

三、征收中的有关主体

根据《国有土地上房屋征收与补偿条例》的相关规定，在房屋征收与补偿工作中不同主体有不同的角色定位，被赋予了不同的权义内容，其中最为主要的主体有：征收房屋与补偿责任主体、实施主体、实施单位，②以及被征收人。

（一）作为责任主体的"市、县级人民政府"

它的类型相对明确，其中"市级"包括直辖市以外的设区的市（地级市）、直辖市所辖区、自治州等；"县级"包括不设区的市、市辖区（直辖市所辖区除外）、县、自治县等。实践中较有争议的是各地设立的开发区管委会是否属于该类责任主体。根据《宪法》《地方各级人民代表大会和地方各级人民政府组织法》等的规定，**开发区管委会不属于一级地方人民政府，因此，开发区管委会不能作为房屋征收的责任主体，但可以委托其作为实施单位来承担房屋征收与补偿的具体工作。**

根据《国有土地上房屋征收与补偿条例》的有关规定，市、县两级人民政府在整个征收补偿工作中的主要职责包括：（1）征补方

---

① 如《国有土地上房屋征收与补偿条例》第3条规定："房屋征收与补偿应当遵循决策民主、程序正当、结果公开的原则。"第29条第1款规定："房屋征收部门应当依法建立房屋征收补偿档案，并将分户补偿情况在房屋征收范围内向被征收人公布。"

② 《国有土地上房屋征收与补偿条例》第4条规定："市、县级人民政府负责本行政区域的房屋征收与补偿工作。市、县级人民政府确定的房屋征收部门（以下称房屋征收部门）组织实施本行政区域的房屋征收与补偿工作。市、县级人民政府有关部门应当依照本条例的规定和本级人民政府规定的职责分工，互相配合，保障房屋征收与补偿工作的顺利进行。"第5条规定："房屋征收部门可以委托房屋征收实施单位，承担房屋征收与补偿的具体工作。房屋征收实施单位不得以营利为目的。房屋征收部门对房屋征收实施单位在委托范围内实施的房屋征收与补偿行为负责监督，并对其行为后果承担法律责任。"

案民主决策[1]，此职责履行发生在征收计划确定之后、具体实施之前，涉及旧城区改建类征收项目的，若发生该法规定的情形，还需要履行举行听证会的义务[2]；（2）社会稳定风险评估[3]；（3）组织对未登记建筑调查、处理[4]；（4）作出并公告征收决定[5]；（5）制定房屋征收的补助和奖励办法[6]；（6）作出并公告补偿决定[7]；（7）申请法院强制执行[8]。

（二）作为实施主体的"房屋征收部门"

房屋征收部门由市、县级人民政府确定，在市、县级人民政府的领导下，在本行政区域内组织实施房屋征收与补偿工作。其实践中的设置形式主要有两种：一种是市、县级人民政府单独设立的专门性征

---

[1]《国有土地上房屋征收与补偿条例》第10条规定："房屋征收部门拟定征收补偿方案，报市、县级人民政府。市、县级人民政府应当组织有关部门对征收补偿方案进行论证并予以公布，征求公众意见。征求意见期限不得少于30日。"

[2]《国有土地上房屋征收与补偿条例》第11条规定："市、县级人民政府应当将征求意见情况和根据公众意见修改的情况及时公布。因旧城区改建需要征收房屋，多数被征收人认为征收补偿方案不符合本条例规定的，市、县级人民政府应当组织由被征收人和公众代表参加的听证会，并根据听证会情况修改方案。"

[3]《国有土地上房屋征收与补偿条例》第12条第1款规定："市、县级人民政府作出房屋征收决定前，应当按照有关规定进行社会稳定风险评估；房屋征收决定涉及被征收人数量较多的，应当经政府常务会议讨论决定。"

[4]《国有土地上房屋征收与补偿条例》第24条第2款规定："市、县级人民政府作出房屋征收决定前，应当组织有关部门依法对征收范围内未经登记的建筑进行调查、认定和处理。对认定为合法建筑和未超过批准期限的临时建筑的，应当给予补偿；对认定为违法建筑和超过批准期限的临时建筑的，不予补偿。"

[5]《国有土地上房屋征收与补偿条例》第13条第1款规定："市、县级人民政府作出房屋征收决定后应当及时公告。公告应当载明征收补偿方案和行政复议、行政诉讼权利等事项。"

[6]《国有土地上房屋征收与补偿条例》第17条第2款规定："市、县级人民政府应当制定补助和奖励办法，对被征收人给予补助和奖励。"

[7]《国有土地上房屋征收与补偿条例》第26条第1款规定："房屋征收部门与被征收人在征收补偿方案确定的签约期限内达不成补偿协议，或者被征收房屋所有权人不明确的，由房屋征收部门报请作出房屋征收决定的市、县级人民政府依照本条例的规定，按照征收补偿方案作出补偿决定，并在房屋征收范围内予以公告。"

[8]《国有土地上房屋征收与补偿条例》第28条第1款规定："被征收人在法定期限内不申请行政复议或者不提起行政诉讼，在补偿决定规定的期限内又不搬迁的，由作出房屋征收决定的市、县级人民政府依法申请人民法院强制执行。"

收部门，如征收办等；另一种是由现有相关部门兼任，如住建局等。

以上两种形式的房屋征收部门，都因有法规的授权而具有行政主体地位，其在整个征收补偿工作中的主要职责有：（1）拟定征收补偿方案[①]；（2）组织调查登记并公布房屋基本情况[②]；（3）通知有关部门暂停办理手续[③]；（4）组织评估并公示初评结果和转交分户报告[④]；

[①] 《国有土地上房屋征收与补偿条例》第10条第1款规定："房屋征收部门拟定征收补偿方案，报市、县级人民政府。"

[②] 《国有土地上房屋征收与补偿条例》第15条规定："房屋征收部门应当对房屋征收范围内房屋的权属、区位、用途、建筑面积等情况组织调查登记，被征收人应当予以配合。调查结果应当在房屋征收范围内向被征收人公布。"

[③] 《国有土地上房屋征收与补偿条例》第16条规定："房屋征收范围确定后，不得在房屋征收范围内实施新建、扩建、改建房屋和改变房屋用途等不当增加补偿费用的行为；违反规定实施的，不予补偿。房屋征收部门应当将前款所列事项书面通知有关部门暂停办理相关手续。暂停办理相关手续的书面通知应当载明暂停期限。暂停期限最长不得超过1年。"

[④] 《国有土地上房屋征收评估办法》第6条规定："房地产价格评估机构选定或者确定后，一般由房屋征收部门作为委托人，向房地产价格评估机构出具房屋征收评估委托书，并与其签订房屋征收评估委托合同。房屋征收评估委托书应当载明委托人的名称、委托的房地产价格评估机构的名称、评估目的、评估对象范围、评估要求以及委托日期等内容。房屋征收评估委托合同应当载明下列事项：（一）委托人和房地产价格评估机构的基本情况；（二）负责本评估项目的注册房地产估价师；（三）评估目的、评估对象、评估时点等评估基本事项；（四）委托人应提供的评估所需资料；（五）评估过程中双方的权利和义务；（六）评估费用及收取方式；（七）评估报告交付时间、方式；（八）违约责任；（九）解决争议的方法；（十）其他需要载明的事项。"第9条规定："房屋征收评估前，房屋征收部门应当组织有关单位对被征收房屋情况进行调查，明确评估对象。评估对象应当全面、客观，不得遗漏、虚构。房屋征收部门应当向受托的房地产价格评估机构提供征收范围内房屋情况，包括已经登记的房屋情况和未经登记建筑的认定、处理结果情况。调查结果应当在房屋征收范围内向被征收人公布。对于已经登记的房屋，其性质、用途和建筑面积，一般以房屋权属证书和房屋登记簿的记载为准；房屋权属证书与房屋登记簿的记载不一致的，除有证据证明房屋登记簿确有错误外，以房屋登记簿为准。对于未经登记的建筑，应当按照市、县级人民政府的认定、处理结果进行评估。"第16条规定："房地产价格评估机构应当按照房屋征收评估委托书或者委托合同的约定，向房屋征收部门提供分户的初步评估结果。分户的初步评估结果应当包括评估对象的构成及其基本情况和评估价值。房屋征收部门应当将分户的初步评估结果在征收范围内向被征收人公示。公示期间，房地产价格评估机构应当安排注册房地产估价师对分户的初步评估结果进行现场说明解释。存在错误的，房地产价格评估机构应当修正。"第17条规定："分户初步评估结果公示期满后，房地产价格评估机构应当向房屋征收部门提供委托评估范围内被征收房屋的整体评估报告和分户评估报告。房屋征收部门应当向被征收人转交分户评估报告。整体评估报告和分户评估报告应当由负责房屋征收评估项目的两名以上注册房地产估价师签字，并加盖房地产价格评估机构公章。不得以印章代替签字。"

（5）与被征收人签订补偿协议[1]；（6）报请补偿决定事项[2]；（7）建立征收补偿档案并将分户补偿情况在房屋征收范围内向被征收人公布[3]。

（三）作为受委托主体的"实施单位"

在实施具体的房屋征收补偿活动中，房屋征收部门可以自行实施，也可以将相应具体工作委托给其他单位代为实施。关于委托征收行为，依法应具备以下条件：（1）签订委托协议，明确委托对象、范围、期限等内容。房屋征收部门和实施单位之间应签订书面委托协议，并在征收范围内公开，保证被征收人、利害关系人知晓委托的存在；作为委托对象，必须具有法定主体资格条件并具备实施征收事务的现实条件，实践中多是基层政府组织（如街道办事处）或社会组织等，根据工作实际需要可以委托一个或多个实施单位；委托事项范围应能在房屋征收部门本身职责范围内划设；同时，委托协议还应包括委托期限的条款内容。（2）委托的禁止性限制。实施单位"不得以营利为目的"，该限制要求实施单位严格遵循委托协议依法行使受委托职权，不能谋取不正当利益，即彻底排除了商业性参与征收或商业性征收。因为以营利为目的的单位在实施房屋征收补偿工作中，可能会利用征收的强制性为谋取利润最大化而损害被征收人的合法权益。就委托法律关系而言，**在委托范围内，实施单位应当以房屋征收部门的名义开展房屋征收补偿工作，由此产生的**

---

[1]《国有土地上房屋征收与补偿条例》第25条第1款规定："房屋征收部门与被征收人依照本条例的规定，就补偿方式、补偿金额和支付期限、用于产权调换房屋的地点和面积、搬迁费、临时安置费或者周转用房、停产停业损失、搬迁期限、过渡方式和过渡期限等事项，订立补偿协议。"

[2]《国有土地上房屋征收与补偿条例》第26条第1款规定："房屋征收部门与被征收人在征收补偿方案确定的签约期限内达不成补偿协议，或者被征收房屋所有权人不明确的，由房屋征收部门报请作出房屋征收决定的市、县级人民政府依照本条例的规定，按照征收补偿方案作出补偿决定，并在房屋征收范围内予以公告。"

[3]《国有土地上房屋征收与补偿条例》第29条第1款规定："房屋征收部门应当依法建立房屋征收补偿档案，并将分户补偿情况在房屋征收范围内向被征收人公布。"

法律效果归属于房屋征收部门，法律责任亦应由其来承担。

为确保实施单位严格遵循委托范围实施征收补偿行为，房屋征收部门应加强对实施单位的指导、监督和检查，促使其熟知征收法律政策和业务知识，严格规范公正文明征收，减少矛盾纠纷，保护被征收人合法权益。

（四）作为征收补偿对象的"被征收人"

被征收人是指作为征收补偿对象的被征收房屋的所有权人，是征收法律关系中最重要的主体之一，其身份的确定是征收补偿的基础。

一般而言，被征收人应依不动产登记簿或权属证书的记载确定，但实践中，经常会有房屋所有权已发生变化但登记未变更，以及其他法律规定的特殊情形，需要严加甄别。例如，因法院、仲裁委的法律文书导致被征收房屋所有权在征收前发生转移的，即使没办理不动产变更登记手续，也应以法律文书所确认的房屋所有权人为被征收人。合法建造但未办理不动产登记的房屋，应以相关建设审批文件中所批准的建造人为被征收人。房屋已经进行交易但未办理过户登记的，如果房屋征收部门直接对房屋出卖人给予补偿，可能会导致房屋买受人拒绝搬迁的现象出现，房屋买受人支付购房款却无法获得房屋征收补偿，进而只能再通过其他途径向出卖人主张债权，也不利于减少社会矛盾，人为增加诉累，不利于社会的和谐稳定。对于这种情况，如果买卖双方存在争议，房屋征收部门应依据人民法院或者仲裁机构所作出的生效司法文书的内容确定房屋的所有权人，如果补偿方案中确定的签约期限届满争议仍未解决，可按照房屋所有权人不明确，通过房屋征收部门报请作出房屋征收决定的市、县级人民政府作出补偿决定。

要注意的是，《国有土地上房屋征收与补偿条例》第2条规定，被征收人仅为"被征收房屋所有权人"。对于住宅类房屋而言，这种规定是必要且合理的，但是对于非住宅类房屋（比如大型商业类房屋或工业类房屋）而言，其使用权人是否应当被纳入房屋征收法律关系，目前存在争议。对此，需要通过特定的立法或司法解释加以明确。

典型案例

张某等11人与海口市美兰区人民政府房屋征收纠纷案[①]
——房屋被征收后"土地用于商业开发"，能否据此否定征收的公益目的

案情简介：

2015年7月10日，海口市人民政府办公厅印发《海口市2015年棚户区（城中村）改造计划调整方案》，将下洋瓦灶片区列为2015年棚改启动项目之一。之后，美兰区住建局对改造项目房屋征收调查发布通告、对选择改造项目房地产价格评估机构会议发布通告，经投票选定评估机构后，评估机构出具评估报告，又聘请专家组对估价报告提出调整修改意见，之后，专家组同意通过该估价项目的评审。10月8日，美兰区人民政府发布《美兰区下洋瓦灶片区棚户区（城中村）改造项目征收补偿安置方案（征求意见稿）》，征求广大公众意见后，将征求意见情况及修改情况的说明在被征收片区内进行公示。10月9日，对下洋瓦灶片区棚户区（城中村）改造项目作出社会稳定风险评估报告。12月9日，海口市发改委函复美兰区人民政府同意建设海口市美兰区下洋瓦灶片区棚户区（城中村）改造项目。12月8日，美兰区人民政府召开常务会议，会议原则通过《下洋瓦灶片区棚户区（城中村）改造项目征收补偿方案》，同意发布《关于下洋瓦灶片区建设项目房屋征收的决定》。12月10日，美兰区人民政府作出公告，向社

[①] 参见最高人民法院（2017）最高法行申6972—6976、6978—6979、6981—6984号行政裁定书。

会公布房屋征收的决定和征收补偿方案。12月12日，美兰区人民政府作出分户初步评估结果的通告，将被征收人分户初步评估报告结果予以公示。张某等11人的房屋在涉案征收范围内，认为涉案下洋瓦灶片区既不是棚户区（城中村），更不是危房集中、基础设施落后的小区，美兰区人民政府未提供证据证明征收该小区是基于公共利益的需要且符合城市规划，遂申请行政复议、提起行政诉讼。

法院认为：本案中，美兰区人民政府作出的房屋征收决定中涉及的"下洋瓦灶片区"，系海口市人民政府指定美兰区人民政府负责开展的棚户区（城中村）改造项目之一，根据美兰区第六届人民代表大会第七次会议批准的国民经济和社会发展计划实施。该项目是为了进一步增强防灾减灾能力从而改善人民群众的居住条件，提升城市品位。美兰区人民政府作出的征收决定是基于下洋瓦灶片区棚户区（城中村）改造的公共利益需要，其程序符合法规规定，适用法律亦无不当。

案例评析：

根据《国有土地上房屋征收与补偿条例》第8条第5项的规定，依据《城乡规划法》有关规定组织实施的对危房集中、基础设施落后等地段进行旧城区改建的，符合公共利益的目的。棚户区，指的是存在于城市、乡镇范围内使用年限久、简易结构房屋多、房屋质量差、人均建筑面积小、基础设施配套不齐全、交通不便利、治安和消防隐患大、环境卫生脏乱差的区域，这里的棚户区是一个区域性的概念，基于棚户区改造的整体规划和建设实际需要，将部分建设年限短、不属于危旧房屋的建筑纳入改造和征收范围，并不违反法律规定。

在旧城区改造的过程中，商业开发是政府用来弥补旧城改造资金不足的重要形式，其目的仍是改善被征收人的居住环境、提高生活品质。商业开发仅是房屋被征收后土地利用的一种手段，只要房屋征收补偿安置确保了被征收人获得安置补偿的选择权，就不能据此否定征收的公共利益目的。

🔍 思考题

1. 国有土地上房屋征收与集体土地（及地上房屋）征收有何区别？
2. 国有土地上房屋征收与补偿的范围是否包含动产？

第二节　国有土地上房屋征收决定

房屋征收决定，是国家为了公共利益的需要，强制对一定土地范围内的房屋予以征收，土地使用权同时收回的行政决定。房屋征收决定的过程具有强制性，效果具有侵益性。因此，征收决定应当依照法定程序在满足特定事实要求的基础上依法作出，即符合"法定程序"和"事实要件"。

根据《国有土地上房屋征收与补偿条例》的有关规定，市、县级人民政府在作出国有土地上房屋征收决定时，应遵循以下程序：建设单位申请，规划审查（保障性安居工程、旧城区改建纳入国民经济和社会发展计划）—确定征收范围，暂停办理扩建及改变用途等相关手续—调查登记及公布调查结果（未经登记建筑的调查、认定和处理）—房屋征收部门拟定征收补偿方案并报政府—政府组织有关部门论证，征求公众意见及公布征求意见情况和修改情况—进行社会稳定风险评估—征收补偿费用足额到位—作出房屋征收决定并公告。其中，每个程序阶段又蕴含着得以实施征收的事实要件。本部分以前述程序为逻辑形式，对各事实要件内容加以分析。

一、"四规划（一计划）"的审查①

房屋征收除了应符合前文提到的公共利益这一大前提外，还要符合"确需征收"的要求。如果一个建设项目可用其他地块建设，或者通过项目设计可以绕开拟征收区，是不需要通过征收来建设的。但能否用其他地块或者绕开拟征收区域，就需要看各项规划情况，而不是随意指定用地或变更原有土地用途就可以完成的。

《国有土地上房屋征收与补偿条例》第9条规定，征收项目应当符合"四规划"。该规定要求，在符合《国有土地上房屋征收与补偿条例》第8条规定情形的前提下，对房屋征收的目的和必要性作出进一步论证，这既可以防止不正当、不合理的征收，又可以使征收按照规划的要求实施，促使城市建设合理有序进行。

就"四规划"的法律性质而言，从制定主体和制定程序看，国民经济和社会发展规划是经全国各级人民代表大会审议批准的，理应具有法律、地方性法规或者其他立法规范性文件的地位。土地利用总体规划、城乡规划、专项规划是经县级以上人民政府批准的，理应具有行政法规、地方政府规章或者其他规范性文件的地位。在具体房屋征收活动中，由发展改革部门、自然资源部门、城乡规划部门、行业主管部门分别就拟建项目是否符合国民经济和社会发展规划、土地利用总体规划、城乡规划和专项规划进行审查，并出具审查意见。

针对保障性安居工程建设、旧城区改建，除上述"四规划"外，还必须符合市、县级国民经济和社会发展年度计划。根据《地

---

① 《国有土地上房屋征收与补偿条例》第9条规定："依照本条例第八条规定，确需征收房屋的各项建设活动，应当符合国民经济和社会发展规划、土地利用总体规划、城乡规划和专项规划。保障性安居工程建设、旧城区改建，应当纳入市、县级国民经济和社会发展年度计划。制定国民经济和社会发展规划、土地利用总体规划、城乡规划和专项规划，应当广泛征求社会公众意见，经过科学论证。"

方各级人民代表大会和地方各级人民政府组织法》第11条的规定，市、县级国民经济和社会发展计划应经市、县级人民代表大会审查和批准。这就意味着保障性安居工程建设和旧城区改建经市、县级人民代表大会审议通过后才可实施征收。因为这直接关乎相关居民的生活工作，由民意代表机关审议通过有利于更好地保护被征收人的利益。

二、确定征收范围并暂停办理相关手续[①]

房屋征收范围，是房屋征收主体根据建设用地规划许可和国有土地使用权批准文件划定的建设项目用地范围。该范围的确定直接关系被征收房屋的区位与面积，在整个征收补偿工作中至关重要。然而，《国有土地上房屋征收与补偿条例》并未明确征收范围的确定主体、确定时间以及具体程序。从具体实践看，由房屋征收部门与规划等部门一起论证后报市、县级人民政府最终确定较为适当；征收范围确定的时间一般应早于征收决定公告，否则在征收范围不确定的情况下，整个征收项目的相关情况（如被征收人、被征收房屋面积、征收补偿费的总额预算等）就处于不确定状态，后续工作也无法顺利开展。

实践中，部分被征收人在得知房屋征收的信息后，为了获得不当的补偿，会抢建、扩建、改建房屋，更改房屋用途以及通过其他不正当行为来增加房屋征收补偿。这不仅会增加实施征收的不合理负担，同时也会在不同被征收人之间产生新的不公平。为了避免征收前"突击"改扩建以获取不当补偿的现象发生，《国有土地上房屋征收与补偿条例》第16条明确限制了新建、扩建、改建房屋和改变

---

① 《国有土地上房屋征收与补偿条例》第16条规定："房屋征收范围确定后，不得在房屋征收范围内实施新建、扩建、改建房屋和改变房屋用途等不当增加补偿费用的行为；违反规定实施的，不予补偿。房屋征收部门应当将前款所列事项书面通知有关部门暂停办理相关手续。暂停办理相关手续的书面通知应当载明暂停期限。暂停期限最长不得超过1年。"

房屋用途的行为。生活中，除新建、扩建、改建房屋和改变房屋用途是不当增加补偿费用的主要形式外，还有其他一些情形，如违反规定迁入户口、分户等也会不当增加补偿费用，从而增加实现公共利益的成本。因此，地方可根据条例的规定，结合实际对不当增加补偿费用的行为进行规定。但是，地方应以地方性法规、地方政府规章或是红头文件的形式予以规定，本条并未明确。一般认为，只要属于"不当增加补偿费用的行为"，不管是地方性法规、地方政府规章，还是红头文件都可以规定其具体情形。如上述法律文件规定不当，可依法定程序予以纠正。

为了落实禁止以不当方式增加征收补偿，《国有土地上房屋征收与补偿条例》第16条第2款规定暂停办理相关手续。这里需要注意：一是房屋征收部门的通知应当以书面形式作出；二是书面通知中应当载明暂停期限；三是所谓的"有关部门"，一般应包括规划、土地建设、房管、市场监管、税务等部门；四是暂停期限最长不得超过一年。

三、调查登记及公布调查结果[①]

对被征收房屋情况进行调查登记是对被征收房屋进行评估，进而确定补偿金额的前提和基础，调查登记情况对确定征收补偿乃至整个房屋征收工作都至关重要，因此是合法征收必经的法定程序。

根据《国有土地上房屋征收与补偿条例》第15条等的规定，入户调查工作的内容包括：一是确定被征收房屋权属、区位、用途、面积及权利人，调查房屋状况；二是调查被征收房屋是否办理了登

[①] 《国有土地上房屋征收与补偿条例》第15条规定："房屋征收部门应当对房屋征收范围内房屋的权属、区位、用途、建筑面积等情况组织调查登记，被征收人应当予以配合。调查结果应当在房屋征收范围内向被征收人公布。"

记等；三是确定被征收人是否符合住房保障条件①；四是在房屋征收范围内将调查结果向被征收人公布。这要求入户调查方式不仅包括到被征收人家里去询问、现场勘查测绘，还包括到房产、规划、公安等部门对房屋权属、户籍等情况进行调查，做到一户一档、翔实客观。

房屋征收部门在完成调查后，需向被征收人公布调查结果。公布的方式可以根据地方各自实际确定，可以张贴公告、发放宣传单，其目的就是要接受被征收人的监督，保障征收补偿的公平公正。

需要注意的是，在对房屋调查中，可能会遇到"未经登记"的无证建筑，对此应由市、县级人民政府组织有关部门依法调查、认定和处理。②**"无证建筑不等于违法建筑"，不能简单"一刀切"而一律不予补偿**，要将未经登记房屋的建造时间、形成原因、是否影响规划，临时建筑是否超过批准期限等基本事实调查清楚，在此基础上对其作出合法与否的评价定性，并依法区别处理：（1）违法建筑与超过批准使用年限的临时建筑不予补偿；（2）可以进行合法性补正的未经登记建筑先补齐相关手续并缴纳罚款后作为合法建筑予以完全补偿；（3）可以视为合法建筑的未经登记建筑作为合法建筑予以完全补偿；（4）可以参照合法建筑适当补偿的未经登记建筑分情况予以部分补偿；（5）未超过批准使用年限的临时建筑作为合法建筑予以完全补偿。

对于违法建筑的处理涉及很多复杂的问题，但有一点需要注意，

---

① 《国有土地上房屋征收与补偿条例》第18条规定："征收个人住宅，被征收人符合住房保障条件的，作出房屋征收决定的市、县级人民政府应当优先给予住房保障。具体办法由省、自治区、直辖市制定。"

② 《国有土地上房屋征收与补偿条例》第24条规定："市、县级人民政府及其有关部门应当依法加强对建设活动的监督管理，对违反城乡规划进行建设的，依法予以处理。市、县级人民政府作出房屋征收决定前，应当组织有关部门依法对征收范围内未经登记的建筑进行调查、认定和处理。对认定为合法建筑和未超过批准期限的临时建筑的，应当给予补偿；对认定为违法建筑和超过批准期限的临时建筑的，不予补偿。"

违法建筑的认定依法应由房屋所在地的规划主管机关作出，而非市、县级人民政府，更不能是评估机构等。

四、制定并公布征收补偿方案[①]

征收补偿方案，是指由房屋征收部门拟定，经市、县级人民政府批准公布的有关房屋征收补偿的主要计划与基本安排。从内容上看，征收补偿方案主要包括房屋征收部门、征收实施单位、征收范围、征收依据、征收目的、征收期限、补偿方式、补偿标准、评估办法、用于产权调换房屋基本情况、过渡安置办法、停产停业损失补偿标准、补助奖励措施、救济方式等。它是房屋征收部门和被征收人之间针对补偿事项进行协商谈判，以及市、县级人民政府作出补偿决定的重要基础依据，直接关乎被征收人的切身利益，受到被征收人的极度关注，为此，《国有土地上房屋征收与补偿条例》通过第10条和第11条对其形成予以规范。

就主体而言，征收补偿方案由房屋征收部门拟定，并由市、县级人民政府确定。确定前，市、县级人民政府应当组织相关部门、专家等人员论证，或由包括被征收人在内的社会公众积极参与。每类主体在整个方案形成的程序中发挥不同的作用，这里需要提醒的是：

第一，论证。由市、县级人民政府组织，一般由发改、规划、土地、建设、环保等部门共同对房屋征收补偿方案的合法性、合理性、可行性进行论证，提出完善意见。

[①] 《国有土地上房屋征收与补偿条例》第10条规定："房屋征收部门拟定征收补偿方案，报市、县级人民政府。市、县级人民政府应当组织有关部门对征收补偿方案进行论证并予以公布，征求公众意见。征求意见期限不得少于30日。"第11条规定："市、县级人民政府应当将征求意见情况和根据公众意见修改的情况及时公布。因旧城区改建需要征收房屋，多数被征收人认为征收补偿方案不符合本条例规定的，市、县级人民政府应当组织由被征收人和公众代表参加的听证会，并根据听证会情况修改方案。"

第二，征求意见。由市、县级人民政府将论证完善后的方案向社会公布，充分保障公众的知情权、参与权和意见表达权，为给予公众充分准备、考虑时间和全面收集掌握公众意见，征求期限不得少于30日。对于旧城区改建征收项目，若超过半数被征收人对方案有异议，市、县级人民政府还应当组织听证会，这是相较于其他征收项目较为特殊和有更高要求的听取意见的方式，是条例中的程序亮点，因为旧城区改建兼具城市更新发展和居民利益保护的双重特点，产生矛盾和争议主要集中在补偿方面。

第三，修改确定后再次公布。在征求意见结束以后，市、县级人民政府应当对公众意见予以汇总和论证，对于合法、合理的建议予以采纳，对于有争议、可讨论但符合实际需要的建议尽量予以采纳，并修改补偿方案；对于不合法、不合理的意见不予采纳，并及时公布征求意见的数量、基本内容和特点、相关调研和论证情况汇报、征求意见情况报告，作出解释和说明。通过公示，既让被征收人了解公众对征收补偿方案的意见，又可以了解政府对这些意见是否采纳及相应的理由，最大限度保障被征收人的知情权、参与权，并实现对政府行为的监督。

五、社会稳定风险评估[①]

社会稳定风险评估，是指在制定出台、组织实施或审批审核与人民群众利益密切相关的重大决策、重要政策、重大改革措施、重大工程建设项目，以及与社会公共秩序相关的重大活动前，对可能影响社会稳定的因素开展系统调查，科学预测、分析和评估，并制定相关的风险应对策略和预案，有效规避、预防、控制重大事项实

[①] 《国有土地上房屋征收与补偿条例》第12条第1款规定："市、县级人民政府作出房屋征收决定前，应当按照有关规定进行社会稳定风险评估；房屋征收决定涉及被征收人数量较多的，应当经政府常务会议讨论决定。"

施过程中可能产生的社会稳定风险。

在房屋征收补偿过程中，被征收人个人利益与公共利益之间的矛盾往往会产生影响社会稳定的风险，因此，**把社会稳定风险评估作为房屋征收决定的必经程序，通过风险评估及早发现征收项目中存在的影响社会稳定的隐患，并采取有效措施及时化解，是从源头上进行预防以便减少征收矛盾产生的纠纷，避免不当决策形成后诱发群体性事件危及社会安全稳定的重要举措。**

一般而言，房屋征收决定作出前的社会稳定风险评估主要包括以下内容：（1）征收的必要性、合法性、合理性、可行性；（2）征收补偿依据和标准是否符合相关法律规定，是否符合当地的经济社会发展总体水平，是否体现了公平、公正原则；（3）征收项目的实施是否会引起征收范围内或周边居民的不满，是否会激化社会矛盾等社会治安状况；（4）拆除施工是否存在障碍或安全风险隐患，是否会对周边环境产生较大影响；（5）征收实施配套制度是否齐全，社会稳定风险防范对策和预案措施是否齐备；（6）是否存在可能引发社会稳定风险的其他因素。

社会稳定风险评估的可操作程序基本有以下步骤：（1）制定评估方案。由评估主体对已确定的评估事项制定评估方案，明确具体要求和工作目标。（2）组织调查论证。评估主体根据实际情况，将拟决策事项通过公告公示、走访群众、问卷调查、座谈会、听证会等多种形式，广泛征求意见，科学论证预测分析可能出现的不稳定因素。（3）确定风险等级。根据人民群众的反应激烈程度，将征收社会稳定风险划分为高风险、中风险和低风险等。（4）形成评估报告。在充分论证评估的基础上，评估主体就评估的事项、风险的分析、评估的结论、应对的措施编制社会稳定风险评估报告。（5）集体研究决定。评估主体将评估报告、化解风险工作预案提交市、县级人民政府集体研究，视情况作出决定：评估结果为"低风险"的，可以实施征收；评估结果为"中风险"的，暂缓实施，待提供证据证明已采取措施降低风险等级后再实施征收；评估结果为"高风险"的，不得实施征收。

六、补偿费用足额到位、专户存储、专款专用[①]

为了防止因征收补偿费用不能足额、及时发放给被征收人，导致征收项目无法正常推进，造成公共利益的损害，根据《国有土地上房屋征收与补偿条例》第12条第2款的规定，房屋征收决定作出前必须具备的条件是征收补偿费用足额到位、专户存储、专款专用，这也是实现"无补偿则无征收""先补偿、后搬迁"原则的具体要求。

足额到位，是指用于征收补偿的货币、实物的数量通过征收补偿方案要求进行估算，能够保证全部被征收人得到应得的补偿和安置。考虑到补偿方式包括货币补偿、产权调换两种，因此补偿费用也应该包括实物和金钱两种形式，足额是二者之和，即征收人提供的用于货币补偿的费用以及用于产权调换的房屋，能充分保障被征收人选择不同补偿安置方式的实际需求。

专户存储，是指将征收补偿费存储在银行专门账户中进行管理，不得存入市、县级人民政府的基本账户或其他账户，其他行政机关或单位的账户资金证明和付款承诺不能代替。

专款专用，是指征收补偿费用只能用于发放征收补偿，不得以任何形式截留、私分或者变相私分。征收费用以前有时被层层克扣，到不了被征收人手上，往往造成被征收人激烈的对抗。因此，必须按征收费用用途使用资金，专款专用并专设账户，相应报表应单独反映其取得、使用情况，从而保证征收费用的使用效果。

---

① 《国有土地上房屋征收与补偿条例》第12条第2款规定："作出房屋征收决定前，征收补偿费用应当足额到位、专户存储、专款专用。"

七、作出房屋征收决定并公告[①]

在符合以上程序要求和具备相应事实要件的情况下，市、县级人民政府便可作出房屋征收决定。需要提醒的是，若房屋征收决定中涉及被征收人的数量较多，则其作出要经政府常务会议讨论决定。[②]

从法律效果看，房屋征收决定会导致国有土地上房屋物权变动，物权变动时间以征收决定生效时间为准[③]；房屋被征收，与其相关联的国有土地使用权也会被收回，即被征收人的房屋所有权和土地使用权会因征收决定而消灭。因此，《国有土地上房屋征收与补偿条例》对征收决定作出的形式及其内容、后续要求都作出了相应规定：（1）由市、县级人民政府以公告方式发布，可在征收范围内易为公众发现的地点张贴，也可通过报纸、电视等新闻媒体和官微、短视频等网络平台发布，无需参照《民事诉讼法》规定的送达程序，向被征收人逐户送达；（2）征收公告应包含房屋征收决定内容、征收补偿方案、权利救济途径和期限等内容；（3）政府和征收部门应做好房屋征收补偿的宣传、解释工作。在实践中，该宣传解释工作并非可有可无，因为这一方面可以让被征收人了解征收是为了公共利益的需要，应当服从大局，及时完成搬迁；另一方面能让被征收人了解征收补偿的政策、补助奖励、用于产权调换的房屋情况、结算

---

① 《国有土地上房屋征收与补偿条例》第13条规定："市、县级人民政府作出房屋征收决定后应当及时公告。公告应当载明征收补偿方案和行政复议、行政诉讼权利等事项。市、县级人民政府及房屋征收部门应当做好房屋征收与补偿的宣传、解释工作。房屋被依法征收的，国有土地使用权同时收回。"

② 《国有土地上房屋征收与补偿条例》第12条第1款规定："市、县级人民政府作出房屋征收决定前，应当按照有关规定进行社会稳定风险评估；房屋征收决定涉及被征收人数量较多的，应当经政府常务会议讨论决定。"

③ 《民法典》第229条规定："因人民法院、仲裁机构的法律文书或者人民政府的征收决定等，导致物权设立、变更、转让或者消灭的，自法律文书或者征收决定等生效时发生效力。"

办法等，能对被征收人遇到的各种问题给予解答。宣传、解释的方式可以多种多样，包括召开征收动员会、咨询会，在征收现场设立办公室，向被征收人发放各类宣传、解释资料等。

典型案例

唐某某、余某某诉重庆市九龙坡区人民政府房屋征收补偿决定案[①]
——若将国有土地上被征收房屋作为违法建筑处理，
则必须通过法定认定程序进行

案情简介：

2016年11月2日，九龙坡区人民政府作出《关于重庆西站综合交通枢纽工程农转非划地自建房（龙门阵地块）房屋征收项目的房屋征收决定》并公告。唐某某、余某某的房屋（无房屋产权证）属本次征收范围。经评估公司测绘，房屋共3层，房屋面积为574.86平方米。该房屋系重庆市供销社在20世纪80年代对西山村五社征地时，未进行现房安置，而是允许当时的农转非户籍人员以户为单位，在指定区域按每人10平方米的土地面积自行修建房屋而建成，未办理房地产权登记。被征收房屋所在土地的使用权人为重庆市农产品（集团）有限公司。同日，评估公司受委托作出了《重庆西站综合交通枢纽工程农转非划地自建房（龙门阵地块）房屋征收项目未经登记建筑参照有证房屋初步估价结果》，该初步估价结果认定了唐某某户房屋修建年代为20世纪80年代，房屋用途为住宅，结构为砖混，认定建筑面积120平方米，初步评估单价为5920元／平方米，初步评估总价为710400元。唐某某户认为对未登记建筑的补偿不公平，不愿签订征收补偿协议。2016年12月13日，九龙坡区人民政府作出024号《征收补偿决定》，

[①] 参见最高人民法院（2018）最高法行再66号行政裁定书。

对唐某某、余某某纳入本次征收范围的九龙坡区华岩西村房屋作出补偿，其中认定未经登记的被征收房屋残值补助面积为454.86平方米，砖混结构，按600元/平方米给予补助。唐某某、余某某对补偿决定不服，诉至法院，请求撤销九龙坡区人民政府作出的024号《征收补偿决定》，其中一个理由是涉案未经登记房屋补偿面积和标准认定有误。

法院认为： 本案中，行政机关作出征收补偿决定，将涉案房屋的一部分面积作为无证建筑以残值的方式进行补偿，但并未提交其依法进行了调查、认定和处理等相关程序的证据。行政机关辩称其主要是考虑被征收房屋来源于20世纪80年代农转非时政策及规定，但其并未提供被征收人当时农转非划地自建安置的政策依据，亦未提供被征收房屋修建来源的调查情况，且行政机关所参照的《城镇个人建造住宅管理办法》已废止，其据此确定被征收房屋补偿面积，并无明确的法律依据。评估机构依据所确定的补偿面积作出《分户估价报告》，缺乏相应的事实基础和法律依据。据此，本案被诉024号《征收补偿决定》确定房屋征收补偿面积的证据不足，缺乏法律依据。

案例评析：

根据《国有土地上房屋征收与补偿条例》第24条第2款[①]的规定，若将被征收房屋作为违法建筑处理，则必须通过法定认定程序进行。

🔍 思考题

1.请结合自己的工作实践，谈谈对征收中未经登记建筑具体应如何处理的认识。

2.房屋征收决定公告的法律性质是什么？是否具有可诉性？

[①] 《国有土地上房屋征收与补偿条例》第24条第2款规定："市、县级人民政府作出房屋征收决定前，应当组织有关部门依法对征收范围内未经登记的建筑进行调查、认定和处理。对认定为合法建筑和未超过批准期限的临时建筑的，应当给予补偿；对认定为违法建筑和超过批准期限的临时建筑的，不予补偿。"

第三节 国有土地上房屋征收补偿

"有征收必有补偿、无补偿则无征收",此为法治的基本要求。"征收"与"补偿"犹如"唇齿"相依,不应分离。为顺利推进征收进程、保护被征收人权益,《国有土地上房屋征收与补偿条例》对补偿的相关制度设置了专章进行规定,从征收补偿项目内容、保障住房优先给予、征收补偿方式、房屋价值评估程序、征收补偿协议与补偿决定等方面对及时公平补偿予以规范保障。

一、房屋征收补偿的项目内容

根据《国有土地上房屋征收与补偿条例》第17条[①]的规定,常规情形下房屋征收补偿的项目内容包括房屋价值补偿、搬迁及临时安置补偿、停产停业损失补偿以及征收补助和奖励。

(一)房屋价值补偿

被征收房屋价值,是指被征收房屋及其占用范围内的土地使用权在正常交易情况下,由熟悉情况的交易双方以公平交易方式在评估时自愿进行交易的金额。该金额的确定不受被征收房屋是否有租约限制、已抵押担保的债权数额、拖欠的建设工程价款和其他法定优先受偿款等租赁、抵押、查封等因素的影响。[②] 列入征收补偿范

[①]《国有土地上房屋征收与补偿条例》第17条规定:"作出房屋征收决定的市、县级人民政府对被征收人给予的补偿包括:(一)被征收房屋价值的补偿;(二)因征收房屋造成的搬迁、临时安置的补偿;(三)因征收房屋造成的停产停业损失的补偿。市、县级人民政府应当制定补助和奖励办法,对被征收人给予补助和奖励。"

[②]《国有土地上房屋征收评估办法》第11条规定:"被征收房屋价值是指被征收房屋及其占用范围内的土地使用权在正常交易情况下,由熟悉情况的交易双方以公平交易方式在评估时点自愿进行交易的金额,但不考虑被征收房屋租赁、抵押、查封等因素的影响。前款所述不考虑租赁因素的影响,是指评估被征收房屋无租约限制的价值;不考虑抵押、查封因素的影响,是指评估价值中不扣除被征收房屋已抵押担保的债权数额、拖欠的建设工程价款和其他法定优先受偿款。"

围的房屋价值，应当包括房屋本身价值、附属物价值以及国有土地使用权价值。该项目内容是整个补偿内容中最主要的部分。

在确定房屋的价值时，既应当考虑房屋的自然属性，也应当厘清房屋的法律属性。房屋的价值应根据《国有土地上房屋征收评估办法》第14条[①]规定的影响因素来决定。

附属物，是指房屋所有人或使用人在使用过程中于房屋本身外增加的依附于房屋并有某种用途的附属建筑或相关设施。房屋的附属物，一般具有以下特征：依附于房屋而存在；具有某种用途，并有利于房屋的升值；价值可计算；具有合法性。附属物种类繁多，如围墙、管道、水井、装潢设施等均属房屋所有人或者使用人增加的依附于房屋并具有某种用途的设施。在对房屋价值进行评估时，附属物也应一并评估。

对于国有土地使用权价值，一般而言，实践中认为房屋所有权和土地使用权是不可分割的，在评估地上房屋价值时已以市场价值为标准对被征收房屋予以补偿，也即，被征收房屋按市场价格补偿的结果，不仅包括对房屋本身的补偿，也应包括对土地使用权的补偿，这样才可确保被征收人的居住条件有改善、生活水平不下降。在此情形下，因房屋价值补偿已包含土地使用价值，所以被征收房屋所在的空闲院落就不再属于单独的征收补偿范围。相反，如果房屋价值补偿不包含或无法包含土地使用价值，则应当根据土地使用权的余期、土地用途、被征收人对土地进行投资开发的情况、取得土地使用权时的地价和征收时的地价等因素予以补偿。

[①] 《国有土地上房屋征收评估办法》第14条规定："被征收房屋价值评估应当考虑被征收房屋的区位、用途、建筑结构、新旧程度、建筑面积以及占地面积、土地使用权等影响被征收房屋价值的因素。被征收房屋室内装饰装修价值，机器设备、物资等搬迁费用，以及停产停业损失等补偿，由征收当事人协商确定；协商不成的，可以委托房地产价格评估机构通过评估确定。"

（二）搬迁及临时安置补偿

房屋征收部门应根据《国有土地上房屋征收与补偿条例》第22条[①]的规定向被征收人支付相关费用或提供周转用房。由于各地经济水平和实际情况不同，《国有土地上房屋征收与补偿条例》未明确规定搬迁费和临时安置费的具体标准。目前，各地都结合实际制定了相关的搬迁费和临时安置费的确定方法与标准。

无论被征收人选择何种补偿方式，**被征收人都应获得相应的搬迁补偿，其内容一般包括：搬家费；拆卸安装房屋附属物的费用**[②]**；搬迁误工费、交通费等与搬迁具有直接因果关系的费用。**

临时安置费，也称过渡费，是指被征收人在搬入产权调换房屋之前，自主解决居住需求而获得的补偿过渡费用。该补偿项目主要针对选择产权调换方式的情形。但若在交付产权调换房屋前，房屋征收部门为被征收人提供了周转用房，则房屋征收部门已经履行了对被征收人进行临时安置的责任，不应再支付临时安置费。房屋征收部门若提供周转用房，应当以不降低被征收人生活条件为原则；在确定周转用房数量时，应考虑被征收房屋的面积和自然间数、被征收人的家庭结构和需要周转过渡的家庭成员等因素。

（三）停产停业损失补偿

停产停业损失补偿根据《国有土地上房屋征收与补偿条例》第23条[③]规定的因素来确定。虽然《国有土地上房屋征收与补偿条例》

---

① 《国有土地上房屋征收与补偿条例》第22条规定："因征收房屋造成搬迁的，房屋征收部门应当向被征收人支付搬迁费；选择房屋产权调换的，产权调换房屋交付前，房屋征收部门应当向被征收人支付临时安置费或者提供周转用房。"

② 《国有土地上房屋征收评估办法》第14条第2款规定："被征收房屋室内装饰装修价值，机器设备、物资等搬迁费用，以及停产停业损失等补偿，由征收当事人协商确定；协商不成的，可以委托房地产价格评估机构通过评估确定。"

③ 《国有土地上房屋征收与补偿条例》第23条规定："对因征收房屋造成停产停业损失的补偿，根据房屋被征收前的效益、停产停业期限等因素确定。具体办法由省、自治区、直辖市制定。"

授权省、自治区、直辖市制定对停产停业损失补偿的具体办法，但此规定未明确停产停业损失的内涵和外延，导致各地在制定地方性规范时对停产停业损失的内涵争议较大。

实践中，**涉及停产停业损失补偿的，一般都是用于办公、生产和经营等功能的非住宅房屋，主要包括商业用房、工业用房、机关事业单位办公用房以及其他公益事业用房等**。通常符合以下条件：一是被征收房屋具有房屋权属证明或者是经有关部门认定的合法建筑；二是有合法、有效的营业执照，且营业执照上标明的营业地点为被征收房屋；三是已办理税务登记并具有纳税凭证。

停产停业损失一般以实际发生的直接损失为主，根据房屋征收前被征收房屋的实际使用效益和实际停产停业的期限等确定，因此，补偿停产停业损失的前提条件是因征收造成了停产停业，如果在征收实施前，被征收房屋并未实际用于生产经营，则不应给予停产停业损失补偿。

需要注意的是，对于现实中"住改非"的房屋如何补偿常生争议。有的房屋性质尽管登记为住宅，但被征收人一直用于经营，对此如何评估并确定补偿标准？究竟是以产权登记为准，还是以实际用途为认定房屋性质的依据？2003年9月19日国务院办公厅公布的《关于认真做好城镇房屋拆迁工作维护社会稳定的紧急通知》"对拆迁范围内产权性质为住宅，但已依法取得营业执照经营性用房的补偿，各地可根据其经营状况、经营年限及纳税等实际情况给予适当补偿"之规定，能较好地解决"住改非"的补偿问题。

在具体补偿期限和数额计算方面，《国有土地上房屋征收评估办法》第14条第2款[①]作出了明确规定，在条例授权之下，有些地方

[①]《国有土地上房屋征收评估办法》第14条第2款规定："被征收房屋室内装饰装修价值，机器设备、物资等搬迁费用，以及停产停业损失等补偿，由征收当事人协商确定；协商不成的，可以委托房地产价格评估机构通过评估确定。"

专门制定了规范性文件①,有的地方在规范性文件中设专章②等对停产停业损失补偿作出具体规定。

在被征收房屋内实际生产经营的单位或者个人不是被征收人的情况下,停产停业损失又可分为两部分:一是被征收人无法继续出租房屋的租金损失;二是生产经营单位或个人因无法继续经营而遭受的损失。此种情形下的损失补偿的计算和分配问题,有约定的从其约定;无约定的则追加实际经营者作为第三方协商解决。③

(四)征收补助和奖励

《国有土地上房屋征收与补偿条例》第17条第2款④规定了应对被征收人给予补助和奖励,实践中,各地研究制定了许多征收补助奖励的政策。虽然补助和奖励的类别、标准各有不同,但为保障被征收人的合法权益,确保征收补偿活动的顺利进行提供了政策支撑,取得了较好的效果。

与前三项补偿项目内容不同的是,补助奖励并不具有普惠性,只有满足了所对应的条件方可获得。补助主要是针对征收后居住条件改善有困难的被征收人,由政府根据被征收人生活困难程度及收

---

① 如《北京市国有土地上房屋征收停产停业损失补偿暂行办法》。
② 如《河南省实施〈国有土地上房屋征收与补偿条例〉若干规定》第三章"停产停业损失补偿",共五条。其中,第13条规定:"停产停业损失补偿标准以被征收人的月平均利润值确定。月平均利润值依据被征收人提供的近3年纳税证明推算确定,不足3年的以全部生产经营期间纳税证明为依据推算确定。"第14条规定:"停产停业损失补偿标准可以由房屋征收部门与被征收人按本规定第十三条规定协商确定;协商不成的,可以委托承担评估工作的房地产价格评估机构评估确定。"第15条规定:"停产停业损失补偿期限,商业、服务性行业不低于3个月,工业生产行业不低于6个月。各地可根据本地房屋征收具体项目情况确定。"
③ 如《河南省实施〈国有土地上房屋征收与补偿条例〉若干规定》第16条规定:"生产经营者承租房屋的,依照与被征收人的约定分配停产停业损失补偿费;没有约定的,由被征收人参照本规定相关内容对生产经营者给予适当补偿。"
④ 《国有土地上房屋征收与补偿条例》第17条第2款规定:"市、县级人民政府应当制定补助和奖励办法,对被征收人给予补助和奖励。"

入能力而给予的一种补贴帮助；奖励则是为了鼓励被征收人配合征收工作而给予的一种物质奖励。

实践中，征收补助的项目主要包括：（1）货币补助。即政府对选择货币补偿方式的被征收人，在房屋价值补偿的基础上，按照被征收房屋价值的一定比例给予额外的补助，并以货币形式支付。给予被征收人货币补助，可以在被征收人选择货币补偿方式的情形下，弥补被征收房屋与同类地区普通新建商品房的价格差异，从而实现保障被征收人居住条件的目的。（2）产权调换补助。即政府对因经济条件困难无力支付差价的情形——在相同建筑面积产权调换房屋价值高于被征收住宅房屋价值时，被征收人应当支付产权调换房屋和被征收人房屋价值差——所给予的费用减免政策。此种情况下，被征收人可以少付或者不付差价。这部分收入补助，适当弥补了相同面积部分被征收房屋与产权调换房屋的价差，有很强的现实意义。（3）困难补助。即政府在房屋征收过程中，对于存在社会困难或其他特定困难的被征收人给予的帮扶和补助。从地方规范性文件和具体做法来看，给予困难补助的对象主要有两类：一类是城市居民中生活困难的群体，如低收入家庭、残疾人家庭等；另一类是房屋征收时有特定困难的群体，如被征收人或者其家庭成员属于重症病人等。

征收奖励一般以货币形式体现，也可以采取赠送产权调换房屋建筑面积、赋予被征收人特定资格等形式。基于奖励附有条件的特性，被征收人只有在符合奖励条件的前提下，才可以享受政府给予的奖励。从各地实践来看，一般以被征收人在签约期限内签约并搬迁为给予奖励的条件。从实际效果来看，设置征收奖励能够有效引导被征收人尽快签订征收补偿协议并实施搬迁，是促进征收工作顺利进行的重要举措。

在征收实践中，有关征收补助、奖励的具体依据和标准，应在征收补偿方案中予以明确记载。

二、保障住房优先给予

被征收的住宅类房屋对于被征收人而言,不仅是一种财产,有时还是栖居地。在房屋征收中,被征收人因公共利益失去其住所时,应设置相应制度对其住房权予以保障。

2007年《物权法》第42条第3款[①]的规定,使我国在房屋征收中的保障住房权制度得以确立。《国有土地上房屋征收与补偿条例》在解决房屋公平市场价值补偿问题时,也对被征收人住房权保障作出了明确规定。

第一,将居住条件的改善确立为启动房屋征收的公共利益理由。《国有土地上房屋征收与补偿条例》第8条第4项、第5项规定,房屋征收公共利益范围包括"由政府组织实施的保障性安居工程建设的需要"与"由政府依照城乡规划法有关规定组织实施的对危房集中、基础设施落后等地段进行旧城区改建的需要"。

第二,确保征收个人住宅时给予相应住房保障。《国有土地上房屋征收与补偿条例》第18条规定:"征收个人住宅,被征收人符合住房保障条件的,作出房屋征收决定的市、县级人民政府应当优先给予住房保障。具体办法由省、自治区、直辖市制定。"第21条第3款规定:"因旧城区改建征收个人住宅,被征收人选择在改建地段进行房屋产权调换的,作出房屋征收决定的市、县级人民政府应当提供改建地段或者就近地段的房屋。"

对于不需要轮候而"优先"获得住房保障的,需要同时满足两个条件:(1)个人住宅被征收。优先住房保障是为了满足被征收人基本的居住需求,因为被征收人基于公共利益的需要而遭受了特别牺牲,特别

[①] 《物权法》第42条第3款规定:"征收单位、个人的房屋及其他不动产,应当依法给予拆迁补偿,维护被征收人的合法权益;征收个人住宅的,还应当保障被征收人的居住条件。"《民法典》基本保留了此规定。

是其居住权被剥夺，因此需要为其提供住房保障。相反，如果被征收人的居住权未受侵害，如征收的是非住宅房屋，那么就不应为被征收人提供优先住房保障。（2）被征收人符合住房保障条件。保障性住房是政府通过限定标准、限定价格或租金为中低收入住房困难的家庭提供的住房，主要包括廉租住房、经济适用住房和政策性租赁住房三种类型。

具体住房保障办法，《国有土地上房屋征收与补偿条例》授权各省、自治区、直辖市制定。有的地方专门制定了规范性文件[1]，有的是在征收规定中专章予以明确[2]，更多的是在征收规定中注明优先住房保障的原则及实施细则。综合各地住房保障相关规定来看，对于房屋征收中住房权保障制度的规定主要有两种类型：（1）确定最低住房保障标准。这在各地的规定中均得到了体现，只是在住房面积标准、保障方式、保障对象与补差产权归属上有所不同[3]。（2）赋予优先选择保障性住房的权利。各地政府普遍为被征收人购买、租赁保障性住房提供优先选择权[4]。

三、征收补偿方式

《国有土地上房屋征收与补偿条例》第21条第1款[5]规定的房屋征收补偿方式有两种：货币补偿与产权调换。

---

[1] 如《北京市国有土地上房屋征收与补偿中住房保障优先配租配售管理办法》。

[2] 如《河南省实施〈国有土地上房屋征收与补偿条例〉若干规定》第四章"住房保障"。

[3] 如《江苏省贯彻实施〈国有土地上房屋征收与补偿条例〉若干问题的规定》第4条规定："被征收人仅有一处住房且可能获得的货币补偿金额低于征收补偿最低标准的，应当按照征收补偿最低标准给予补偿。征收补偿最低标准由设区的市人民政府参照国家住宅设计规范规定的最小户型面积和当地经济适用房价值等因素确定。"

[4] 如《河南省实施〈国有土地上房屋征收与补偿条例〉若干规定》第18条规定："在房屋征收与补偿工作中，市、县级政府应当组织住房保障等部门现场办公，公布保障性住房房源位置、套数、面积、供应对象范围、认购时期、登记地点等信息，并开辟绿色通道，简化审核程序，压缩审核时限，现场受理、审核被征收人申请并公示审核结果，及时组织符合条件的被征收人直接选房。被征收人获得保障性住房后，不得再参加其他保障性住房公开摇号配租、配售。"

[5] 《国有土地上房屋征收与补偿条例》第21条第1款规定："被征收人可以选择货币补偿，也可以选择房屋产权调换。"

"货币补偿"是指在房屋征收补偿中，被征收人选择以货币形式对被征收房屋价值进行补偿的方式。这是房屋征收中最常用又简单易行的补偿方式，付清补偿款后几乎没有后续问题，是征收人最愿意接受的一种方式。因此，各地往往通过提高补偿标准吸引被征收人选择货币补偿方式。

"产权调换"是指在房屋征收补偿中，被征收人选择将征收人提供的房屋与被征收房屋进行调换，并按照被征收房屋的价值与用于产权调换房屋的价值进行差价结算的补偿方式。被征收房屋的价值和用于产权调换房屋的价值均由具有相应资质的评估机构按照房屋征收评估规则评估确定。选择产权调换方式通常是由于被征收人他处无住房或者不愿意搬至其他区域去生活，而选择搬至征收人提供的安置房屋居住。

产权调换相较于货币补偿方式，牵涉的问题要复杂得多，操作中应注意：（1）产权调换房屋的区位。区位不仅包含地理位置，还应当包括区域环境配套。产权调换房屋可以是在被征收房屋的原地，也可以是就近，当然也可以是异地，因旧城区改建而征收个人房屋的，产权调换房屋则必须是改建原地或就近。产权调换房屋无论处于何地理位置，均应当具备一定的配套设施，配套设施应能满足日常生活需要。（2）产权调换的标准。产权调换虽然最终要结算两者差价，但两者价值显然不应差别太大，如果差别太大，将失去调换的本意。另外，产权调换应能保证被征收人的居住需求，不能因房屋征收而导致被征收人居住条件下降。因此，产权调换方案，不仅要保障被征收房屋和产权调换房屋两者的价值基本相当，还要能满足保障被征收人居住条件的要求。（3）产权调换房屋的挑选顺序。实践中，被征收人数量往往都很多，而产权调换房屋的数量不可能是无限的，且各房屋之间多少都会存在一定的差异，比如楼层、朝向等。因此，对调换房屋应当制定合理、公平的挑选顺序，以平衡产权调换房屋之间的差异。（4）产权调换房屋的税费减免。产权调换的起因是房屋征收，而房屋征收显然不是基于被征收人个人的意愿，因此应减免产权调换房屋登记中的税费。

两种补偿方式在具体征收补偿中如何选择，其决定权在被征收人个体，且征收主体必须尊重并保障被征收人选择产权调换或货币补偿的权利。无论被征收人如何选择，补偿都要在被征收人进行了真正比较、甄别的基础上理性作出。因此，**市、县级人民政府应当提供两种方案：具有具体金额的货币补偿、已经特定化的房屋。以便被征收人对二者通过比较、权衡后作出选择。**

实践中，有的市、县级人民政府在补偿程序中，仅告知一种补偿方式，或仅对被征收人的选择权抽象地告知，而没有通过适当方式充分保障被征收人的补偿方式选择权。此种做法是对被征收人补偿方式选择权的一种侵犯。在具体个案中，司法机关会从以下几个方面审查保障补偿安置方式选择权：（1）是否在补偿安置方案中告知被征收人有权选择不同的补偿安置方式，是否在征收实施中告知被征收人拒绝选择的后果；（2）是否根据被征收人选择的补偿安置方式作出房屋补偿决定；（3）未按照被征收人选择的补偿安置方式进行补偿是否有正当理由；（4）给予产权调换的，产权调换房屋的位置、面积、价格是否确定；（5）房屋补偿安置方式是否明确①，补偿内容是否具体。

在此过程中，需要注意两个方面。其一，在土地资源有限，国土空间用途管制以及产业升级的大背景下，一些城市出现了不符合规划的工业用地，或者有被征收的工业企业不符合当地的产业政策或环保要求的情况，此时，法律应当如何适用，成为困扰基层政府以及司法机关的一个难题。对此，最高人民法院在（2019）最高法行申5098号行政裁定书中认为"给予产权调换选择权的前提条件是，政府要有可供建设产权调换房屋的土地资源"。其二，在土地存量资源有限的大背景下，尤其像三亚市这样限制发展工业的国际旅游城市，因客观上难以提供工业用地和非住宅房源，补偿方案没有给予非住宅房屋被

---

① 房屋补偿决定给予两种补偿安置方式的，应当认定为补偿安置方式不明确。

征收人产权调换权利，系地方政府根据当地土地利用规划现状作出的合理调整，不违反法律规定。以此为由申请再审，理由不能成立。该判决值得支持，因为法律的实施必须建立在"客观可能"的基础上，而不能让任何一方当事人陷入难以履行法律义务的境地。目前，最高人民法院也在研究将该判决转化为司法解释的具体方案。

需要注意的是，因旧城区的改建需要征收个人住宅时，产权调换方式的正确理解和特殊要求。参考原国务院法制办公室农林城建资源环保法制司等编著的《国有土地上房屋征收与补偿条例释义》，《国有土地上房屋征收与补偿条例》第21条第3款[①]应有三层含义：一是只适用于旧城区改建的项目，征收的必须是个人住宅，其他性质的房屋不适用；二是只有在被征收人选择在改建地段进行房屋产权调换的情况下才适用，否则不适用；三是在同时满足上述两个前提的情况下，政府提供的房屋应在改建地段或就近地段。这里的"改建地段"意味着同一项目的回迁；"就近地段"是不确定法律概念，《国有土地上房屋征收与补偿条例》并未以数据形式具体量化何谓"就近地段"。确定"就近地段"的范围，一般应考虑城市规模、交通状况、安置房源数量和户型面积等实际因素，由征收部门结合被征收房屋套型、面积和价值、被征收房屋与安置房屋匹配程度、当地大多数被征收人对安置房屋接受度等具体因素，确定更有利于保障被征收人居住权的安置房屋。

四、房屋价值评估的一般程序

在房屋征收程序中，补偿安置是核心内容，而补偿安置的前提是对被征收房屋进行价值评估，以为房屋征收部门与被征收人确定

[①] 《国有土地上房屋征收与补偿条例》第21条第3款规定："因旧城区改建征收个人住宅，被征收人选择在改建地段进行房屋产权调换的，作出房屋征收决定的市、县级人民政府应当提供改建地段或者就近地段的房屋。"

被征收房屋价值的补偿提供依据，为房屋征收部门与被征收人计算被征收房屋价值与用于产权调换房屋价值的差价提供依据，因此，征收评估需要依法有序进行。根据《国有土地上房屋征收与补偿条例》和《国有土地上房屋征收评估办法》的规定，从征收主体角度，征收评估工作的一般程序主要包括以下几项。

（一）评估机构的选定

首先，评估机构上，应选择具有评估资质的房地产机构，根据《房地产估价机构管理办法》第25条[①]的规定，除暂定期内的三级资质房地产估价机构外，一、二、三级资质房地产估价机构都可以从事房屋征收评估业务。其次，选定方式上，《国有土地上房屋征收与补偿条例》规定由被征收人协商选定，协商不成则通过多数决定、随机选定等方式确定，被征收人协商是第一顺位方式。《国有土地上房屋征收评估办法》第4条[②]在《国有土地上房屋征收与补偿条例》的基础上进一步规定了评估机构的选定方式，为评估机构的选择方式提供了明确的法律遵循。最后，整个确定过程应当民主、公开、公平、公正，具体的实施办法由省、自治区、直辖市制定。

（二）签订评估委托合同

协商选定或者以其他方式确定评估机构后，房屋征收部门一般

---

① 《房地产估价机构管理办法》第25条规定："从事房地产估价活动的机构，应当依法取得房地产估价机构资质，并在其资质等级许可范围内从事估价业务。一级资质房地产估价机构可以从事各类房地产估价业务。二级资质房地产估价机构可以从事除公司上市、企业清算以外的房地产估价业务。三级资质房地产估价机构可以从事除公司上市、企业清算、司法鉴定以外的房地产估价业务。暂定期内的三级资质房地产估价机构可以从事除公司上市、企业清算、司法鉴定、房屋征收、在建工程抵押以外的房地产估价业务。"

② 《国有土地上房屋征收评估办法》第4条第1款规定："房地产价格评估机构由被征收人在规定时间内协商选定；在规定时间内协商不成的，由房屋征收部门通过组织被征收人按照少数服从多数的原则投票决定，或者采取摇号、抽签等随机方式确定。具体办法由省、自治区、直辖市制定。"

作为委托人，向评估机构出具房屋征收评估委托书，并与其签订房屋征收评估委托合同。评估委托书中应当载明的事项不仅包括委托人与评估机构的名称，还包括评估的目的、对象范围及要求，委托日期也应在委托书中注明。《国有土地上房屋征收评估办法》第6条[1]对委托合同中应当载明的事项也进行了明确规定。本条通过规定评估委托合同及其内容，为房屋征收部门与评估机构间的评估委托合同的签订提供了明确的法律指引。

（三）公示并转交评估报告[2]

按照评估委托书或者委托合同中的约定，评估机构要提供初步的评估结果（内容包括评估对象的构成、基本情况以及评估价值），房屋征收部门收到评估机构的初评结果后，要按照规定在征收范围内向被征收人进行公示；在公示期间，评估机构应派专人（注册房地产估价师）对初评结果到现场进行解释说明，若初评结果存在错误则需进行修正。公示期届满后，评估机构应将整体评估报告及分

---

[1] 《国有土地上房屋征收评估办法》第6条规定："房地产价格评估机构选定或者确定后，一般由房屋征收部门作为委托人，向房地产价格评估机构出具房屋征收评估委托书，并与其签订房屋征收评估委托合同。房屋征收评估委托书应当载明委托人的名称、委托的房地产价格评估机构的名称、评估目的、评估对象范围、评估要求以及委托日期等内容。房屋征收评估委托合同应当载明下列事项：（一）委托人和房地产价格评估机构的基本情况；（二）负责本评估项目的注册房地产估价师；（三）评估目的、评估对象、评估时点等评估基本事项；（四）委托人应提供的评估所需资料；（五）评估过程中双方的权利和义务；（六）评估费用及收取方式；（七）评估报告交付时间、方式；（八）违约责任；（九）解决争议的方法；（十）其他需要载明的事项。"

[2] 《国有土地上房屋征收评估办法》第16条规定："房地产价格评估机构应当按照房屋征收评估委托书或者委托合同的约定，向房屋征收部门提供分户的初步评估结果。分户的初步评估结果应当包括评估对象的构成及其基本情况和评估价值。房屋征收部门应当将分户的初步评估结果在征收范围内向被征收人公示。公示期间，房地产价格评估机构应当安排注册房地产估价师对分户的初步评估结果进行现场说明解释。存在错误的，房地产价格评估机构应当修正。"第17条规定："分户初步评估结果公示期满后，房地产价格评估机构应当向房屋征收部门提供委托评估范围内被征收房屋的整体评估报告和分户评估报告。房屋征收部门应当向被征收人转交分户评估报告。整体评估报告和分户评估报告应当由负责房屋征收评估项目的两名以上注册房地产估价师签字，并加盖房地产价格评估机构公章。不得以印章代替签字。"

户评估报告提供给征收部门，征收部门应将分户评估报告转交被征收人。整体评估报告和分户评估报告应按照《国有土地上房屋征收评估办法》规定的方式完成签字和盖章。

（四）评估结果异议处理

虽然评估应独立、客观、公正，但受主客观因素影响，无论是征收部门还是被征收人都可能会对评估结果有异议。根据《国有土地上房屋征收与补偿条例》和《国有土地上房屋征收评估办法》的规定，处理机制主要包括：

第一，申请复核评估：[1]征收部门或者被征收人若对评估结果存在异议，可以申请复核评估，提起复核评估的形式和期限要符合法律的规定。原评估机构要遵照法定程序对评估结果进行复核，若改变原评估结果，则重新出具评估报告；若维持原评估结果，也应当以书面形式告知复核申请人。

第二，申请鉴定：[2]征收部门或者被征收人若对复核结果存在异

---

[1] 《国有土地上房屋征收与补偿条例》第19条第2款规定："对评估确定的被征收房屋价值有异议的，可以向房地产价格评估机构申请复核评估。对复核结果有异议的，可以向房地产价格评估专家委员会申请鉴定。"《国有土地上房屋征收评估办法》第20条规定："被征收人或者房屋征收部门对评估结果有异议的，应当自收到评估报告之日起10日内，向房地产价格评估机构申请复核评估。申请复核评估的，应当向原房地产价格评估机构提出书面复核评估申请，并指出评估报告存在的问题。"第21条规定："原房地产价格评估机构应当自收到书面复核评估申请之日起10日内对评估结果进行复核。复核后，改变原评估结果的，应当重新出具评估报告；评估结果没有改变的，应当书面告知复核申请人。"

[2] 《国有土地上房屋征收评估办法》第22条规定："被征收人或者房屋征收部门对原房地产价格评估机构的复核结果有异议的，应当自收到复核结果之日起10日内，向被征收房屋所在地评估专家委员会申请鉴定。被征收人对补偿仍有异议的，按照《国有土地上房屋征收与补偿条例》第二十六条规定处理。"第25条规定："评估专家委员会应当自收到鉴定申请之日起10日内，对申请鉴定评估报告的评估程序、评估依据、评估假设、评估技术路线、评估方法选用、参数选取、评估结果确定方式等评估技术问题进行审核，出具书面鉴定意见。经评估专家委员会鉴定，评估报告不存在技术问题的，应当维持评估报告；评估报告存在技术问题的，出具评估报告的房地产价格评估机构应当改正错误，重新出具评估报告。"

议，可以按照法律规定的期限申请评估专家委员会鉴定，此申请需向被征收房屋所在地的评估专家委员会提出。评估专家委员会应当按照法定的程序出具鉴定意见。经鉴定，若评估报告无技术问题，则应维持；若存在技术问题，原评估机构应当改正错误，重新出具评估报告。

第三，被征收人对补偿仍有异议的，按照《国有土地上房屋征收与补偿条例》第26条[①]的规定处理。

五、征收补偿协议与补偿决定

房屋征收决定作出后，征收部门应根据评估结果，与被征收人就补偿事宜进行协商。补偿事项和补偿利益最终将通过补偿协议或补偿决定予以落实。

（一）征收补偿协议

征收补偿协议是征收双方当事人之间就房屋补偿中各自权利、义务协商一致后签订的书面合同。从性质上讲，征收补偿协议属于行政协议，签订生效后即对当事人产生法律效力。对于被征收人而言，征收补偿协议是其获得货币补偿、产权调换及过渡安置最直接、最有力的法律凭证。

征收补偿协议的内容应当明确，主要包括：（1）双方当事人的基本情况，如姓名或名称、住址。（2）补偿方式，即被征收人选择货币补偿还是产权调换，或是两种方式相结合。（3）补偿金额和支

---

① 《国有土地上房屋征收与补偿条例》第26条规定："房屋征收部门与被征收人在征收补偿方案确定的签约期限内达不成补偿协议，或者被征收房屋所有权人不明确的，由房屋征收部门报请作出房屋征收决定的市、县级人民政府依照本条例的规定，按照征收补偿方案作出补偿决定，并在房屋征收范围内予以公告。补偿决定应当公平，包括本条例第二十五条第一款规定的有关补偿协议的事项。被征收人对补偿决定不服的，可以依法申请行政复议，也可以依法提起行政诉讼。"

付期限，即被征收人选择货币补偿方式的，给予货币补偿的数额、支付方式、支付期限。另外，逾期付款的违约责任方式也应当予以明确。（4）用于产权调换房的地点和面积，即被征收人选择产权调换方式的，征收方提供的用于产权调换房的地点和面积。关于地点，主要须明确是原地回迁、就近安置、异地安置三种方式中的哪一种；关于面积，则应当明确建筑面积、使用面积或者居住面积、置换房面积的正负误差。此外，置换房的交房时间以及逾期交房的违约责任、产权调换房的差价结算也是应当重点明确的内容。（5）搬迁费，即搬迁费的支付标准。（6）临时安置费或者周转用房，即临时安置费的支付标准、周转用房的地点与面积。（7）停产停业损失，即停产停业损失的补偿范围、补偿标准、补偿期限。（8）搬迁期限，即被征收人应当将被征收房屋交付给征收方的具体时间。（9）过渡方式和过渡期限，即被征收人选择产权调换补偿方式的，在产权调换房交付前的过渡期限内选择接受临时安置费或是周转用房安置。除以上事项外，协议一般还包括违约责任、解决争议的办法等内容。当然，补偿协议的具体内容也会因选择不同的补偿方式而有不同侧重。

（二）征收补偿决定

房屋征收过程中，如果征收双方无法就补偿事宜在签约期限内达成补偿协议，或被征收房屋无明确的所有权人，为推进征收进程，市、县级人民政府应依法作出征收补偿决定。

作出征收补偿决定有两种情形：（1）未在签约期限内达成补偿协议。补偿协议是补偿双方平等协议、自愿订立的结果，任何一方无论基于什么考虑对补偿事项不同意的，即不能强迫其签订协议，此时，征收的目的就会受到影响，为防止久拖不决，只能在协商未果的情形下作出补偿决定。（2）房屋所有权人不明确。此种情形，既包括被征收房屋无产权关系证明，产权人下落不明，暂时无法考证产权的合法所有人，也包括因产权关系存在争议等。由于房屋所有权人不明确，补偿的对象也就无法确定，房屋征收补偿协议就无法通过协商达成。其中，对于房屋产权存在争议的情况，房屋征收部门无法与争议的任何一方订立补偿协议，只能由作出征收决定的市、县级人民政府依法及时作出征收补偿决定，并将征收补偿款或产权调换房屋予以提存。在相关争议各方就被征收房屋产权的民事争议依法解决后，依照生效的法律文书，权利人可以依法领取征收补偿款或者接收产权调换房屋。

征收补偿决定是行政机关"强制"作出的单方行政行为，因此应遵循正当程序的基本要求：（1）房屋征收部门报请。（2）市、县级人民政府依法审查。对不能达成补偿协议的原因或是否符合作出补偿决定条件等加以审查。（3）听取各方意见。在作出补偿决定前，市、县级人民政府应充分听取各方当事人尤其是被征收人的意见，体现以人为本的征收理念，同时也有助于做好解释、宣传工作，有效化解疑虑或误解。（4）市、县级人民政府作出补偿决定。决定作出的权力主体是市、县级人民政府，其应当本着公平、公正的原则依照补偿方案及时作出补偿决定。从内容上讲，除了应具备补偿协议的基本内容外，还应做到补偿价值不低于周边类似房地产市场价值，补偿方式尊重被征收人的选择，载明决定作出的依据、理由和不服决定时的救济方式。（5）送达和公告。因为补偿决定直接形成和处分了被征收人的权利义务，根据行政行为应当依法送达的基本程序法原理，补偿决定作出后应按照相关法律规定的送达程序依法送达。为了体现征收补偿的公平、公正，《国有土地上房屋征收与补偿条例》规定，应在征收范围内对补偿决定予以"公告"。通过公告，接受社会监督，也是对其他被征收人进行教育引导。

典型案例

居某等3人诉福州市鼓楼区人民政府房屋征收补偿决定案[①]
——国有土地上被征收房屋价值评估时点的确定原则

案情简介：

2013年7月19日，鼓楼区人民政府作出鼓房征〔2013〕32号《征收决定书》并公告。鼓楼区南营77号1座××单元房屋在征收范围内，于1997年9月25日获发榕房S字第081211号《房屋所有权证》，房屋所有权人为居某，屋式结构为混合结构，产权面积为私有面积89.74平方米，共有面积8.30平方米。房屋征收部门多次找居某协商补偿事宜，但未能达成协议。

另外，2013年3月8日，房屋征收部门鼓楼区房管局通过公开抽号方式，选定某房地产评估咨询公司为涉案项目房屋补偿价格评估机构。因居某等3人在征收补偿方案规定的签约期限内未与鼓楼区房管局达成征收补偿协议，某房地产评估咨询公司对居某等3人被征收房屋和产权调换房屋的房地产市场价格进行了评估，估价时点为2013年7月19日。后因房屋征收部门对评估结果有异议，某房地产评估咨询公司于2015年9月15日作出××房估字〔2015〕126号《房地产估价报告》，确定产权调换的拟建安置房屋房地产市场价格为1381749元，单价为11364元/平方米。2015年9月22日，鼓楼区房屋征收处的工作人员向居某留置送达××房估字〔2015〕126号《房地产估价报告》。

2016年4月18日，鼓楼区房管局报请鼓楼区人民政府作出房屋征收补偿决定。2016年4月21日，鼓楼区人民政府向居某等3人作出鼓房征调字〔2016〕19号《房屋征收调查通知书》，并于同日在军门社

[①] 参见最高人民法院（2018）最高法行再202号行政判决书。

区工作人员的见证下送达。2016年5月23日，鼓楼区人民政府对居某等3人作出鼓房征偿字〔2016〕13号《补偿决定书》。同日，在军门社区工作人员的见证下，鼓楼区人民政府将13号《补偿决定书》送达居某，但其拒绝在送达回证上签字。同日，鼓楼区房管局在军门社区工作人员的见证下在南营77号1座××单元门口张贴13号《补偿决定书》。居某等3人不服，遂于2016年7月28日向一审法院提起行政诉讼。一审法院判决驳回其诉讼请求，二审法院维持了一审判决。

法院认为： 结合审理中的诉辩意见，本案的争议焦点为：征收人在原评估报告载明的一年应用有效期内，未与被征收人签订补偿安置协议，也不及时作出补偿决定又无合理理由，作出补偿决定时点与征收决定公告时点明显不合理迟延，且同期被征收房屋价格上涨幅度明显高于产权调换房屋的，是否仍应以征收决定公告时点为评估时点，并以此结算被征收房屋与产权调换房屋的差价款。

鼓楼区人民政府作出13号《补偿决定书》，确定以产权调换方式进行补偿安置，并以市场评估价方式确定被征收房屋与产权调换房屋的差价，符合相关法律与《国有土地上房屋征收与补偿条例》的规定，人民法院应当予以支持；但在无正当理由的情况下，迟延履行补偿安置义务，则应承担房屋价格上涨带来的风险。一、二审法院支持鼓楼区人民政府以2013年7月19日为评估时点确定房屋价格，系对《国有土地上房屋征收与补偿条例》及前述一系列规定的错误理解，应予纠正。

案例评析：

1.国有土地上被征收房屋价值评估时点的确定原则

根据《国有土地上房屋征收与补偿条例》《国有土地上房屋征收评估办法》《房地产估价规范》等的规定，市、县级人民政府因公共利益需征收国有土地上被征收人房屋时，应当给予被征收人公平的补偿；而公平补偿的基本要求是，不低于房屋征收决定公告之日被征收房屋类似房地产的市场价格。市、县级人民政府在以征收决定公告日为评估时点后，应当尽可能快速通过签订补偿安置协议或者作出补偿决定的方式，及时对被征收人进行补偿，并固定双方的权利义务，确保补偿的实质公平。因此，对上述法律规定中有关"被征收房屋价值评估时点为房屋征收决定公告之日"的规定，应当结合《国有土地上房屋征收与补偿条例》中与"公平补偿"相关的条款，作统一的法律解释，而不能静止、孤立、机械地强调不论征收项目大小、征收项目实施日期及是否存在市、县级人民政府及其职能部门的单方责任，也不考虑实际协议签订日或者补偿决定作出日甚至实际货币补偿款支付到位日的区别，均以征收决定公告之日为评估时点。

2.确定国有土地上被征收房屋价值评估时点应当考虑的因素

人民法院不宜轻易否定以"征收决定公告之日"为评估时点的合理性。应结合以下因素综合判断：

（1）关注当地房地产市场价格波动幅度，考虑评估报告的"应用有效期"。参考《房地产抵押估价指导意见》第26条的规定，从估价报告出具之日起计，无正当理由的，市、县级人民政府一般宜在一年内签订补偿安置协议或者作出补偿决定。

（2）市、县级人民政府未在一年内作出补偿决定的，是否存在可归责于被征收人的原因。

（3）补偿决定时点明显迟延且主要归责于市、县级人民政府与其职能部门自身，同时房地产市场价格发生剧烈波动，按照超过"应用有效期"的评估报告补偿，明显不利于被征收人得到公平补偿的，则不宜再坚持必须以"征收决定公告之日"为确定补偿的评估时点。

（4）坚持《国有土地上房屋征收与补偿条例》第27条[①]的规定，

---

① 《国有土地上房屋征收与补偿条例》第27条规定："实施房屋征收应当先补偿、后搬迁。作出房屋征收决定的市、县级人民政府对被征收人给予补偿后，被征收人应当在补偿协议约定或者补偿决定确定的搬迁期限内完成搬迁。任何单位和个人不得采取暴力、威胁或者违反规定中断供水、供热、供气、供电和道路通行等非法方式迫使被征收人搬迁。禁止建设单位参与搬迁活动。"

对于规定中的"对被征收人给予补偿后"应当作限缩性理解，应将其理解为已交付补偿协议约定或补偿决定确定的款项（被征收人不接受的已经依法提存）、已交付周转用房或产权调换房屋（被征收人不接受的已将相关凭证和钥匙依法提存）。

（5）是否征收房屋范围过大，难以在一年内实施完毕，并存在分期实施征收决定情形，且被征收房屋在强制搬迁前仍然继续由被征收人正常使用等因素。

3.补偿安置纠纷不能久拖不决

当被征收人所提要求明显不符合法律规定而无法满足时，市、县级人民政府应当及时依法作出书面补偿决定，固定并提存相应补偿内容，而不能怠于履行补偿安置职责，以反复协商代替补偿决定，甚至以拖待变以致久拖不决，造成补偿安置纠纷经年得不到解决。此既损害被征收人补偿安置权益，又提高相应补偿安置成本，还损害政府依法行政的形象，应引以为戒。

思考题

1.在对集体土地进行征收时，因征地实施部门的原因未对被征收的集体土地上房屋进行补偿，后来房屋所在区域被纳入城市规划区。请分析对该房屋应如何补偿安置。

2.请分析房屋征收补偿协议与房屋征收补偿决定的区别。

第四节　国有土地上房屋征收补偿执行

房屋征收应先补偿、后搬迁。补偿协议达成或补偿决定作出后，为了保障征收目的的实现，被征收人即需搬离房屋。实践中，大多数被征收人能主动搬离，对于不主动搬离的，也"不得采取暴力、威胁或者违反规定中断供水、供热、供气、供电和道路通行等非法方式迫使被征收人搬迁",而要遵循法律规定和正当程序强制搬迁。

一、征收补偿协议的执行

因为征收补偿协议是由征收双方当事人协商后自愿达成的行政协议,一般而言,**订立补偿协议后,双方当事人要自觉履行约定的义务,征收部门依约支付补偿费或提供周转安置,被征收人在约定期限内搬出腾净房屋。**

如果房屋征收部门不履行、未按照约定履行或者变更、解除补偿协议,被征收人可以依法申请行政复议或提起行政诉讼;如果被征收人不履行补偿协议,根据《最高人民法院关于审理行政协议案件若干问题的规定》第24条[①]的规定,房屋征收部门应先催告被征收人,告知其应搬迁腾房的期限;被征收人仍不履行的,房屋征收部门即可作出书面处理决定,若6个月内被征收人既不寻求救济又不履行,可以向人民法院申请强制执行。

二、征收补偿决定的执行

针对被征收人不主动履行征收补偿决定的情形,《国有土地

[①]《最高人民法院关于审理行政协议案件若干问题的规定》第24条规定:"公民、法人或者其他组织未按照行政协议约定履行义务,经催告后不履行,行政机关可以作出要求其履行协议的书面决定。公民、法人或者其他组织收到书面决定后在法定期限内未申请行政复议或者提起行政诉讼,且仍不履行,协议内容具有可执行性的,行政机关可以向人民法院申请强制执行。法律、行政法规规定行政机关对行政协议享有监督协议履行的职权,公民、法人或者其他组织未按照约定履行义务,经催告后不履行,行政机关可以依法作出处理决定。公民、法人或者其他组织在收到该处理决定后在法定期限内未申请行政复议或者提起行政诉讼,且仍不履行,协议内容具有可执行性的,行政机关可以向人民法院申请强制执行。"

上房屋征收与补偿条例》第28条规定了非诉强制执行制度[①]，结合《最高人民法院关于办理申请人民法院强制执行国有土地上房屋征收补偿决定案件若干问题的规定》，申请法院强制执行需要注意以下几点。

第一，申请主体，是作出补偿决定的市、县级人民政府而非房屋征收部门；管辖法院，是房屋所在地基层法院，高级法院也可以根据实际情况指定管辖。

第二，申请期限，应当自被执行人的法定起诉期限届满之日起3个月内提出；逾期申请的，除有正当理由外，法院不予受理。[②]

第三，申请条件，包括补偿金额已提存至专户账号、产权调换房屋和周转用房已确定，被征收人在规定期限内无正当理由不搬迁且6个月内未寻求救济，经催告仍不搬迁。

第四，申请材料，需按照《国有土地上房屋征收与补偿条例》第28条、《最高人民法院关于办理申请人民法院强制执行国有土地上房屋征收补偿决定案件若干问题的规定》第2条[③]的规定，将各项

[①] 《国有土地上房屋征收与补偿条例》第28条第1款规定："被征收人在法定期限内不申请行政复议或者不提起行政诉讼，在补偿决定规定的期限内又不搬迁的，由作出房屋征收决定的市、县级人民政府依法申请人民法院强制执行。"

[②] 《最高人民法院关于办理申请人民法院强制执行国有土地上房屋征收补偿决定案件若干问题的规定》第2条第3款规定："强制执行的申请应当自被执行人的法定起诉期限届满之日起三个月内提出；逾期申请的，除有正当理由外，人民法院不予受理。"

[③] 《国有土地上房屋征收与补偿条例》第28条第2款规定："强制执行申请书应当附具补偿金额和专户存储账号、产权调换房屋和周转用房的地点和面积等材料。"《最高人民法院关于办理申请人民法院强制执行国有土地上房屋征收补偿决定案件若干问题的规定》第2条第1款、第2款规定："申请机关向人民法院申请强制执行，除提供《条例》第二十八条规定的强制执行申请书及附具材料外，还应当提供下列材料：（一）征收补偿决定及相关证据和所依据的规范性文件；（二）征收补偿决定送达凭证、催告情况及房屋被征收人、直接利害关系人的意见；（三）社会稳定风险评估材料；（四）申请强制执行的房屋状况；（五）被执行人的姓名或者名称、住址及与强制执行相关的财产状况等具体情况；（六）法律、行政法规规定应当提交的其他材料。强制执行申请书应当由申请机关负责人签名，加盖申请机关印章，并注明日期。"

材料提交至人民法院。

第五，异议申请，市、县级人民政府对不予受理的裁定有异议的，可以自收到裁定之日起15日内向上一级法院申请复议；[①] 对不准予执行的裁定有异议的，可以自收到裁定之日起15日内向上一级法院申请复议。[②]

第六，组织实施。人民法院经审查准予强制执行的，被征收人应按照法院的裁定，主动搬迁。被征收人拒绝搬迁的，根据"裁执分离"强制执行方式，作出征收补偿决定的市、县级人民政府可以按照法院准予强制执行的裁定，依法组织实施，采取强制搬迁方式确保公共利益实现。此种情况下的强制搬迁行为，属于行政机关执行人民法院生效裁定的行为，当事人对此不服起诉的，不属于行政诉讼的受案范围，但扩大执行范围或者采取违法方式实施的除外。

典型案例

贵州省关岭县人民政府与唐某某变更房屋征收补偿协议案[③]
——房屋征收补偿协议中非基于行政优益权的单方变更权

案情简介：

关岭县人民政府因实施棚户区改造项目作出《2017年永宁镇东片

[①] 《最高人民法院关于办理申请人民法院强制执行国有土地上房屋征收补偿决定案件若干问题的规定》第3条第2款规定："申请机关对不予受理的裁定有异议的，可以自收到裁定之日起十五日内向上一级人民法院申请复议，上一级人民法院应当自收到复议申请之日起十五日内作出裁定。"

[②] 《最高人民法院关于办理申请人民法院强制执行国有土地上房屋征收补偿决定案件若干问题的规定》第7条规定："申请机关对不准予执行的裁定有异议的，可以自收到裁定之日起十五日内向上一级人民法院申请复议，上一级人民法院应当自收到复议申请之日起三十日内作出裁定。"

[③] 参见最高人民法院（2018）最高法行申8980号行政裁定书。

区城市棚户区改造项目房屋征收决定》，一并发布征收补偿安置方案，明确房屋征收实施单位为关岭县永宁镇政府。唐某某的房屋在征收范围内，该房屋为砖混结构一栋三层共354.23平方米，第二层113.49平方米与路面相平，用于经营便利店；第一层（负一层）113.49平方米位于路面以下，用于堆放货物。2016年11月，贵州某工程管理咨询有限公司出具《房屋面积测绘报告》，载明唐某某房屋砖混结构三层面积共354.23平方米，负一层及第一层共226.98平方米为经营面积。2017年2月6日，永宁镇政府根据上述测绘报告确定的面积，参照相关补偿标准，测算出唐某某房屋货币补偿款共计3411681.30元并与唐某某签订房屋征收补偿协议。补偿款全额支付后，唐某某主动搬迁腾房交征收部门拆除。此后，永宁镇政府发现测绘报告误将唐某某房屋负一层面积认定为经营面积，导致补偿款多算。经与唐某某协商返还未果，便以返还不当得利为由将唐某某诉至关岭县人民法院，该案已中止审理。2017年8月21日，关岭县人民政府根据某工程管理咨询有限公司对唐某某房屋重新作出的《房屋面积测绘报告》与《情况说明》，以及贵州某房地产估价有限公司作出的《唐某某户房屋征收评估分户报告》等，作出《关于对被征收人唐某某房屋征收补偿协议变更的行政决定书》，以征收部门永宁镇政府与唐某某签订的房屋征收补偿协议对房屋经营性面积认定错误，导致补偿数额多算为由，责令唐某某退回多领金额980678.50元。该决定书送达后，唐某某不服，向法院起诉，要求撤销关岭县人民政府作出的行政决定书。

法院认为：本案需要解决的核心问题有二：一是本案关岭县人民政府的行为是否属于行使行政优益权单方变更案涉协议；二是本案中相关情形是否能够引发关岭县人民政府非基于行政优益权而行使的单方变更权。

与传统的行政行为相比，在柔性执法理念的趋势之下，政府及其工作部门通过平等协商的方式和行政相对人签订行政协议，更有利于行政管理目标的实现。本案中关岭县人民政府已经选择了"行政协议"这一较为柔性的行为方式，在案涉协议签订中唐某某无主观故意或过失，履行中唐某某予以积极配合，作为善意的唐某某在本案中有值得保护的信赖利益，如关岭县人民政府仅以多支出一部分补偿款即草率单方变更案涉协议，不仅有悖于行政协议制度设立的初衷，更会破坏唐某某及公众对国家机关的信任，损害国家公信力。

《国有土地上房屋征收与补偿条例》第34条规定："房地产价格评估机构或者房地产估价师出具虚假或者有重大差错的评估报告……造成损失的，依法承担赔偿责任；……"本案关岭县人民政府提交的某工程管理咨询有限公司出具的《情况说明》载明，因该公司提交的调查附表存在工作失误，导致经营面积确认错误，此《情况说明》如属实，在案涉协议双方协商变更不成的情况下，依据上述规定也应当由某工程管理咨询有限公司承担责任，而不存在损害国家利益和社会公共利益的情形。进一步说，关岭县人民政府主张"经营性用房"面积认定错误，尚需更加充分的证据予以证明。本案关岭县人民政府仅在案涉协议履行完毕后提交与本案有一定利害关系的某工程管理咨询有限公司出具的《房屋面积测绘报告》与《情况说明》及其他分户报告等，并不足以证明本案"经营性用房"面积认定错误，更不能以此径行作出单方变更协议决定。

案例评析：

在我国现行行政诉讼法律制度下，行政机关不能作为行政诉讼的原告，为解决行政机关不能起诉行政相对人的问题，亦为便于行政机关在行政协议中实现行政管理和公共服务目的，《最高人民法院关于审理行政协议案件若干问题的规定》规定了行政协议非诉执行程序，即如果行政协议中约定了强制执行条款，且该条款符合法律规定、内容明确并具有可执行内容，行政机关可依据该约定向法院申请非诉强制执行；未约定强制执行条款的，行政机关亦可通过作出书面决定，再将行政决定作为执行名义向人民法院申请强制执行。这虽然明确了协议相对人不履行协议或者不按照约定履行协议时行政机关的救济路径，但在面对行政协议内容因某些正当理由，可能需要变更、终止甚至撤销时，行政机关仍不能通过提起行政诉讼寻求司法救济。

《行政诉讼法》第12条第1款第11项虽然将行政机关违法变更、解除行政协议纳入了行政诉讼受案范围，但法律、司法解释未明确规定行政机关单方行使变更、解除权的条件，未来仍需在个案审查中逐步进行探索。一般认为，只有在国家法律政策和协议基础事实发生变化，履行协议会给国家利益或者社会公共利益带来重大损失这一特定情形下，行政机关才能行使对协议内容的单方变更、解除权。也就是说，行政机关单方变更、解除协议必须以行政优益权为基础，以最大限度维护行政协议的稳定及行政机关的公信力。

思考题

1. 请谈一谈你对"先补偿、后搬迁"的理解。
2. 请分析房屋征收补偿协议强制执行与补偿决定强制执行的区别。

第四章　特殊类型行政征收征用

本章知识要点

- 国有土地使用权有偿收回的概念和性质
- 行政征用的概念和类型
- 准征收的概念和类型

除集体土地征收、国有土地上房屋征收之外，我国还存在《土地管理法》中的国有土地使用权有偿收回制度，《传染病防治法》《突发事件应对法》等法律规定的临时征用、紧急征用制度。同时，如果行政管理措施对财产使用权合法限制超过必要的限度，甚至达到了实质剥夺的程度，就会构成具有类似征收效果的"准征收"。这些特殊类型的制度也是我国行政征收征用法律制度的重要组成部分，并且随着自然灾害、传染病防控等突发事件不断增多，其对社会主体的影响广度和深度甚至会超过传统的土地及房屋征收。

第一节　国有土地使用权有偿收回

一、国有土地使用权收回概述

（一）国有土地使用权收回的概念

国有土地使用权收回，是土地使用权出让人依据与受让人所签订国有土地出让合同的约定，或者基于公共利益需要依据相关法律、法规，将受让人依法取得的国有土地使用权予以收回的行为。

我国土地制度的特性使得国有土地使用权收回形成了一套独特且复杂的法律制度。根据我国《宪法》第10条以及《民法典》的相关规定，城市的土地属于国家所有；农村和城市郊区的土地，除由法律规定属于国家所有的以外，属于集体所有。《城镇国有土地使用权出让和转让暂行条例》第2条第1款规定，国家按照所有权与使用权分离的原则，实行城镇国有土地使用权出让、转让制度。我国国有土地的所有权与使用权相分离，国有土地的所有权由国务院代表国家行使，法律另有规定的，依照其规定；单位或者个人可依法取得国有土地的使用权。**国家具有国有土地所有权人和土地管理者的双重身份。由此，对于国有土地使用权，国家既可能基于私法上所有权人的身份收回，也可能通过行使公法上的土地行政管理职权收回。**同时，根据收回时是否应予补偿，国有土地使用权收回可分为有偿收回和无偿收回。根据所依据的法律条款属性以及是否有偿的不同，收回行为的定性也存在民事行为或是行政行为的区别，进而需将因土地收回引发的纠纷分类纳入民事诉讼或是行政诉讼解决。[①]

（二）民法上的收回

国有土地使用权应依法通过协议、招标、拍卖、挂牌等方式出让，作为出让方的自然资源主管部门应与土地使用者签订土地使用权出让合同，明确约定使用期限。《城镇国有土地使用权出让和转让暂行条例》第12条规定，居住用地的使用权出让最高年限为七十年，商业、旅游、娱乐用地为四十年，工业、教育、科技、文化、卫生、体育用地等综合或者其他用地为五十年。根据民法上诚信原则"秉

---

① 耿宝建、殷勤：《公益性国有土地使用权收回的法律性质与补偿模式》，载《交大法学》2021年第4期。

持诚实，恪守承诺"的要求，国家对土地使用者依法取得的土地使用权，在出让合同约定的使用年限届满前不得收回土地。在我国，民法意义上的国有土地使用权收回受到法律严格限制，主要有以下三种情形。

第一，因土地出让合同约定的使用期限届满收回。根据《土地管理法》第58条第1款第2项的规定，土地出让等有偿使用合同约定的使用期限届满，土地使用者未申请续期或者申请续期未获批准的，由有关人民政府自然资源主管部门报经原批准用地的人民政府或者有批准权的人民政府批准，可以收回国有土地使用权。因土地出让合同约定的使用期限届满，该合同约定的各方权利义务已经履行完毕，土地使用权已经消灭，土地使用者未申请续期或者申请续期未获批准的，应当自行退出返还所使用土地。此时，收回土地是土地所有权人要求原土地使用权人履行返还土地义务的行为，属无偿收回。

第二，因逾期未缴纳土地出让金收回。根据《城市房地产管理法》第16条的规定，土地使用者必须按照出让合同约定，支付土地使用权出让金；未按照出让合同约定支付土地使用权出让金的，自然资源主管部门有权解除合同，并可以请求违约赔偿。《城镇国有土地使用权出让和转让暂行条例》第14条规定，土地使用者应当在签订土地使用权出让合同后60日内，支付全部土地使用权出让金。逾期未全部支付的，出让方有权解除合同，并可请求违约赔偿。合同解除后，土地使用者负有返还土地的义务。此时的收回土地，本质上是因土地出让合同解除，合同的权利义务关系终止后，自然资源主管部门作为土地出让方请求受让人交还土地、恢复原状，因此该收回是无偿的，并且还应依法追究受让人的违约责任。

第三，处置因政府原因导致闲置土地的协议收回。根据《闲置土地处置办法》第12条的规定，在处置因政府原因导致闲置土地时，自然资源主管部门应当与国有建设用地使用权人协商，选择延长动工开发期限，调整土地用途、规划条件和由政府安排临时使用，协议有偿收回国有建设用地使用权，置换土地等方式进行处置。如果土地使用权人不愿意采取延长动工开发期限等处置方式，可以通过协商达成收回国有土地使用权协议的方式收回。此时，土地权利人取得土地后因政府原因无法按照土地使用合同约定开发，自然资源主管部门应承担赔偿土地出让金以及相关违约金等法律责任，该收回协议是双方为终止原土地出让合同权利义务而达成的新协议，属于有偿收回。

（三）行政法上的收回

从行政法角度看，国有土地使用权收回主要有以下五种情形。

第一，因公共利益需要提前收回国有土地使用权。根据《土地管理法》第58条第1款第1项的规定，为实施城市规划进行旧城区改建以及其他公共利益需要，确需使用土地的，由有关人民政府自然资源主管部门报经原批准用地的人民政府或者有批准权的人民政府批准，可以收回国有土地使用权，但对土地使用权人应当给予适当补偿。《城市房地产管理法》第20条规定，根据社会公共利益的需要，可以依照法律程序提前收回，并根据土地使用者使用土地的实际年限和开发土地的实际情况给予相应的补偿。如前所述，土地使用权期限届满情形下的土地收回系无偿收回，但**如果土地使用权期限尚未届满而需要提前收回，就应给予土地使用权人适当补偿。因这种收回行为系基于公共利益需要、具有单方强制性，性质上仍属于行政征收。**

需要注意的争议问题是，通过划拨方式取得的土地使用权因公共利益需要而提前收回是否应予补偿。《城镇国有土地使用权出让和转让暂行条例》第47条第2款规定，"对划拨土地使用权，市、县人民政府根据城市建设发展需要和城市规划的要求，可以无偿收回"。据此有观点认为，以划拨方式取得的土地因没有交付土地出让金，政府收回国有划拨土地使用权不应予以补偿。此处使用的虽然是"可以无偿收回"，但不能因此认为是否补偿属于政府的裁量权。**是**

否无偿收回，需要具体考虑划拨土地是否属于无偿取得，是否缴纳了土地划拨价款、土地收益金，是否支付了征地费用、综合用地指标费用、社会保障费用等相关费用，以及地上是否存在建筑物、附着物。划拨土地因未缴纳或支付上述费用而无偿取得且不存在建筑物的，应无偿收回；否则，收回时应予补偿。因为该条例第47条第3款规定："无偿收回划拨土地使用权时，对其地上建筑物、其他附着物，市、县人民政府应当根据实际情况给予适当补偿。"根据"房随地走、地随房走"房地一体的原则，在补偿建筑物的同时势必要考虑土地价值。因此，城市建设发展需要和城市规划要求，仍然属于《土地管理法》第58条第1款第1项"为实施城市规划进行旧城区改建以及其他公共利益需要"的范畴，应予以补偿。

第二，因单位撤销、迁移等原因停止使用原划拨国有土地收回。《土地管理法》第58条第1款第3项规定，"因单位撤销、迁移等原因，停止使用原划拨的国有土地的"，自然资源主管部门可以依法收回国有土地使用权。这种收回的目的是防止行政划拨或无偿供应的土地资源闲置或荒芜，造成土地资源浪费，土地收回后可以通过重新出让等方式安排使用。

《城市房地产管理法》第24条规定："下列建设用地的土地使用权，确属必需的，可以由县级以上人民政府依法批准划拨：（一）国家机关用地和军事用地；（二）城市基础设施用地和公益事业用地；（三）国家重点扶持的能源、交通、水利等项目用地；（四）法律、行政法规规定的其他用地。"根据原国土资源部《划拨用地目录》，法律、行政法规规定的其他用地主要包括监狱、劳教所、戒毒所、看守所、治安拘留所、收容教育所等特殊用地。由于依法通过划拨方式取得土地使用权是无偿的，在符合上述情况下收回该划拨土地以无偿为原则。《城镇国有土地使用权出让和转让暂行条例》第47条第1款规定，"无偿取得划拨土地使用权的土地使用者，因迁移、解散、撤销、破产或者其他原因而停止使用土地的，市、县人民政府应当无偿收回其划拨土地使用权"。此处使用的是"应当无偿收回",与《土地管理法》的规定是一致的。根据原国家土地管理局《关于认定收回土地使用权行政决定法律性质的意见》第7条第2款的规定,该无偿收回属于行政处理决定。对这种无偿收回情形应从严掌握。如前文所述,不能仅以土地使用权系划拨方式取得为由,认定划拨土地使用权人无权获得土地使用权补偿。如果因改制等客观历史原因导致原来使用划拨土地的特定企业停止使用划拨土地的,收回土地时还应考虑地上附属物情况予以合理补偿。

第三,用地项目经核准报废收回。《土地管理法》第58条第1款第4项规定,"公路、铁路、机场、矿场等经核准报废的",自然资源主管部门可以依法收回国有土地使用权。公路、铁路、机场一般属于国家项目用地,大多属划拨用地,用地项目经核准报废后,所使用的土地应在收归国家后重新加以利用。这种收回同样也是为了避免土地资源浪费。此外,矿产资源属于国家所有,而采矿与土地使用具有天生关联性,根据国务院《矿产资源法实施细则》第30条的规定,采矿权人根据生产建设的需要依法取得土地使用权,但是该土地使用权是受限制的,仅能用于采矿需要,不能进行其他建设。因此,虽然矿山所有者类型多样,既有国有矿山企业,又有集体所有制矿山企业、私营矿山企业、个体采矿者,但是因可开采资源枯竭、不具有开采价值等原因需要关闭矿山的,该矿山就不再具有财产价值,所使用的土地也因用途上的法律限制而丧失财产属性。须注意的是,我国矿产资源的国家所有权与其所依附的土地的所有权或者使用权是分离的,农村集体所有土地以及享有使用权的国有土地下蕴含的矿产资源属国家所有。因此,矿场经核准报废后,其所使用的土地当然也应一并交还原所有权人。使用农村集体土地的,需交还给农村集体经济组织;使用国有土地的,由自然资源主管部门无偿收回。

第四,非因不可抗力或者政府原因造成闲置土地超过二年收回。在实践中,土地闲置的原因很复杂。如前文所述,对于单一的因政府原因造成的闲置超二年的，土地使用权人可通过与自然资源主管部门协商采取协议有偿收回方式解决。相反，如果国有土地使用权人因自身过错导致土地非法闲置，自然资源主管部门将无偿收回土地。《土地管理法》第38条第1款规定，禁止任何单位和个人闲置、荒芜耕地。已经办理审批手续的非农业建设占用耕地，连续二年未使用的，经原批准机关批准，由县级以上人民政府无偿收回用地单位的土地使用权。《城市房地产管理法》第26条也规定，以出让方式取得土地使用权进行房地产开发的，超过出让合同约定的动工开发日期满二年未动工开发的，可以无偿收回土地使用权，但是因不可抗力或者政府、政府有关部门的行为或者动工开发必需的前期工作造成动工开发延迟的除外。

根据原国家土地管理局《关于认定收回土地使用权行政决定法律性质的意见》第5条的规定，**超过出让合同约定的动工开发日期满二年未动工开发的，人民政府或者土地管理部门依法无偿收回出让的国有土地使用权，属于行政处罚决定**。最高人民法院认可该意见，认为这种无偿收回国有土地使用权的行为属于行政处罚，应适用行政处罚程序作出收回决定。①土地闲置无偿收回主要有不可抗力和政府原因两个免责事由。不可抗力是当事人不能预见、不能避免且不能克服的客观情况，主要包括地震、台风等自然灾害，战争等政府行为，以及罢工、骚乱等社会现象。政府原因主要包括政府没有"净地"出让致使项目不具备动工开发条件，要求调整土地用途规划，因处置土地上相关群众信访事项等无法动工开发等。实践中，**土地闲置可能是国有土地使用权人自身原因与不可抗力、政府原因共同作用而成**。基于闲置原因产生的不同顺序，也有不同的处理方法。自然资源主管部门在作出无偿收回决定时，应依据《行政处罚法》重点调查土地闲置的原因以及土地使用权人自身的过错程度。

---

① 参见最高人民法院（2020）最高法行申4439号行政裁定书。

第五，因违规使用土地收回。《城镇国有土地使用权出让和转让暂行条例》第17条规定："土地使用者应当按照土地使用权出让合同的规定和城市规划的要求，开发、利用、经营土地。未按合同规定的期限和条件开发、利用土地的，市、县人民政府土地管理部门应当予以纠正，并根据情节可以给予警告、罚款直至无偿收回土地使用权的处罚。"土地使用者在依法取得土地使用权后，还应合法使用土地。**违规使用国有土地，主要包括非法转让土地、未依法办理规划证件等行为。**如果存在违规使用土地行为，可能会被自然资源行政主管部门依法认定为违法用地而被收回土地使用权。由于该规定明确了因违规使用土地无偿收回属于行政处罚，这就要求收回应按照《行政处罚法》规定的程序进行，否则就构成违法。

二、国有土地使用权有偿收回的性质界定

结合前述对收回国有土地使用权的分类可知，因所依据的法律规定不同，国有土地使用权收回行为的性质差别很大；对于不同性质的收回，所适用的法律程序也不同。民法上的三种国有土地使用权收回不适用行政法调整，不属于本书探讨范畴。从行政法上行政行为类型看，国有土地使用权收回主要有三种类型。其一，因非法闲置土地、违规使用土地收回的，属于行政处罚，需依照《行政处罚法》及土地管理法律法规规定的相关程序。其二，停止使用划拨土地以及用地项目经核准报废收回的，属于行政处理，应根据程序正当原则，依照土地管理法律法规作出收回土地使用权的行政处理决定。其三，因公共利益需要有偿收回国有土地使用权的，因"房地一体"大多会涉及国有土地上房屋的征收补偿问题，该收回行为本质上属于行政征收。本书仅讨论此种国有土地使用权有偿收回，下面分析将其认定为行政征收的主要原因。

国有土地使用权在民法中是一种相对独立的物权，属于用益物权。我国《民法典》也将用益物权纳入国家征收补偿的范围。《民

法典》第327条规定："因不动产或者动产被征收、征用致使用益物权消灭或者影响用益物权行使的，用益物权人有权依据本法第二百四十三条、第二百四十五条的规定获得相应补偿。"**因公共利益需要收回国有土地使用权，本质上是对国有土地使用权的剥夺，符合征收的构成要件，能够产生与征收相似的法律后果。**立法之所以用"收回"而不用"征收"，主要是考虑到征收强调财产所有权的改变，而国有土地本来就是国家所有，国家因公共利益需要将土地使用权收回，没有发生土地所有权的变动。

但是，我国学者一般认为这类收回属于行政征收决定，因为行政相对人无违法、原行为无错误，提前收回往往基于公益需要且有法律依据，导致了相对人既存的合法权益被剥夺并且应当给予相应补偿。①《国有土地上房屋征收与补偿条例》第13条第3款规定："房屋被依法征收的，国有土地使用权同时收回。"**无论是土地收回还是房屋征收，法律效果均是消灭地上房屋的所有权、收回国有土地使用权，二者并无本质区别。**《最高人民法院关于行政案件案由的暂行规定》也将"收回国有土地使用权补偿"作为行政补偿的一种情形，与"房屋征收或者征用补偿""土地征收或者征用补偿""动产征收或者征用补偿"并列。在实践中，法院也多以不动产征收来处理国有土地使用权收回的案件。

三、国有土地使用权有偿收回的要件

根据征收基本原理，国有土地使用权有偿收回必须满足因公共利益需要、依照法定程序、给予公平补偿三个要件。

（一）因公共利益需要

《土地管理法》第58条第1款第1项规定，为实施城市规划进行

---

① 胡建淼：《行政法学》，法律出版社2015年版，第403页。

旧城区改建以及其他公共利益需要，确需使用土地的，由有关人民政府自然资源主管部门报经原批准用地的人民政府或者有批准权的人民政府批准，可以收回国有土地使用权。对此处"公共利益"的理解和把握，参见本书国有土地上房屋征收与补偿相关部分。

（二）依照法定程序

由于收回国有土地使用权的情形比较复杂，应当区分拟收回土地上是否有房屋等地上建筑物，适用不同的法律程序进行收回或征收。

1. 无地上建筑物的情形

《土地管理法》对土地收回仅规定了内部审批程序，即应由自然资源主管部门报经原批准用地的人民政府或者有批准权的人民政府批准，没有具体规定针对土地使用权人的外部收回程序。拟收回土地无房屋等地上建筑物的，自然资源主管部门可直接按照《土地管理法》履行收回报批程序。但**正当程序是收回国有土地使用权的法定构成要件之一，行政机关不能因为法律没有规定外部收回程序就不遵循任何程序**。行政机关作出对当事人不利行政行为时，未听取其陈述、申辩，违反正当程序原则的，属于"违反法定程序"的情形。最高人民法院公报案例明确指出，政府收回国有土地使用权应遵循正当程序原则并按照作出收地决定时的市场评估价给予补偿。[1]根据相关案例及实际操作情况，归纳如下具体收回程序。

（1）对拟收回国有土地进行调查

对拟收回国有土地进行调查时，应重点对拟收回国有土地使用

---

[1] 定安城东建筑装修工程公司与海南省定安县人民政府、第三人中国农业银行定安支行收回国有土地使用权及撤销土地证案，参见最高人民法院（2012）行提字第26号行政判决书。该案被列为《最高人民法院公报》2015年第2期案例。

权的权属、面积、证载用途、规划用途、土地他项权利、使用期限、污染状况、实际使用现状等情况进行调查，收集土地出让（转让）合同、土地使用权人入驻时的投资建设承诺、享有的地价优惠、投资奖励等信息。委托土地审计（评估）机构，对拟收回土地现有价值予以审计（评估），以确定补偿数额。

（2）拟定国有土地使用权收回方案

自然资源主管部门应拟定报请批准的收回国有土地使用权方案。方案应当包括收回范围、土地现状、收回目的、补偿方式和标准、安置对象、安置方式、资金来源等内容。

（3）书面告知土地使用权人收回方案并公告

自然资源主管部门应当将拟收回国有土地使用权的原因、范围、面积、补偿安置等情况书面告知土地使用权人。同时，因土地收回可能涉及其他社会主体利益，自然资源主管部门除告知土地使用权人外，还应当将收回方案进行公告，听取相关利害关系人的意见。公告时间一般不少于30日。

（4）听取土地使用权人意见

自然资源主管部门应当将拟收回国有土地使用权的原因、范围、面积、补偿安置等情况书面告知土地使用权人，充分听取土地使用权人的意见。至于是否要组织听证，法律没有明确规定，但根据《国土资源听证规定》第19条第1款第1项的规定，拟定拟征地项目的补偿标准和安置方案的，主管部门在报批之前，应当书面告知当事人有要求举行听证的权利。由于收回国有土地使用权方案与征收补偿安置方案本质上是一致的，为更好预防和化解纠纷，应告知土地使用权人可以对收回方案申请听证；申请听证的，应当组织听证。

（5）报有批准权的人民政府批准

自然资源主管部门根据听取的各方意见，完善收回国有土地使用权方案，按程序报原批准用地人民政府或者有批准权的人民政府下达收回国有土地使用权批复。该收回土地批复属于内部行为，不直接对土地使用权人产生法律效力。

(6) 作出收回决定或者与使用权人协商签订收回协议

自然资源主管部门依据收回国有土地使用权批复，针对土地使用权人作出收回国有土地使用权决定，并依法送达，告知其申请行政复议、提起行政诉讼的途径和期限。自然资源主管部门作出的该收回决定，是直接对土地使用权人产生权利义务影响的行政行为。

同时，考虑到通过作出单方收回决定的方式收回土地使用权，可能面临土地使用权人申请行政复议或提起行政诉讼的问题，自然资源主管部门可以优先选择与土地使用权人协商，以签订收回协议的方式收回。自然资源主管部门根据已批准的收回方案与土地使用权人签订国有土地使用权收回协议，主要应包括收回土地使用权的情况、是否补偿以及补偿方式、补偿金额、支付方式、申请注销土地登记的期限等内容。协议签订后，行政机关根据协议履行补偿义务，土地使用权人交还土地。达不成协议的，自然资源主管部门再依法作出收回决定。

(7) 注销国有土地使用权证

土地被收回并依法补偿完毕后，土地使用权人应主动向不动产登记机构申请办理注销登记。未主动申请注销登记的，不动产登记机构可以依法直接办理注销土地登记。《不动产登记暂行条例实施细则》第19条第2款第3项规定，"人民政府依法做出征收或者收回不动产权利决定生效后，要求不动产登记机构办理注销登记的"，不动产登记机构直接办理不动产注销登记。不动产登记机构应当在注销登记事项记载于登记簿前进行公告。公告应当在不动产登记机构门户网站以及不动产所在地等指定场所进行，公告期不少于15个工作日。公告所需时间不计算在登记办理期限内。公告期满无异议或者异议不成立的，应当将注销情况及时记载于不动产登记簿。需注意的是，"征收或者收回不动产权利决定生效"，是不动产登记机构依职权办理注销登记的前提条件。如果**土地使用权人在法定期限内对收回决定申请行**

政复议或提起行政诉讼,此时收回决定尚处于司法审查过程中,并未最终生效,不得依据该收回决定办理土地注销登记。因此,一般情况下,只有在法定期限届满土地使用权人未对收回决定申请行政复议或者提起行政诉讼,或者生效的裁判文书确认土地收回合法有效后,不动产登记机构才能依据收回土地决定注销登记。

2.有地上建筑物的情形

拟收回土地上有地上建筑物的,应依据国有土地上房屋的征收与补偿程序征收房屋及地上附着物,房屋被依法征收的同时收回国有土地使用权,不能简单以上述收回国有土地使用权的程序代替。具体程序[①]包括以下几个环节:

(1)建设项目立项符合当地国民经济和社会发展年度计划等;

(2)确定征收范围,并对范围内房屋的权属、区位、用途、新旧程度等情况进行摸底调查,对未经登记的建筑进行调查、认定和处理,并公布调查结果;

(3)拟定征收补偿方案,并征求公众意见;

(4)组织听证并修改征收补偿方案;

(5)进行社会稳定风险评估;

(6)作出房屋征收决定并公告;

(7)选择评估机构开展评估;

(8)签订补偿安置协议或者作出补偿决定;

(9)对拒绝搬迁的申请法院强制执行;

(10)实施强制搬迁及拆除房屋;

(11)注销房屋所有权证和国有土地使用权证。

(三)给予公平补偿

征收应遵循"有征收必有补偿,无补偿则无征收"以及"先补

---

① 程序详细内容参见本书第三章"国有土地上房屋征收"部分。

偿、后搬迁"的法理，补偿问题依法定程序解决之前，被征收人有权拒绝交出房屋和土地。因公共利益收回国有土地使用权性质上属于征收，因此应当对土地使用权人进行公平补偿。对于补偿原则，相关法律有"适当补偿"、"相应补偿"或者"公平补偿"的不同规定[①]，但本质应当是一致的。

对于收回土地补偿的标准和方法，虽然《民法典》第358条规定"建设用地使用权期限届满前，因公共利益需要提前收回该土地的，应当依据本法第二百四十三条的规定对该土地上的房屋以及其他不动产给予补偿，并退还相应的出让金"，但实践中仍然需要根据收回时无地上建筑物的情形，**综合考虑土地取得方式（划拨、出让等）和土地性质（商业用地、工业用地等）、收回的原因、是否存在"以地易地"补偿的可能、土地现状（规划变更、用途管制等）、同类型土地价值变化等多重因素，实施公平补偿**。最高人民法院认为，对于"适当补偿"，不宜单纯以法条规定的文意为限，静止、孤立、机械地解释为以受让土地价格为基础给予相应补偿，而宜作统一的法律解释。[②]

1.无地上建筑物的土地补偿

收回土地时没有地上建筑物的，要根据出让或划拨等不同方式取得的国有土地使用权情况，具体问题具体分析，依据不同的判断标准进行适当补偿。其一，行政主体因公共利益需要收回国有土地使用权，收回的土地使用权以出让方式供应的，应当根据土地区位、面积、剩余土地使用年期、原批准用途、土地开发利用程度、城市

---

① 《土地管理法》第58条第2款规定，政府依法收回国有土地使用权的，对土地使用权人应当给予适当补偿。《城市房地产管理法》第20条规定，国家在特殊情况下，可根据社会公共利益的需要提前收回土地，并根据土地使用者使用土地的实际年限和开发土地的实际情况给予相应的补偿。《海域使用管理法》第30条规定："因公共利益或者国家安全的需要，原批准用海的人民政府可以依法收回海域使用权。依照前款规定在海域使用权期满前提前收回海域使用权的，对海域使用权人应当给予相应的补偿。"

② 参见最高人民法院（2017）最高法行申1342号行政裁定书。

规划限制等，参照市场地价水平经专业评估后予以补偿。有法院强调，有偿收地的补偿标准不能简单理解为已缴交的土地出让价款、前期合理投入以及相应的利息总额。有偿收回国有土地使用权，应当综合考虑被收回土地的性质、用途、闲置原因等因素，参考市场价格予以补偿。① 其二，收回的土地使用权以划拨方式供应的，参照评估的划拨土地使用权价格，核定土地使用者应有权益后予以补偿。补偿标准的基准日，原则上为行政主体作出收回决定的日期或者收回土地事宜向社会公告的日期。

2.有地上建筑物的土地补偿

收回土地时有地上建筑物的，要按照"房地一体"的原则，根据国有土地上房屋征收补偿的标准进行补偿。在我国，土地和房屋都属于不动产，但是土地所有权专属于国家和集体所有，而房屋所有权可由私人享有。在形式上，土地和房屋两种权利是独立的，征收国有土地上房屋会产生征收房屋与征收国有土地使用权两套程序，形成两种法律关系，产生两种法律后果。但是在实质上，房屋具有依附于土地的特性，土地使用权和房屋所有权是紧密结合、不可分割的。在处置涉及房地产的土地时，不应刻意规避适用《国有土地上房屋征收与补偿条例》，摆脱"只收地，不征房"的错误观点，对征收房屋价值的补偿要包含对土地使用权的补偿。

最高人民法院认为，国家因公共利益需要使用城市市区的土地和房屋的，市、县人民政府一般应按照《国有土地上房屋征收与补偿条例》规定的程序和方式进行，并应根据《国有土地上房屋征收评估办法》和《城镇土地估价规程》等规定精神，由专业的房地产价格评估机构在实地查勘的基础上，根据被征收不动产的区位、用途等影响被征收不动产价值的因素和当地房地产市场状况，综合选择市场法、收益法、成本法、假设开发法等评估方法对被征收不动

---

① 参见海南省高级人民法院（2021）琼行终47号行政判决书。

产价值进行评估，合理确定评估结果，并在此基础上进行补偿。[①]该种情况下的补偿范围包括被征收房屋价值、因征收房屋造成的搬迁、临时安置的补偿以及因征收房屋造成的停产停业损失的补偿。由于对国有土地上房屋所有权人补偿内容已经包含了国有土地使用权补偿，对同时收回的国有土地使用权不再单独给予补偿。

典型案例

张某某与辽宁省兴城市人民政府收回国有土地使用权案[②]

案情简介：

1998年，根据兴城市委、市政府文件精神，经商贸产权制度改革领导小组批准，兴城市某公司进行改制。张某某与兴城市某公司签订《协议书》，以3万元价格取得果品购销站资产，含有房屋12间，占地面积5940平方米。协议签订后，张某某取得国有土地使用权证，该证记载用途为商业。2012年，兴城市人民政府为建设青山水库工程征收相关土地及地上物。张某某土地及房屋在征收范围内。兴城市人民政府仅给付张某某地上附属物补偿，没有支付土地补偿款。市政府认为，果品购销站由国有企业兴城市某公司经营，其国有土地使用权取得方式为划拨。某公司改制转让收购资产，张某某作为受让人，只向某公司交付了价款3万元，没有向土地部门交付土地出让金，所以收购站的土地使用权取得方式依然登记为划拨，政府收回国有划拨土地使用权不应予以补偿。张某某不服，遂提起行政诉讼。

法院认为： 本案中，因案涉土地系由兴城市某公司通过划拨取

---

① 山西省安业集团有限公司诉山西省太原市人民政府收回国有土地使用权决定案，参见最高人民法院（2016）最高法行再80号行政判决书。该案被列为《最高人民法院公报》2017年第1期案例。

② 参见最高人民法院（2020）最高法行申7453号行政裁定书。

得的使用权，其取得的是划拨土地使用权，而张某某的使用权则是通过合法转让取得。同时，本案实质上属于国有土地上房屋征收，征收的实质就是国家为了公共利益的需要在法定情形下运用行政强制力对私有财产的强制"购买"。征收后被征收人的房屋所有权和土地使用权的权属主体将发生变更，被征收人失去相应的权利并因此获得补偿。因此，兴城市人民政府认定张某某为案涉土地划拨使用权的主体，国家征收时无偿收回的观点不当。收回以划拨方式供应国有土地使用权的，应参照评估的划拨土地使用权价格，核定土地使用者应有权益后予以补偿。经评估，法院判决兴城市人民政府支付土地补偿费194万元。

案例评析：

本案核心问题是，政府收回相对人以划拨方式取得的国有土地使用权，是否应予补偿。中共中央、国务院2016年发布的《关于完善产权保护制度依法保护产权的意见》规定，土地、房屋等财产征收征用应遵循及时合理补偿原则，给予被征收征用者公平合理的补偿。根据《民法典》《土地管理法》《城市房地产管理法》等的相关规定，出让土地使用权和划拨土地使用权都属于财产权，属于用益物权的一种。划拨土地使用权也是土地使用者依法取得的土地使用权，不能仅以土地使用权系划拨方式取得为由认定土地使用者无权获得土地使用权补偿。因公共利益需要收回划拨土地使用权的，仍应予以补偿。

思考题

1. 请分析国有土地使用权有偿收回与国有土地上房屋征收行为之间有哪些异同，二者在补偿标准和范围上是否存在根本性不同。

2. 为什么划拨国有土地使用权人有权获得土地增值部分的价值补偿？

第二节　行政征用

一、行政征用概述

（一）行政征用的概念

行政征用是行政主体为了公共利益的需要，依法单方强制性取得行政相对人的财产使用权或劳务，并给予公平合理补偿的行政行为。《民法典》第245条规定："因抢险救灾、疫情防控等紧急需要，依照法律规定的权限和程序可以征用组织、个人的不动产或者动产。被征用的不动产或者动产使用后，应当返还被征用人。组织、个人的不动产或者动产被征用或者征用后毁损、灭失的，应当给予补偿。"

行政征用具有以下法律特征：

（1）法定性。征用涉及对财产权和人身权的限制，必须有法律依据，对征用主体、条件、对象、方式和范围等予以明文规定。

（2）单方强制性。行政征用是一种国家的单方强制行为，不以取得行政相对人同意为前提。

（3）非处分性和限制性。行政征用并不处分被征用物的所有权，并不导致所有权的转移，不具有权利的处分性，而只是强制性使用交通工具等被征用物或者相对人在一定期限内的劳务。

（4）补偿性。征用财物时应当向被征用人支付补偿金，征用劳务时需支付劳务费。

（5）临时性。被征用物只是因被征用而使用权受到一定期限内的限制，这种限制具有临时性，具体表现为日常性的临时性使用，例如，修建铁路过程中临时性占用周边部分土地，或者紧急状态下因抢险、救灾等紧急需要而临时使用，如征用交通工具进行抢险救灾运输等。

从上述法律特征看，行政征用本身就包含着对财产权或人身权的临时性限制，但根据紧急程度的不同，可以将征用细分为临时征用和紧急征用。

（二）行政征用、征收与征缴的关系

我国早期将强制取得财产权的管理措施统称为"征用"。2004年修改宪法时增加了"征收"的概念。征收和征用的主要区别在于征收是对财产所有权、使用权永久性的转移，而征用则仅是对财产使用权暂时性的改变。从理论上看，**行政征用和行政征收没有本质区别，均具有法定性和强制性，也都存在补偿问题，征收通常可以涵盖征用或者二者合并使用。我国法律一般同时使用征收征用的概念。**《民法典》第117条规定："为了公共利益的需要，依照法律规定的权限和程序征收、征用不动产或者动产的，应当给予公平、合理的补偿。"第327条规定，"因不动产或者动产被征收、征用致使用益物权消灭或者影响用益物权行使的"，用益物权人有权获得相应补偿。而税收是税收机关依法强制无偿取得财产的行为，具有无偿性，这一点与征收征用完全不同。

2021年1月1日起施行的《最高人民法院关于行政案件案由的暂行规定》将"行政征收""行政征用"并列使用，同时又提出了"行政征缴"的新概念，将税款、社会抚养费、社会保险费、污水处理费、防空地下室易地建设费、水土保持补偿费、土地闲置费、土地复垦费、耕地开垦费等税费的强制收取行为界定为"行政征缴"。因此，最高人民法院明确认为"行政征收""行政征用""行政征缴"是三个独立的行政行为，但"行政征缴"因其强烈的无偿性，与具有补偿性的"行政征收""行政征用"不同，而"行政征收"与"行政征用"没有本质区别，仅存在财产权影响程度上的差别。这与本书观点一致。

（三）行政征用与征用补偿协议

行政征用是行政主体作出的具有单方强制性的行为，不需要取得行政相对人的同意。但随着现代合作型政府治理模式的兴起，**行政主体应优先选择与相对人协商签订行政协议的方式**，避免单方强制而使相对人产生抵触情绪，以更好实现行政管理目标。行政协议是行政主体为了实现行政管理或者公共服务目标，与公民、法人或者其他组织协商订立的具有行政法上权利义务内容的协议。行政协议同时具有行政性和契约性。在取得相对人财产使用权问题上，行政主体可以在行政征用补偿协议或者行政征用两种方式中进行选择。在紧急情况下，行政主体无法与相对人达成一致的，可以直接采取行政征用。若非紧急情况，尽可能与相对人协商，签订行政征用补偿协议，将双方权利义务在协议中予以明确；协商不成的，依法作出行政征用决定。

二、临时征用

（一）临时征用的概念

广义的临时征用包括在社会秩序正常的情况下或者在紧急状态下，因公共利益需要临时征用土地、临时征用相对人财产和调用劳务的情形。狭义的临时征用，仅指在社会秩序正常的情况下临时征用土地。本书采取狭义的临时征用概念，主要介绍我国临时征用土地问题，对于因各种紧急情形临时征用财产和调用劳务的，列入紧急征用范畴探讨。

所谓临时征用土地，是指因建设项目施工或者地质勘查需要，由县级以上人民政府自然资源主管部门批准，临时使用国有土地或者农民集体所有的土地，并支付临时使用土地补偿费，使用期限届满后归还的法律制度。**临时征用土地具有临时性和可恢复性等特点。**

《土地管理法》第2条第4款规定，国家为了公共利益的需要，可以依法对土地实行征用并给予补偿；第57条第1款规定，建设项目施工和地质勘查需要临时使用国有土地或者农民集体所有的土地的，由县级以上人民政府自然资源主管部门批准。《森林法》第21条也规定，为了生态保护、基础设施建设等公共利益的需要，可以征用林地并给予公平、合理的补偿；第38条第1款规定，需要临时使用林地的，应当经县级以上人民政府林业主管部门批准。上述的临时使用土地、林地，就属于临时征用。临时用地上不能修建永久性的建筑物。使用期限届满后，土地使用人应把在土地上建造的建筑物、设备等拆除，并把土地恢复原状后返还。

（二）临时征用的主要类型

实践中，临时征用土地主要包括以下四种类型。

1.因建设项目施工临时用地

根据2021年11月公布并施行的《自然资源部关于规范临时用地管理的通知》，因建设项目施工临时征用的土地，主要涉及以下三种情形。

其一，建设项目施工过程中建设的直接服务于施工人员的办公和生活用房，包括临时办公用房、生活用房、工棚等使用的土地。

其二，直接服务于工程施工的项目辅助工程，包括农用地表土剥离堆放场、材料堆场、制梁场、拌合站、钢筋加工厂、施工及运输便道、地下管线施工、地上线路架设使用的土地。

其三，风力发电、火力发电、核电、石油天然气等能源项目，铁路、公路、机场、港口码头等交通项目，水电、水库、河渠等水利项目等基础设施项目的取土场、弃土（渣）场等使用的土地。

2.因地质勘查临时用地

地质勘查主要指矿产资源勘查、工程地质勘查、水文地质勘查等。在勘查期间临时生活用房、临时工棚、勘查作业及其辅助工程、施工便道、运输便道等使用的土地，包括油气资源勘查中钻井井场、配套管线、电力设施、进场道路等钻井及配套设施使用的土地。

3.因考古和文物保护临时用地

根据2021年3月8日自然资源部、国家文物局公布的《关于在国土空间规划编制和实施中加强历史文化遗产保护管理的指导意见》，自然资源主管部门对国家考古遗址公园建设等重大历史文化遗产保护利用项目的合理用地需求应予保障。考古和文物保护工地建设临时性文物保护设施、工地安全设施、后勤设施的，可按临时用地规范管理。

4.其他法定的临时用地

除上述情况外，因抢险救灾、防震减灾以及疫情防控等，也可以临时征用土地。《土地管理法实施条例》第21条规定，抢险救灾、疫情防控等急需使用土地的，可以先行使用土地；属于临时用地的，用后应当恢复原状并交还原土地使用者使用，不再办理用地审批手续。根据《防震减灾法》第59条、第61条的规定，地震灾区受灾群众需要过渡性安置的，可以建设过渡性安置点，过渡性安置用地按照临时用地安排，可以先行使用，事后依法办理有关用地手续。

（三）临时征用程序与补偿

依据《土地管理法》《土地管理法实施条例》的相关规定，临时征用土地的程序可归纳如下。

1.签订临时用地使用合同

为预防纠纷，临时用地申请人应当根据土地权属与临时用地的权利人协商签订临时用地使用合同。临时使用国有土地的，由申请人与临时用地所在地市、县人民政府自然资源主管部门签订；临时使用农民集体所有土地的，与土地所属的农村集体经济组织或者村民委员会签订。涉及承包土地的，仅需与土地承包权人签订。合同应载明临时用地的地点、范围、面积与现状地类，以及临时使用土地的用途、使用期限、土地复垦标准、补偿费用和支付方式、违约责任等。

如果双方无法达成协议，临时用地申请人提出用地申请后，由自然资源主管部门对需要使用的土地及地上物价值进行评估，强制临时征用土地。

2.用地申请

临时用地申请人向拟申请用地所在地的县级自然资源主管部门提出临时用地申请，应提供的材料包括项目建设批准文件、临时用地申请书、临时使用土地合同、土地复垦方案报告、土地权属材料、勘测定界材料、土地利用现状照片等。

3.审核批准

县级以上自然资源主管部门对临时用地申请进行审核，具体审核用地申请是否符合条件、提交的各种文件资料是否齐全、临时用地的界址是否清楚、利用现状分类面积是否准确、补偿标准及支付方式是否合理、土地复垦整治的保证措施是否落实等内容。其中，在城市规划区内的临时用地，在报批前，应当先经有关城市规划行政主管部门同意。按照党的十九届三中全会精神和深化党和国家机构改革方案，城乡规划管理职责整合至自然资源部门，由自然资源部门统一审核批准临时用地。

临时用地时应坚持"用多少、批多少、占多少、恢复多少"的原则，尽量不占或者少占耕地。使用后土地复垦难度较大的临时用地，要严格控制占用耕地。铁路、公路等单独选址建设项目，应科学组织施工，节约集约使用临时用地。制梁场、拌合站等难以恢复原种植条件的建设项目，不得以临时用地方式占用耕地和永久基本农田，可以建设用地方式或者临时占用未利用地方式使用土地。临时用地确需占用永久基本农田的，必须能够恢复原种植条件，并符合《自然资源部　农业农村部关于加强和改进永久基本农田保护工作的通知》中申请条件、土壤剥离、复垦验收等有关规定。

涉及占用耕地和永久基本农田的，由市级或市级以上自然资源主管部门负责审批；其他临时用地由县级自然资源主管部门审批。不得下放临时用地审批权或者委托相关部门行使审批权。临时用地使用期限一般不超过2年。建设周期较长的能源、交通、水利等基础设施建设项目施工使用的临时用地，期限不超过4年。城镇开发边界内临时建设用地规划许可、临时建设工程规划许可的期限应当与临时用地期限相衔接。临时用地使用期限，从批准之日起算。在临时用地批准后20个工作日内，县级自然资源主管部门将临时用地的批准文件、合同以及四至范围、土地利用现状照片影像资料信息等传至自然资源部临时用地信息系统完成系统配号，并向社会公开临时用地批准信息。

4.支付土地补偿费、土地复垦费用

临时用地被批准后，临时用地使用人应按照临时用地使用合同的约定支付临时使用土地补偿费，包括土地补偿费、青苗及地上附着物补偿费。因未达成补偿协议强制征用土地的，应向土地权利人支付补偿款或依法将补偿款提存。临时用地土地补偿标准各地不统一，一般按照前三年土地平均产值和临时使用年限的乘积计算。很多地方专门规定了补偿标准，例如《重庆市规划和自然资源局关于规范临时用地管理的通知》规定，临时使用集体土地的，每使用一年的补偿标准原则上不低于所在区域土地补偿费标准的10%，涉及占用青苗及地上附着物的，还应当对青苗及地上附着物另行一次性补偿。临时使用国有土地的，补偿费用由合同各方协商确定。

同时，根据《土地复垦条例》《土地复垦条例实施办法》等有关规定，土地因建设活动临时占用被损毁的，由土地复垦义务人负责复垦。临时用地单位应当编制临时用地土地复垦方案，经县级自然资源主管部门审查通过后，按照土地复垦方案确定的资金数额，在与县级自然资源主管部门双方约定建立的账户中足额预存土地复垦费用，并与县级自然资源主管部门、银行共同签订土地复垦费用使用监管协议。

5.颁发临时用地许可证并提供土地

用地完成审批并支付土地补偿费等税费后，自然资源主管部门颁发临时用地许可证，并根据临时用地合同或者临时征用土地决定到实地划定用地范围，提供用地。临时用地使用人应当按照批准的用途依法使用土地，期限届满后归还土地。

三、紧急征用

（一）紧急征用的概念

紧急征用又称应急征用，是指在抢险、抗灾、防疫、国防、军事等突发紧急情况下，行政主体出于公共利益的需要，依法当即作出决定并强制取得行政相对人财产使用权或劳务，并在事后给予合理补偿的一种应急性行政行为。紧急征用特指在突发紧急情况下的行政征用，属于广义上的临时征用。

与常态下的行政征用相比，紧急征用具有以下特殊性：

1.情况紧急性

紧急性是紧急征用区别于其他行政征用的最显著特征，具体表现为时间的急迫性和后果的严重性。 紧急情况多发生于自然灾害、事故灾难、公共卫生事件和社会安全事件等突发事件。这种事件都具有偶然性、紧急性和严重危害性等特点，其发生往往比较急促、紧迫；而且此时公共利益遭受巨大的威胁或损失，导致不可能有足够的时间采取完备的准备措施，如不及时采取措施将会使紧急事件的影响范围扩大，造成更为严重的损失。

2.即时强制性

行政征用本身就具有一定的强制性，但是一般情况下如果被征用人拒不配合，行政主体应依法定程序依职权或申请法院启动强制执行程序实施。与常态下的行政征用相比，**紧急征用决定的作出和执行是一体的，具有即时性**。紧急征用作出后，当事人不配合履行的，行政机关直接予以执行。即时强制性是由紧急征用的紧急性决定的。因为事发紧急，行政主体没有足够时间履行解释说明和听取当事人意见以及启动强制执行等程序。这些程序的省略容易造成行政相对人对征用行为的质疑和反对。因此，即使情况紧急，也应尽量在有限时间内征求被征用者意见，获得其同意，以减少事后补偿等纠纷。强制征用仅是被征用者不服从紧急征用决定时的一种最后手段。

3.事后补偿性

无补偿则无征用，无论是一般征用还是紧急征用都要给予相对人公平合理的补偿。不过，一般的征收征用都是采取在先补偿原则，行政主体无法与相对人达成补偿协议的，应作出补偿决定。但是，情况的紧急性决定了紧急征用适用更加简化的程序，采取事后补偿原则。由于时间紧迫，行政主体需要在第一时间强制性采取先征用的应急措施，待紧急情况解除后再给予相对人合理适当的行政补偿。

（二）紧急征用的主要类型

紧急征用涉及的范围非常广泛，不仅包括在紧急情况下征用土地、房屋等不动产，还包括对各种设施、交通工具、生产工具、物资、非国家所有的自然资源等的征用。此外，紧急情况下可以征调劳力进行特定工作，还可以对一些财产性权利进行强制征用。总体来说，紧急征用主要包括对物的征用、对人力劳务的征用以及对特殊财产权的征用三种类型。

1.对物的征用

（1）紧急征用土地

对土地的紧急征用，主要是指在抢险救灾和疫情防控等紧急情况下临时征用国有土地或者农村集体土地。《土地管理法实施条例》第21条规定，抢险救灾、疫情防控等急需使用土地的，可以先行使用土地。其中，属于临时用地的，用后应当恢复原状并交还原土地使用者使用，不再办理用地审批手续。这种情况下的先行使用土地就属于紧急征用，属于临时用地的，直接先行使用即可，不需要办理临时用地审批手续。但需要注意的是，**在紧急征用的土地上进行永久性建设，用后无法恢复原状并交还原土地使用者的，应当从征用程序转到征收程序**，建设单位应当在不晚于应急处置工作结束6个月内申请补办建设用地审批手续。此时，紧急征用的土地属于集体土地的，需要依法办理集体土地征收手续；属于已确定土地使用权人的国有土地的，需要依法办理国有土地上房屋征收或者国有土地使用权有偿收回手续。

（2）紧急征用房屋、场地、交通工具以及相关设施等

对房屋、场地、交通工具以及相关设施等进行紧急征用，在相关法律规定中较为普遍。很多法律都规定了紧急情况下调用或使用相关动产及不动产，这里的调用、使用属于征用的范畴。紧急征用的对象主要是用于应急处置和应急救援的必要动产和不动产，具体包括：宾馆、酒店、体育场馆、生产场地、学校、民防工程等场所；食品、饮用水等生活必需品；医疗机构、医疗用品；交通工具、通信设施；能源、燃料、工程材料、器材设备等。根据紧急事件的不同，这种紧急征用主要包括以下六种类型。

第一，国防和国家安全类。主要指**为了国防、军事、国家安全、国家情报等的需要对建筑物、场所以及设备物品的强制使用。**

《国防法》第51条规定，国家根据国防动员需要，可以依法征收、征用组织和个人的设备设施、交通工具、场所和其他财产。县级以上人民政府对被征收、征用者因征收、征用所造成的直接经济损失，按照国家有关规定给予公平、合理的补偿。《福建省人民防空条例》第21条规定，由单位、个人投资建设的人民防空工程，平时

由投资者或者使用者按照有关规定进行维护、管理和使用，战时由人民防空主管部门统一安排使用。

《国家安全法》第81条规定，公民和组织因支持、协助国家安全工作导致财产损失的，按照国家有关规定给予补偿。《国家情报法》第17条第2款规定，国家情报工作机构工作人员根据工作需要，按照国家有关规定，可以优先使用或者依法征用有关机关、组织和个人的交通工具、通信工具、场地和建筑物，必要时，可以设置相关工作场所和设备、设施，任务完成后应当及时归还或者恢复原状，并依照规定支付相应费用；造成损失的，应当补偿。

第二，公安等紧急执法类。**人民警察、人民武装警察、人民解放军因侦查犯罪需要、实施戒严任务或者存在其他紧急情况时，有权紧急征用相关财物。**

《人民警察法》第13条第2款规定，公安机关因侦查犯罪的需要，必要时，按照国家有关规定，可以优先使用机关、团体、企业事业组织和个人的交通工具、通信工具、场地和建筑物，用后应当及时归还，并支付适当费用；造成损失的，应当赔偿。《人民武装警察法》第25条规定，人民武装警察因执行任务的需要，在紧急情况下，经现场指挥员出示人民武装警察证件，可以优先使用或者依法征用个人和组织的设备、设施、场地、建筑物、交通工具以及其他物资、器材，任务完成后应当及时归还或者恢复原状，并按照国家有关规定支付费用；造成损失的，按照国家有关规定给予补偿。

《戒严法》第17条规定，根据执行戒严任务的需要，戒严地区的县级以上人民政府可以临时征用国家机关、企业事业组织、社会团体以及公民个人的房屋、场所、设施、运输工具、工程机械等。在非常紧急的情况下，执行戒严任务的人民警察、人民武装警察、人民解放军的现场指挥员可以直接决定临时征用，地方人民政府应当给予协助。实施征用应当开具征用单据。前款规定的临时征用物，在使用完毕或者戒严解除后应当及时归还；因征用造成损坏的，由县级以上人民政府按照国家有关规定给予相应补偿。

第三，传染病防治类。**为了疫情防控需要，县级以上地方人民政府有权调用物资，临时征用房屋、交通工具、相关设施、设备和其他物资**；涉及全国范围或者跨省、自治区、直辖市的征用，应当由国务院作出决定。

《传染病防治法》第45条规定，传染病暴发、流行时，根据传染病疫情控制的需要，国务院有权在全国范围或者跨省、自治区、直辖市范围内，县级以上地方人民政府有权在本行政区域内紧急调集人员或者调用储备物资，临时征用房屋、交通工具以及相关设施、设备。临时征用房屋、交通工具以及相关设施、设备的，应当依法给予补偿；能返还的，应当及时返还。《农作物病虫害防治条例》第32条规定，农作物病虫害应急处置期间，县级以上地方人民政府可以根据需要依法调集必需的物资、运输工具以及相关设施设备。应急处置结束后，应当及时归还并对毁损、灭失的给予补偿。

第四，抢险救灾类。**因火灾扑救、防汛抗旱以及防震减灾等需要，县级以上人民政府以及相关部门有权征用相关物资设备以及人力等。**

《消防法》第42条规定，消防救援机构根据扑救火灾的需要，可以调动指挥专职消防队参加火灾扑救工作。第49条第2款规定，单位专职消防队、志愿消防队参加扑救外单位火灾所损耗的燃料、灭火剂和器材、装备等，由火灾发生地的人民政府给予补偿。《森林防火条例》第38条第2款规定，因扑救森林火灾需要征用物资、设备、交通运输工具的，由县级以上人民政府决定。扑火工作结束后，应当及时返还被征用的物资、设备和交通工具，并依照有关法律规定给予补偿。《草原防火条例》第32条第2款规定，因救灾需要，紧急征用单位和个人的物资、交通工具、设施、设备或者占用其房屋、土地的，事后应当及时返还，并依照有关法律规定给予补偿。

《防洪法》第45条第2款规定，在紧急防汛期调用的物资、设备、交通运输工具等，造成损坏或无法归还的，按照国务院有关规定给予适当补偿或者作其他处理。《防汛条例》第32条第1款规定，在紧急防汛期，为了防汛抢险需要，防汛指挥部有权在其管辖范围内，调用物资、设备、交通运输工具和人力，事后应当及时归还或者给予适当补偿。《抗旱条例》第47条规定，在紧急抗旱期，有关地方人民政府防汛抗旱指挥机构根据抗旱工作的需要，有权在其管辖范围内征用物资、设备、交通运输工具。第54条规定，旱情缓解后，有关地方人民政府防汛抗旱指挥机构应当及时归还紧急抗旱期征用的物资、设备、交通运输工具等，并按照有关法律规定给予补偿。

《自然灾害救助条例》第15条规定，在自然灾害救助应急期间，县级以上地方人民政府或者人民政府的自然灾害救助应急综合协调机构可以在本行政区域内紧急征用物资、设备、交通运输工具和场地，自然灾害救助应急工作结束后应当及时归还，并按照国家有关规定给予补偿。《地质灾害防治条例》第32条第2款规定，因救灾需要，临时调用单位和个人的物资、设施、设备或者占用其房屋、土地的，事后应当及时归还；无法归还或者造成损失的，应当给予相应的补偿。《甘肃省防震减灾条例》第49条规定，地震灾害发生后，县级以上人民政府抗震救灾指挥机构应当立即组织有关部门和单位迅速查清受灾情况，根据救灾需要采取"向单位和个人征用、调用应急救援所需设备、设施、场地、交通工具和其他物资"等紧急措施。

第五，污染事故应急处置类。**为应急处置海洋环境污染、核电厂核事故应急响应等事件，相关政府及其部门有权征用器材设备等物资。**

《防治船舶污染海洋环境管理条例》第40条规定，发生船舶污染事故或者船舶沉没，可能造成中华人民共和国管辖海域污染的，有关沿海设区的市级以上地方人民政府、海事管理机构根据应急处置的需要，可以征用有关单位或者个人的船舶和防治污染设施、设备、器材以及其他物资，有关单位和个人应当予以配合。被征用的船舶和防治污染设施、设备、器材以及其他物资使用完毕或者应急处置工作结束，应当及时返还。船舶和防治污染设施、设备、器材以及其他物资被征用或者征用后毁损、灭失的，应当给予补偿。《核电厂核事故应急管理条例》第36条规定，因核电厂核事故应急响应需要，执行核事故应急响应行动的行政机关有权征用非用于核事故应急响应的设备、器材和其他物资。对征用的设备、器材和其他物资，应当予以登记并在使用后及时归还；造成损坏的，由征用单位补偿。

第六，突发事件应对处置类。突发事件是指突然发生，造成或者可能造成严重社会危害，需要采取应急处置措施予以应对的自然灾害、事故灾难、公共卫生事件和社会安全事件。**除传染病防治、抢险救灾、污染事故处置外，在应对处置其他突发事件时，政府及其部门有权对房屋、物品等相关动产或不动产予以征用。**

《突发事件应对法》第12条规定，有关人民政府及其部门为应对突发事件，可以征用单位和个人的财产。被征用的财产在使用完毕或者突发事件应急处置工作结束后，应当及时返还。财产被征用或者征用后毁损、灭失的，应当给予补偿。第52条第1款规定，履行统一领导职责或者组织处置突发事件的人民政府，必要时可以向单位和个人征用应急救援所需设备、设施、场地、交通工具和其他物资，请求其他地方人民政府提供人力、物力、财力或者技术支援，要求生产、供应生活必需品和应急救援物资的企业组织生产、保证供给，要求提供医疗、交通等公共服务的组织提供相应的服务。第63条规定，地方各级人民政府和县级以上各级人民政府有关部门有"不及时归还征用的单位和个人的财产，或者对被征用财产的单位和个人不按规定给予补偿的"情形的，由其上级行政机关或者监察机关责令改正，根据情节对直接负责的主管人员和其他直接责任人员依法给予处分。

2.对人力劳务的征用

除对建筑物、设施设备、器材等财物的征用外，在特殊情况下还可以征用人力或劳务。不过，由于人身自由受宪法保障的程度比财产权更高，通常情况下禁止强制征用个人劳动力。**对个人劳务的征用只限于以应对战争、灾害或动乱等突发事件为目的**。例如，根据我国《传染病防治法》第45条以及《突发事件应对法》第52条的规定，在应对传染病等突发事件时，紧急调集人员的，应当按照规定给予合理报酬。《道路运输条例》第32条规定，发生交通事故、自然灾害以及其他突发事件，客运经营者和货运经营者应当服从县级以上人民政府或者有关部门的统一调度、指挥。《广东省道路运输条例》第51条第3款进一步规定，对承担应急道路运输任务的道路运输经营者，县级以上人民政府及有关部门应当根据有关规定给予合理补偿。这种情况下，通常会同时征用车辆和驾驶员人力，需要对车辆和驾驶员劳务一并补偿。

3.对特殊财产权的征用

除传统的对财物或劳务征用外，还**存在对专利权等知识产权的征用**。《专利法》第49条规定，国有企业事业单位的发明专利，对国家利益或者公共利益具有重大意义的，国务院有关主管部门和省、自治区、直辖市人民政府报经国务院批准，可以决定在批准的范围内推广应用，允许指定的单位实施，由实施单位按照国家规定向专利权人支付使用费。《专利实施强制许可办法》第12条进一步明确专利实施强制许可的前提是"国家出现紧急状态或者非常情况，或者为了公共利益目的需要"。

在紧急状态下作出的专利实施强制许可，实质上是一种紧急征用。这种强制许可多见于药品专利的强制许可。该强制许可属于临时征用专利人的使用权，是对专利人权利的限制，取得实施强制许可的单位或者个人不享有独占的实施权，并且无权允许他人实施。同时，强制许可实施人必须向专利权人支付合理的使用费，这里的使用费相当于紧急征用的补偿费用。当强制许可的理由消除并不再发生时，国务院专利行政部门应当根据专利人的请求，经审查后作出终止实施强制许可的决定。这相当于在紧急情况消除后结束征用，对专利人的权利不再加以限制。

（三）紧急征用程序与补偿

1.紧急征用的程序

如前所述，一般的征用程序包括申请、听取意见、审批、补偿以及作出征用决定等环节，此征用程序的特点在于行政征用决定作出并执行之前，行政征用主体和被征用人之间的争议已经通过协商等得到解决，侧重于保护被征用人的合法权益。而紧急征用具有急迫性，可能没有足够的时间履行一般征用程序。紧急征用更注重实现行政管理目标，应尽量简化程序，甚至可以不遵守任何事前程序。但是根据最小侵害和合理补偿原则，紧急征用仍应注意以下程序环节。

（1）作出紧急征用决定

根据紧急管理需要，由征用主体向县级以上人民政府或指定部门申报应急财产征用计划，经同意后，制作《应急处置征用通知书》，载明征用单位或个人、征用用途、时间、地点、期限以及被征用主体、对象、品牌型号、数量、价值、新旧情况等。由于情况紧急，可按规定先行征用，事后及时补办手续。

应急征用决定应及时向被征用人送达，事先无法送达的，可按规定实施紧急征用，并在事后48小时内及时送达。除此之外，还应告知被征用人保存该财产价值、已使用期限等凭证，事后寻求补偿的途径，以及被征用人寻求法律救济的权利等。告知不限于书面形式，紧急情况下包括征用决定在内的告知都可以口头作出。

（2）制定应急征用财产清单

征用主体应列明被征用财产清单，清单中应当注明被征用财产的名称、数量、质量和对技术保障的要求；征用场所的位置、面积、功能、用途等。被征用人能够提供被征用财产价值凭证的，在清单中注明。被征用财产没有书面凭证的，征用主体应与被征用人协商大致评估财产的价值，并以书面形式进行记录。该财产清单应现场制作一式两份，征用主体与被征用人分别签字确认后保留，以免事后争议。

（3）财产返还或者损失评估与补偿

紧急征用结束后，对征用财物以返还财产为原则，损失补偿为例外。征用主体应当在解除征用后汇总被征用物资、场所、劳务等的使用情况，并通知被征用人凭应急征用决定书、应急征用清单到指定地点办理返还交接手续。通常情况下，能够返还原物的应当归还原物，如果原物发生毁损、灭失或者丧失部分功能，征用主体需出具毁损、灭失证明，同时应当给予合理补偿。征用劳务的，给予合理报酬。补偿金额应当通过客观、公正的损害评估机制合理确定。双方签订补偿协议的，征用主体应按照约定及时支付补偿款。

（4）事后权利救济

被征用人对征用决定不服，申请行政复议或提起诉讼的，不影响征用决定的执行。被征用人在突发事件应急处置期间因不可抗力或其他正当事由不能提起复议或诉讼的，被耽误的时间不计算在起诉期限内。同时，如果被征用人因对补偿方式和数量等存在争议而没有与征用主体达成补偿协议，则征用主体应依法作出补偿决定，被征用人如对补偿决定不服，也可以通过行政复议或诉讼寻求法律救济。

2.紧急征用的补偿

补偿是紧急征用的应然法律后果。只要实施征用，无论是财产还是劳务，被征用相对人的利益势必会受到不同程度的损害，应根据损害程度给予公平合理的补偿。

（1）补偿主体

按照"谁征用，谁补偿"的原则，一般征用主体即补偿主体。但是也存在征用主体与补偿主体分离的情况，这时遵循的是"谁受益，谁补偿"的原则。需要注意的是，**不同法律规定的征用主体以及相应的补偿主体存在不同**。例如，《传染病防治法》规定的征用主体与补偿主体均是县级以上人民政府；《突发事件应对法》规定的征用主体与补偿主体则是有关人民政府及其部门；但《消防法》规定的征用主体是消防救援机构，而补偿主体则是火灾发生地的人民政府。

（2）补偿标准和方式

虽然在补偿标准上，法律规定中存在"给予补偿""给予相应补偿""按有关规定给予补偿"，以及"合理补偿"等用语，但本质上不应存在差别，均应遵循合理补偿原则。一般情况下，应当按照市场价值通过评估的方法确定补偿金额，考虑紧急事件发生当地前后的物价水平、职工工资水平等因素。

在确定补偿范围时，还应依据被征用财产的存在状态。如果被征用财产仍具有使用价值且可被返还，补偿主体应当及时返还，同时仅需对因征用而减损的价值进行补偿；如果被征用财产完全灭失或已完全丧失使用价值，以及对被征用人员所提供劳务的补偿，都应依照市场价格给予完全补偿。

在补偿方式上，有直接给予金钱、实物的补偿，以及直接恢复原状的补偿。金钱补偿因简单直接、适用性强，是最为常用的补偿方式。同时，也存在间接的荣誉补偿、税费减免、提供工作机会、提供特殊的政策性优惠与照顾等。在实践中要根据具体情况，寻找最适合的补偿方式。例如，地震、洪水等自然灾害可能导致人们的基本生活条件都难以保障，灾区的基本生活物品较为缺乏，灾后重建所需物资也不易获取，此时，金钱可能并不是最合理的补偿方式，政策性补偿等间接补偿方式反而能发挥更大的作用。因此，**应**

综合各种因素，以金钱补偿为原则，其他方式为补充，间接补偿方式与直接补偿方式配合使用，以便最大限度保护补偿权利人的合法权益。

思考题

1.请分析通过行政征用决定和征用补偿协议两种方式实现行政管理目标各有哪些利弊。

2.如何理解紧急征用的紧急性特征？

第三节 准征收

一、准征收的概念

准征收是指国家以增进公共利益为目的，通过行政行为在法律上或在事实上对私有财产权予以限制，严重影响私人财产经济价值，造成特别牺牲，应当给予经济或其他补偿的法律制度。[1]

准征收并不是我国法律上明确规定的概念，而是学者借鉴域外法制和理论引入的一个学术概念，是行政征收的特殊形式。我国采取法定补偿原则，一般情况下，只有法律明确规定补偿条款的，行政机关才有补偿义务。如果法律仅规定财产权利人负有某种义务但没有规定补偿条款，遵守该义务仅是其应履行的法定义务，其并无以财产权受到限制而请求补偿的权利。但是，理论上**如果该义务对财产权的限制过度而构成特别牺牲，则国家负有补偿的责任**。根据德国法理论，行政机关合法行使权力但侵害相对人具有财产价值的

---

[1] 王玎：《论准征收制度的构建路径》，载《行政法学研究》2021年第2期。

权利，致使发生特别牺牲时，应类推适用征收补偿法理，由国家负补偿责任。这种情形也被称为"征收性侵害"或"具有征收效果之侵害"。

根据对财产的占有和价值影响程度的不同，可将准征收分为管制征收和事实征收。是否构成管制征收，需要法院在裁判时衡量私人利益和公共利益的重要性，如果私人利益受到的限制处于合理范围，则无需补偿；只有当私人财产受到的价值贬损达到一定严重程度，超出了财产权所负有社会义务的范围，构成特别牺牲时，才需给予补偿。因此，构成管制征收需要满足严格的条件。事实征收也可称为占有征收[1]，强调对财产占有权的保护，只要财产被行政机关或者其授权的第三人物理上侵入且占有，即可构成准征收。

我国并未全面确立准征收法律制度，也没有规定相应的法律程序，是否构成准征收而予以补偿的问题具有很强的争议性，通常需要法院在诉讼中通过个案裁判的方式确定。在现行法律制度体系中，虽然已有部分单行法律规定了财产权因公共利益受损可依法获得补偿的条款，但大量法律规范在限制财产使用、为财产权设定额外义务时，并未规定行政机关的补偿义务。因此，实践中绝大多数因为增进公共利益而使私有财产经济价值受到影响的情形，即使对财产权造成了特别重大的损失，往往因没有补偿的法律依据，并未将其视为征收而无法获得补偿。在王某某等诉浙江省临安市人民政

---

[1] 我国司法实践中，法院通常将未依法定程序对土地等进行征收，而事实上占用土地的行为称为"事实征收行为"。例如，在最高人民法院（2018）最高法行申2918号行政裁定书中法院认为，本案应当考虑市、县人民政府系法定征收实施主体，不能割裂征地与占地施工行为之间的联系。在改造工程项目用地未经依法批准的情况下，施工方先行进场施工建设，现已经实际建成通车。案涉土地及地上附着物的占用、清理行为，应由大安市政府承担法律责任。原告诉请确认大安市政府征收行为违法具有事实和法律依据。在该案的后续处理过程中，吉林省高级人民法院在（2021）吉行终27号行政判决书中，将上述未批先占土地的行为，视为事实征收行为。

府履行法定职责案[①]中，原告经历一审、二审和再审三次审判周折后才最终获得胜诉，主要就是因为我国缺乏准征收补偿的法律依据。在单行立法中规定准征收补偿条款，对财产权的补偿及保护难免会挂一漏万，导致形成"依法补偿""无法律依据不补偿"的错误观念。为了更充分保障公民财产权利，有必要构建一套准征收法律制度。

二、管制征收

管制征收，是指国家行使管制权力，对私人财产权的使用、收益、处分等设定限制，因该限制超越了私人应当承受的限度而导致财产价值严重减损构成特别牺牲，予以补偿的行为。与一般征收直接剥夺财产权不同，**管制征收仅限制财产权的使用、收益和处分，不影响对财产的占有，权利人并不丧失该权利**。管制征收实质上是"应予补偿的财产权限制或干预"，主要有以下表现形式。

[①] 该案中，原告王某某等243户农民承包经营的4000余亩石竹林被临安市人民政府划入天目山自然保护区后，不能对林地进行劈山抚育，使原告经营收入减少。对此，临安市人民政府以会议纪要的形式承诺，对原告的经济林损失给予补偿。但经原告多次书面申请，临安市人民政府一直未予补偿。2001年6月，原告提起行政诉讼，请求法院判令被告对原告的经营损失予以补偿。临安市人民法院作出一审判决，认为临安市人民政府不是国家级自然保护区的行政主管单位，其无权对扩大区补偿问题作出决定，因此驳回原告诉讼请求。杭州市中级人民法院二审认为，"被上诉人未对上诉人的补偿要求作出具体方案，系因国家级自然保护区的补偿问题尚无法律法规予以规范。故上诉人要求被上诉人在判决生效后60天内作出补偿方案的上诉理由于法无据，本院不予采纳"。浙江省高级人民法院再审指出，"临安市人民政府在会议纪要中关于对规划要求绝对保护的范围由市政府作适当补偿的公开承诺合法有效，该承诺所确定的义务应视为其必须履行的法定职责。临安市人民政府关于法律没有明确规定其有对新扩区村民经济损失进行补偿的职责，王某某等诉其履行法定职责无法律依据的意见不能成立"。该案被称为我国首例生态补偿案。参见临安市人民法院（2001）临行初字第13号行政判决书，杭州市中级人民法院（2002）杭行终字第12号行政判决书，浙江省高级人民法院（2003）浙行再字第3号行政判决书，载最高人民法院、最高人民检察院《中国案例指导》编辑委员会编：《中国案例指导：刑事行政卷》，法律出版社2007年版。

（一）财产权使用或收益的禁止

对财产使用或收益的禁止，实践中多表现为以划定各种保护区或管制区方式，对土地等使用予以禁止，导致财产权被实质剥夺。例如，将特定区域划为自然保护区等，禁止在其中进行人类活动经营，或者需要清理、拆除其中的建筑物、附着物。

1.因自然保护区、安全保护区等划设而无法使用土地或经营

《防沙治沙法》第35条规定，因保护生态的特殊要求，将治理后的土地批准划为自然保护区或者沙化土地封禁保护区的，批准机关应当给予治理者合理的经济补偿。《自然保护区条例》第18条规定，自然保护区可以分为核心区、缓冲区和实验区。自然保护区内保存完好的天然状态的生态系统以及珍稀、濒危动植物的集中分布地，应当划为核心区，禁止任何单位和个人进入。核心区外围可以划定一定面积的缓冲区，只准进入从事科学研究观测活动。第27条第2款规定，自然保护区核心区内原有居民确有必要迁出的，由自然保护区所在地的地方人民政府予以妥善安置。《郑州黄河湿地自然保护区管理办法》第17条规定，在保护区的核心区和缓冲区内不得建设任何生产设施和从事生产经营活动。在保护区的核心区和缓冲区内现有利用湿地从事种植业、林业、渔业、畜牧业等生产经营活动的，由所在地的县（市、区）人民政府限期收回。生产经营活动经依法批准的，收回时应当依法给予补偿。

因公路、铁路等设施安全保护区划设需要清除既有合法建筑物、构筑物的，应予以补偿。《公路安全保护条例》第11条规定，县级以上地方人民政府应当根据保障公路运行安全和节约用地的原则以及公路发展的需要，组织交通运输、国土资源等部门划定公路建筑控制区的范围。公路建筑控制区的范围，从公路用地外缘起向外的距离标准为：（1）国道不少于20米；（2）省道不少于15米；（3）县道不少于10米；（4）乡道不少于5米。属于高速公路的，公路建筑

控制区的范围从公路用地外缘起向外的距离标准不少于30米。公路弯道内侧、互通立交以及平面交叉道口的建筑控制区范围根据安全视距等要求确定。第13条第1款规定，公路建筑控制区划定前已经合法修建的不得扩建，因公路建设或者保障公路运行安全等原因需要拆除的应当依法给予补偿。《铁路安全管理条例》第27条第1款规定，铁路线路两侧应当设立铁路线路安全保护区。铁路线路安全保护区的范围，从铁路线路路堤坡脚、路堑坡顶或者铁路桥梁（含铁路、道路两用桥）外侧起向外的距离分别为：（1）城市市区高速铁路为10米，其他铁路为8米；（2）城市郊区居民居住区高速铁路为12米，其他铁路为10米；（3）村镇居民居住区高速铁路为15米，其他铁路为12米；（4）其他地区高速铁路为20米，其他铁路为15米。第31条规定，铁路线路安全保护区内既有的建筑物、构筑物危及铁路运输安全的，应当采取必要的安全防护措施；采取安全防护措施后仍不能保证安全的，依照有关法律的规定拆除。拆除铁路线路安全保护区内的建筑物、构筑物，清理铁路线路安全保护区内的植物，应当依法给予补偿或者采取必要的补救措施，但是拆除非法建设的建筑物、构筑物的除外。此处的补偿主要是对损失的货币化弥补。补救主要是非货币化的弥补或挽救，如对植物清理后移植培育，对简易建筑物、构筑物拆除后异地重建等。

此外，对于因管制区域的设定而需要停止生产经营的，也应予以补偿。例如，《畜禽规模养殖污染防治条例》第25条规定，因畜牧业发展规划、土地利用总体规划、城乡规划调整以及划定禁止养殖区域，或者因对污染严重的畜禽养殖密集区域进行综合整治，确需关闭或者搬迁现有畜禽养殖场所，致使畜禽养殖者遭受经济损失的，由县级以上地方人民政府依法予以补偿。在黄某诉开平市政府行政赔偿案[①]中，2015年10月开平市政府印发《开平市畜禽养殖禁

---

① 参见最高人民法院（2020）最高法行赔再11号行政裁定书。

养区限养区和适养区专项整治三年行动工作方案》，划定畜禽养殖禁养区，对禁养区内2016年12月20日前自行拆除的禽畜养殖场设定了具体奖补标准。但黄某没有按照工作方案要求自行拆除，仍旧继续经营。开平市政府责令其拆除、关闭养殖场并实施强制拆除行为。一审、二审均认为，黄某未能提交证据证明其猪栏舍属于合法建筑，要求赔偿猪栏舍成本缺乏法律依据。最高人民法院再审认为，黄某在开平市政府划定禁养区之前即已开始经营养猪场，开平市政府依法应当给予补偿。开平市政府应参照专项整治方案的奖补标准，对黄某的损失给予公平合理赔偿或补偿，且从保护行政相对人合法权益的角度来看，该赔偿或补偿亦不得低于其他同类情形养殖场的补偿标准。

2.因水电站修建等公共利益需要而被依法关闭

根据《大中型水利水电工程建设征地补偿和移民安置条例》的规定，对于因水利水电工程建设征用土地或者移民安置的，应当予以补偿安置；因兴建水利水电工程需要迁移的企业事业单位，其新建用房和有关设施按原规模和标准建设的投资，列入水利水电工程概算予以补偿。但是行政机关如果因修建水电站而要求相关企业停产关闭，相关企业能否要求补偿就存在争议。在屏山县某电力开发有限责任公司诉屏山县政府行政补偿案[①]中，因向家坝水电站的修建，某电力公司经营的两座小水电站被要求关闭，其仅获得了部分补偿，高压输电线路、变压器、国有土地使用权等实物财产部分没有得到补偿。屏山县政府认为，某电力公司得到的补偿款中已经包含上述财产，不再对高压线路和配电变压器等进行单独补偿。某电力公司提起诉讼，请求屏山县政府兑付高压输电线路、变压器、国有土地使用权等实物财产补偿款。但一审、二审均判决驳回某电力公司的诉讼请求。最高人民法院再审认为，"行政补偿是国家对行政

---

① 参见最高人民法院（2020）最高法行再505号行政裁定书。

主体的合法行政行为给行政相对人的合法权益造成损害所进行的给付救济。如果为了国家、社会和公共利益的需要，牺牲个人的利益是必要的，个人应当作出牺牲，但这种公众受益的国家行为造成的损害不应由个人来负担。因此，国家应该支付适当的补偿费用以弥补个别受到损害的个人"。因向家坝水电站的修建，某电力公司经营的两座小水电站被要求关闭，对于因此遭受的损失，某电力公司有权获得补偿，因此撤销原判，发回重审。

3. 因生态环境以及自然资源保护而无法继续经营使用

近年来，各地加快推进矿山综合治理工作，一些企业被关停。各方对于那些还在正常生产经营而被关停的企业能否得到补偿，存在一定争议。根据《行政许可法》第8条第2款的规定，行政许可所依据的法律、法规、规章修改或者废止，或者准予行政许可所依据的客观情况发生重大变化的，为了公共利益的需要，行政机关可以依法变更或者撤回已经生效的行政许可，但由此给公民、法人或者其他组织造成财产损失的，应当依法给予补偿。根据《矿产资源开采登记管理办法》的规定，企业开采矿产资源的，必须按照法定程序进行审批登记，并取得采矿许可证。企业在依法取得采矿许可证之后，采矿许可尚处于有效期内的，行政机关不能随意撤回采矿许可。实践中，有些地方政府因环保或者其他公共利益的需要，要求关闭矿山，实际上是对采矿许可的撤回。根据信赖保护原则，政府因环保政策性关停矿山企业的，应针对撤回采矿许可而造成的损失给予合理补偿。

《国内水路运输管理条例》第15条规定，国家根据保障运输安全、保护水环境、节约能源、提高航道和通航设施利用效率的需求，制定并实施新的船型技术标准时，对正在使用的不符合新标准但符合原有标准且未达到规定报废船龄的船舶，可以采取资金补贴等措施，引导、鼓励水路运输经营者进行更新、改造；需要强制提前报废的，应当对船舶所有人给予补偿。

（二）财产权利用的限制

财产权利用的限制，是指因兴办公共事业或其他公益上的原因，而对私人财产权的利用造成的妨碍或造成的延误。例如，因兴办水利事业使用土地，妨碍土地权人原有交通或阻塞其水道。**与财产使用或者收益被实质剥夺相比，财产权利用的限制对财产权的影响程度相对较弱，对财产权利用限制是否达到了特别牺牲程度有很大争议性，因此这种情况下的补偿需要法律作出明确规定。**

1. 因生态保护而受限制

《环境保护法》第31条规定，国家建立、健全生态保护补偿制度。国家加大对生态保护地区的财政转移支付力度。有关地方人民政府应当落实生态保护补偿资金，确保其用于生态保护补偿。国家指导受益地区和生态保护地区人民政府通过协商或者按照市场规则进行生态保护补偿。《森林法》第7条规定，国家建立森林生态效益补偿制度。第47条规定，国家根据生态保护的需要，将森林生态区位重要或者生态状况脆弱，以发挥生态效益为主要目的的林地和林地上的森林划定为公益林。第49条第3款规定，在符合公益林生态区位保护要求和不影响公益林生态功能的前提下，经科学论证，可以合理利用公益林林地资源和森林景观资源，适度开展林下经济、森林旅游等。第55条第1款第1项规定，公益林只能进行抚育、更新和低质低效林改造性质的采伐。在这些情况下，公益林权利人对相关林木享有所有权，但不能随意利用，其处分及收益权受到限制，经济收入会受到影响，因而应予补偿。因此，《森林法》第48条第3款规定，公益林划定涉及非国有林地的，应当与权利人签订书面协议，并给予合理补偿。第29条规定，中央和地方财政分别安排资金，用于公益林的营造、抚育、保护、管理和非国有公益林权利人的经济补偿。

2021年9月，中共中央办公厅、国务院办公厅印发《关于深化生态保护补偿制度改革的意见》，要求逐步建立"政府有力主导、社会有序参与、市场有效调节的生态保护补偿体制机制"；到2025年，与经济社会发展状况相适应的生态保护补偿制度基本完备；到2035年，适应新时代生态文明建设要求的生态保护补偿制度基本定型。健全以生态环境要素为实施对象的分类补偿制度，综合考虑生态保护地区经济社会发展状况、生态保护成效等因素确定补偿水平，对不同要素的生态保护成本予以适度补偿。具体包括：针对江河源头、重要水源地、水土流失重点防治区、蓄滞洪区、受损河湖等重点区域开展水流生态保护补偿，健全公益林补偿标准动态调整机制，完善湿地生态保护补偿机制，完善以绿色生态为导向的农业生态治理补贴制度，落实草原生态保护补奖政策，健全沙化土地生态保护补偿制度，研究建立近海生态保护补偿制度等。

2.因永久基本农田保护而受限制

与生态保护补偿一样，永久基本农田保护补贴制度本质上也是国家对于因土地用途受到严格限制而给予土地使用权人的一种补偿。《土地管理法》第33条规定，我国实行永久基本农田保护制度。永久基本农田的用途受到严格限制，只能用于耕种农作物，不得擅自改变用途。禁止占用永久基本农田发展林果业和挖塘养鱼。但是，对于因基本农田保护而对权利人造成的特别负担如何补偿，长期以来没有具体规定，各地不断探索解决方案。2012年9月，广东省国土资源厅、财政厅发布《关于建立基本农田保护经济补偿制度的意见》，较早在全省范围内建立和实施基本农田保护经济补偿制度，对承担基本农田保护任务的农村集体经济组织、国有农场等集体土地所有权单位和国有农用地使用权单位按照一定标准给予补贴。2021年9月，广州市规划和自然资源局、市财政局、市农业农村局印发《广州市永久基本农田保护补贴实施办法》，对补贴资金实行差别化分类补贴标准，例如海珠区等补贴标准为500元/亩/年，花都区等为350元/亩/年，从化区等为200元/亩/年。

中央政府在各地实践探索的基础上，稳步推动建立耕地保护补偿制度。2019年1月，自然资源部、农业农村部发布《关于加强和改进永久基本农田保护工作的通知》，要求省级自然资源主管部门和农业农村主管部门会同相关部门，按照"谁保护、谁受益"的原则，探索实行耕地保护激励性补偿和跨区域资源性补偿；鼓励有条件的地区建立耕地保护基金，与整合有关涉农补贴政策、完善粮食主产区利益补偿机制相衔接，与生态补偿机制相联动，对农村集体经济组织和农户给予奖补。2021年7月修订的《土地管理法实施条例》第12条第1款规定，国家对耕地实行特殊保护，严守耕地保护红线，严格控制耕地转为林地、草地、园地等其他农用地，并建立耕地保护补偿制度，具体办法和耕地保护补偿实施步骤由国务院自然资源主管部门会同有关部门规定。至此，我国耕地保护补偿制度正式建立。

3.因风景名胜、安全保护区等保护区划设而受限制

根据《风景名胜区条例》第11条、第22条、第24条的规定，风景名胜区内的居民应当保护风景名胜区的景物、水体、林草植被、野生动物和各项设施，因设立风景名胜区对风景名胜区内的土地、森林等自然资源和房屋等财产的所有权人、使用权人造成损失的，或者因修改风景名胜区规划造成财产损失的，应当依法给予补偿。《铁路安全管理条例》第31条第2款也规定，对他人在铁路线路安全保护区内已依法取得的采矿权等合法权利予以限制，给他人造成损失的，应当依法给予补偿或者采取必要的补救措施。《种子法》第14条规定，单位和个人因林业草原主管部门为选育林木良种建立测定林、试验林、优树收集区、基因库等而减少经济收入的，批准建立的林业草原主管部门应当按照国家有关规定给予经济补偿。

三、事实征收

事实征收又称占有准征收，是指合法的公权力行为或措施在实施过程中，因物理性侵入且占有私人财产，而对个别私人造成的附

带结果或后果。①由于这类公权力行为本身不具有违法性，属于合法行为，私人原则上应予容忍，除非超越某种限度。

虽然管制征收与事实征收均属于准征收，但二者也存在不同。**管制征收通常是国家通过作出具有规制性的法律行为，"有意"限制私人财产的使用。而对于事实征收，国家并非有意占有或使用私人财产，或者有意限制私人财产权，只是其合法行为的附随结果在客观上造成了私人财产的损失，该行为多属出于偶发或不可预见的事实行为，而对私人财产造成的也是无意的损害。**这种情况下，尽管行政机关没有表现出任何出于公共目的而占有或使用财产的意图，但只要客观上造成的侵害逾越了财产权人所能忍受的程度，构成特别牺牲，就应视为征收而予以补偿。这类应予补偿的损失情形主要有以下四种。

（一）因公共工程施工所造成的损失

因修建机场、公路、铁路、国防设施以及市政工程等，影响周围土地及建筑物使用进而极大减损其价值，或者因施工所产生的噪声、烟尘、震动、排水等对周围居民生活、商业经营造成事实上损害的，应予以补偿。②例如，《乡镇煤矿管理条例》第11条规定，国家重点建设工程需要占用乡镇煤矿的生产井田时，占用单位应当按照国家有关规定给予合理补偿。《石油天然气管道保护法》第14条

---

① 沈开举：《论征收征用权》，载《理论月刊》2009年第2期。
② 2008年，建昌县谷杖子乡人民政府对道路进行修缮，将道路加宽加高，导致原始排水沟无法正常排水。此后，王某的房屋在雨季经常因排水不畅被淹，损失严重。王某多次进行信访，但乡政府一直未采取有效措施予以解决。原告以排除妨碍为由提起民事诉讼，但因不属于民事案件受案范围被裁定驳回起诉。遂提起行政诉讼，请求判决支付补偿款。法院认为，乡政府修路是因公共利益需要的政府行为，因政府修路垫高地面，导致无法正常排水，被告修路的行政行为造成了原告房屋雨季被淹的客观事实，具有直接因果关系。原告要求被告为其重建房屋或给予重建房屋补偿的诉讼请求应予以支持。参见辽宁省葫芦岛市中级人民法院（2016）辽14行终89号行政判决书。

第2款规定，依法建设的管道通过集体所有的土地或者他人取得使用权的国有土地，影响土地使用的，管道企业应当按照管道建设时土地的用途给予补偿。《南水北调工程供用水管理条例》第47条规定，在紧急情况下，南水北调工程管理单位因工程抢修需要取土占地或者使用有关设施的，有关单位和个人应当予以配合。南水北调工程管理单位应当于事后恢复原状；造成损失的，应当依法予以补偿。根据《长江三峡工程建设移民条例》第19条、第21条、第22条的规定，对三峡工程淹没区内被淹没的居民、单位等建筑设施，按照实际淹没损失核定补偿数额；对被淹没的需要复建的公路、桥梁等基础设施和文物古迹，按照原规模、原标准或者为恢复原功能所需投资核定复建所需金额。该条例第27条规定，三峡工程淹没区的林木，不能采伐利用的，淹没后按照《长江三峡工程水库淹没处理及移民安置规划大纲》的规定给予补偿。

（二）国家公害行为所造成的损失

实践中，国家公害行为所造成的损失情形主要有：政府的垃圾处理站或者焚烧垃圾发出的恶臭，影响居民生活、商家营业以及导致地产贬值；战斗机经常性地飞临养鸡场上空导致鸡场主的损失等。此外，还有一种特殊情形，即公共道路上车辆行驶、高速铁路运行或民用航空器起降时所发出的噪声影响道路周边地产价值、商业经营。事实征收一般都是国家自身行为造成的，但这种情形并非直接由国家行为所造成，而是来自其他私人行为，如汽车的主人、铁路公司或航空公司等的行为。此类损失虽然不是直接基于国家行为而产生，然而由于道路的规划建设、机场修建基本上是基于国家行为，这类损失与国家行为有关系，因而如果影响超过一定限度也应就相关主体的特别牺牲给予补偿。不过，由于此类损失的补偿对象人数众多且具有不特定性，出于补偿成本的考虑，政府主要通过规划设置隔音屏障、改进污染处理等减轻污染影响程度的替代性方法解决，而不是采取直接金钱补偿。

(三)排除危险等即时强制措施造成的损失

即时强制,是指行政机关为阻止违法犯罪、危害的发生或避免急迫危险,而有立即采取强制措施的必要时,所实施的强制性行为。如果公民已存在的合法财产对公共利益的实施有所妨碍,具有除去的必要,可以将其迁移、拆除、砍伐等。此种即时强制措施多是因情况紧急以及维护公共利益,因而对于相对人所受损失应予补偿。

例如《动物防疫法》第85条规定,对在动物疫病预防、控制、净化、消灭过程中强制扑杀的动物、销毁的动物产品和相关物品,县级以上人民政府给予补偿。《防洪法》第7条第3款规定,对于蓄滞洪区因蓄滞洪而遭受的损失,应当依照国家规定予以补偿或者救助。《蓄滞洪区运用补偿暂行办法》第12条规定了具体补偿标准,即:(1)农作物、专业养殖和经济林,分别按照蓄滞洪前三年平均年产值的50%—70%、40%—50%、40%—50%补偿,具体补偿标准由蓄滞洪区所在地的省级人民政府根据蓄滞洪后的实际水毁情况在上述规定的幅度内确定;(2)住房,按照水毁损失的70%补偿;(3)家庭农业生产机械和役畜以及家庭主要耐用消费品,按照水毁损失的50%补偿。但是,家庭农业生产机械和役畜以及家庭主要耐用消费品的登记总价值在2000元以下的,按照水毁损失的100%补偿;水毁损失超过2000元不足4000元的,按照2000元补偿。

但是,对消防救援过程中实施的即时强制措施造成的损害,是否应予补偿存在争议。《消防法》第45条第2款第5项规定,火灾现场总指挥根据扑救火灾的需要,有权决定为了抢救人员和重要物资,防止火势蔓延,拆除或者破损毗邻火灾现场的建筑物、构筑物或者设施等。为防止火势蔓延,消防机构拆除或者破损毗邻火灾现场的建筑物,不但对建筑物本身造成损害,还会破坏建筑物内财产。由于这些毗邻建筑并非失火建筑,对其实施拆除或破损是为公共利益需要，从理论上看已构成了事实征收，应予补偿。但实践中，因《消防法》没有明确规定该即时强制措施实施后引发的应予补偿效果，受损者往往无法得到补偿。① 一些地方立法对此予以明确，一般由火灾发生地人民政府履行补偿义务。《宁夏回族自治区实施〈中华人民共和国消防法〉办法》第29条规定，因火灾扑救需要拆除或者破损建（构）筑物、使用养殖水源等，造成有关单位或者个人财产损失的，由火灾发生地县级人民政府依法给予补偿。《河北省消防条例》第42条第2款规定，为抢救人员和重要物资，阻止火势蔓延，拆除或者破损毗邻火灾现场的建筑物、构筑物而造成其他单位、个人损失的，由起火方予以补偿；起火方无责任或者无力补偿的，火灾发生地人民政府应当给予适当补偿。

（四）其他公权力附随效果损害

除上述构成事实征收的情形外，作为一种兜底性类型，对于符合法定条件的其他公权力行为附随损害，也应予以补偿。例如，为保护野生动物，法律规定禁止狩猎，但野生动物泛滥造成私人人身、财产损失的，该损失已构成特别牺牲的公权力运用后果，应予补偿。《野生动物保护法》第21条第1款规定，禁止猎捕、杀害国家重点保护野生动物。第19条规定，因保护本法规定保护的野生动物，造成

---

① 2011年11月24日晚，位于玉树藏族自治州玉树市结古镇琼龙路的温州百货批发市场商铺起火。玉树州消防支队接到报警后赶赴现场进行灭火，根据现场的特殊情况，为了防止火势蔓延，决定开辟防火隔离带，采用大型挖掘机拆除了火势蔓延方向的2间商铺板房（其中涉及亚某的商铺板房），开辟了防火隔离带。玉树州消防支队到达现场时明火并没有消灭，而且有火势蔓延、液化气罐随时爆炸的危险，且左邻商铺跟前有电线杆阻挡，大型机械无法进入火灾现场作业，现场总指挥依法决定从亚某的商铺进入，开辟防火隔离带。亚某的商铺及其中财物被毁坏，遂提起行政诉讼。法院认为，根据《消防法》第45条的规定，消防机构开辟消防隔离带、破拆亚某商铺的行为合法，因而不存在《国家赔偿法》第4条规定的应承担赔偿责任的情形。同时，对于基于保护公共利益而实施的破坏性消防行为，《消防法》《行政强制法》等并未规定相关补偿条款。因此，亚某要求赔偿或补偿其经济损失的诉讼请求无法律依据。参见青海省高级人民法院（2015）青行终字第26号行政判决书。

人员伤亡、农作物或者其他财产损失的，由当地人民政府给予补偿。具体办法由省、自治区、直辖市人民政府制定。有关地方人民政府可以推动保险机构开展野生动物致害赔偿保险业务。有关地方人民政府采取预防、控制国家重点保护野生动物和其他致害严重的陆生野生动物造成危害的措施以及实行补偿所需经费，由中央财政予以补助。具体办法由国务院财政部门会同国务院野生动物保护主管部门制定。在野生动物危及人身安全的紧急情况下，采取措施造成野生动物损害的，依法不承担法律责任。国家禁止猎捕、杀害重点保护野生动物的目的是保护野生动物，并没有干预或限制公民权利的意图，但是这可能会造成野生动物毁坏农作物时，农作物权利人因不能采取有效措施加以驱赶而遭受损害。

此外，特殊体质的人因为接种传染病疫苗而遭受特别损害的，国家也应予补偿。[①]《传染病防治法》第15条规定，国家实行有计划的预防接种制度。卫生行政部门根据传染病预防、控制的需要，制定传染病预防接种规划并组织实施。国家对儿童实行预防接种证制度，医疗机构、疾病预防控制机构与儿童的监护人应当相互配合，保证儿童及时接受预防接种。因此，为预防、控制传染病需要，公众有配合国家预防接种疫苗的义务。相应地，接种者因特殊情况遭受特别损害的，有权获得补偿。《疫苗管理法》第56条规定，国家实行预防接种异常反应补偿制度。实施接种过程中或者实施接种后出现受种者死亡、严重残疾、器官组织损伤等损害，属于预防接种异常反应或者不能排除的，应当给予补偿。预防接种异常反应补偿应当及时、便民、合理。接种免疫规划疫苗所需的补偿费用，由省级人民政府财政部门在预防接种经费中安排。国家鼓励通过商业保险等多种形式对预防接种异常反应受种者予以补偿。

---

① 《行政法与行政诉讼法学》编写组编：《行政法与行政诉讼法学》，高等教育出版社2017年版，第400页。

典型案例

永兴县马田镇某矿企与永兴县人民政府煤矿关闭退出补偿案[①]

案情简介：

为了推进实施国家加强安全生产、生态保护和环境资源有效利用政策，永兴县人民政府制定公布《落后小煤矿关闭退出评分办法》及《落后小煤矿关闭退出工作实施方案》，通过对小煤矿进行评分，确定某矿企属于被关闭之列并予以公示。而后湖南省落后小煤矿关闭退出工作领导小组办公室批复同意关闭包括某矿企在内69处煤矿。永兴县人民政府随后对某矿企作出关闭决定并予以公示。随后，永兴县人民政府多次与其就有关补偿问题进行协商。在协商未果、催告督促无效且政策规定的关闭验收时间将至之际，永兴县人民政府根据省、市、县三级政府关于县落后小煤矿关闭退出工作实施方案中所规定的程序和方式，实施了封闭矿井行为。某矿企主张，永兴县人民政府在整个关闭退出程序中未充分听取其陈述和申辩意见，径行关闭煤矿，行为违法，造成其财产损失应予赔偿。

法院认为： 某矿企因公共利益而被关闭退出，已无法正常经营，其有权利主张公平合理的补偿。但该补偿应仅限于因关闭退出造成的直接损失，即井下资产损失。某矿企所主张的其井上、井下资产均应予补偿的诉求不能得到全部支持。资产评估报告显示，关闭退出时某矿企的实物资产共计2538万元，其中井下资产为1011万元，井上资产为1527万元。最终，法院依据涉案关闭退出工作实施方案，判决永兴县人民政府支付某矿企相应井下资产的补偿款。最高人民法院再审时还建议，永兴县人民政府在下一步对某矿企剩余资产处

[①] 参见最高人民法院（2020）最高法行申1472号行政裁定书。

置工作、转型发展以及申请采矿权价款退付、矿区土地与附属设施再利用再开发时，应当充分考虑其因维护公共利益配合关闭退出而客观存在的间接损失，积极落实关闭煤矿后存量土地和企业转产政策，促进产业优化转型，最大限度减少某矿企的间接损失。

案例评析：

本案的核心问题是，基于生态环境保护需要，政府以淘汰落后产能为由对证照齐全的小煤矿予以关闭，是否应对其损失予以补偿。落后小煤矿关闭退出，是永兴县人民政府执行国务院办公厅《关于进一步加强煤矿安全生产工作的意见》等文件要求的行为，事关安全生产、生态保护和环境资源有效利用，应依法开展并注重矿业权人的权益保护。虽然现行立法未对落后小煤矿关闭退出标准与程序作出具体、明确的规定，但实践中仍应遵守正当程序与法治的基本要求。根据国务院办公厅相关文件的要求，湖南省人民政府办公厅出台《关于进一步加强煤矿安全生产工作的实施意见》、湖南省落后小煤矿关闭退出工作领导小组办公室作出《关于印发〈湖南省落后小煤矿关闭工作总体方案〉的通知》等文件，对落后小煤矿关闭退出条件、程序和步骤作了明确规定。上述文件可以作为被诉行政行为合法性的判断标准。

本案中，某矿企属于直接关闭煤矿之列。永兴县人民政府已在实施关闭行为之前与其多次协商，在协商未果的情况下，仅对矿井地下设施采取封闭措施，尚未超出必要的限度。整个关闭退出行为总体上符合法律和相关政策性文件规定的精神，不宜认定为违法，因而本案不存在行政赔偿问题。但是，某矿企因公共利益而被关闭，实质上已属对其采矿许可的撤回，已构成管制征收，其有权利主张公平合理的补偿，但该补偿应仅限于因关闭退出遭受的直接损失。首先，该矿井下资产确实因关闭退出而无法实际使用，应予完全补偿。其次，由于该矿井上资产并未因关闭退出而毁损，实物价值仍然存在，某矿企可自行搬迁或另行处置，不宜纳入直接损失范围。

最后，因关闭行为而对井上资产等造成的间接损失，可通过其他方式补偿。因此，法院判决永兴县人民政府补偿某矿企因关闭退出遭受的井下资产损失，足以补偿其直接损失。

思考题

1. 在实际工作中，是否还遇到其他类型的准征收补偿问题？
2. 请结合工作实际，谈谈处理准征收补偿问题时存在哪些难点。

第五章　行政征收的法律救济

本章知识要点

- 行政征收与补偿案件的复议审理
- 行政征收与补偿案件的司法审查
- 违法征收土地、房屋的行政赔偿
- 特殊类型行政征收的法律救济

行政法律救济制度为保护公民、法人和其他组织的合法权益，监督行政机关依法行使职权、履行职责，纠正行政机关违法的或者不当的行政行为提供了有力有效的手段。自法律救济视角反观行政征收过程，亦可获得"体检诊查"的效果。为此，本章将对行政征收涉及的行政复议、行政诉讼和国家赔偿救济问题进行简要阐述。

第一节　行政复议

行政复议既是政府系统自我纠错的监督制度，也是解决行政争议、保护公民权利的救济制度。特别是在"把非诉讼纠纷解决机制挺在前面"和"发挥行政复议公正高效、便民为民的制度优势和化解行政争议的主渠道作用"的大背景下，充分发挥行政复议的"过滤网""减压阀"作用,对于实质性化解历史遗留问题多、矛盾易激化、社会关注度高的行政征收与补偿争议具有独特的优势。需要说明的是,我国行政复议和行政诉讼在诸多制度设计上具有相似性,对于行政征收与补偿案件复议审理和司法审查基本一致的内容,将在行政诉讼一节中进行具体论述,本节仅对行政征收与补偿案件复议审理的个性问题进行说明。

一、行政征收与补偿案件的复议范围

通说认为,行政复议作为一种行政自我监督制度,其复议范围应比行政诉讼受案范围要宽。但事实上,除了《行政复议法》第30第2款、《出境入境管理法》第64条、《集会游行示威法》第13条等规定的几种情形外,行政复议范围和行政诉讼受案范围的差异并不大。具体到行政征收与补偿案件上,主要有以下三个问题值得特别说明。

(一)如何理解《行政复议法》中的"具体行政行为"概念

2014年修改《行政诉讼法》时,立法机关将原法中的"具体行政行为"修改为"行政行为"。作此修改,是为了让行政不作为、行政事实行为、行政协议等都能纳入行政诉讼受案范围,因为原法使用的"具体行政行为"概念包容性不强,客观上成为"立案难"的原因之一。[①]由于《行政复议法》尚未修改,目前该法使用的仍然是"具体行政行为"的概念,行政复议机关在审理行政征收与补偿案件时就会涉及如何理解《行政复议法》中的"具体行政行为"的范围问题。从修法动态和复议实践来看,宜从以下四个方面来把握:一是具体行政行为不包括行政规范性文件。**对规章以下的规范性文件,如某县政府制定的集体土地征收补偿安置实施办法,不能直接**

---

① 信春鹰主编:《中华人民共和国行政诉讼法释义》,法律出版社2014年版,第8—9页。

申请行政复议，只能依据《行政复议法》第7条，在对具体行政行为申请行政复议时，一并向行政复议机关提出对该规范性文件的审查申请。二是具体行政行为既包括作为，也包括不作为。如认为某县政府不履行补偿安置法定职责，可以申请行政复议。三是**具体行政行为还包括行政事实行为。如对无房屋征收决定的强制拆除行为不服，可以申请行政复议。**四是行政协议。由于《行政复议法》《行政复议法实施条例》对此缺乏明确的规定，导致实务上对该问题尚未达成一致意见。2017年，原国务院法制办公室曾在一个答复中认为，政府特许经营协议等协议争议不属于《行政复议法》第6条规定的行政复议受案范围。现在看来，行政协议是否属于复议受案范围尚待《行政复议法》通过修订加以明确。

（二）省级政府征地批复的可复议性

在集体土地征收案件中，一个争议比较大的问题是征地批复是否属于行政复议、行政诉讼的受案范围。目前，**实务中主流的做法是征地批复不可诉但可复议**。认为征地不可诉的主要理由是：《行政复议法》第30条第2款明确规定"根据国务院或者省、自治区、直辖市人民政府对行政区划的勘定、调整或者征收土地的决定，省、自治区、直辖市人民政府确认土地、矿藏、水流、森林、山岭、草原、荒地、滩涂、海域等自然资源的所有权或者使用权的行政复议决定为最终裁决"。最高人民法院认为，依照《土地管理法》的规定，只有国务院和省级人民政府才有征地批准权。在国务院批准征地后，国土资源部以批复形式通知省级人民政府的行为，属于国务院批准征地行为的组成部分。对国土资源部以不属于行政复议范围作出的不予受理征地行政复议申请决定，当事人不服提起行政诉讼的，人民法院应当裁定不予受理；已经受理的，应当裁定驳回起诉。

但是，法律并未限制当事人对省级政府征地批复通过行政复议寻求救济。因为，省级政府所作的征地批复在现实中和法律上均等同于《行政复议法》第30条中的"征收土地的决定"。[①]它本质上仍是一个具体行政行为，虽然不可诉，但可以申请行政复议。[②]而且从行政复议实践看，针对省级政府征地批复的行政复议案件一直在受理，原国务院法制办以及2018年国务院机构改革后的司法部办理了大量针对省级政府所作的征地批复复议决定申请裁决的案件。虽然《国务院关于取消非行政许可审批事项的决定》附件2第40项，已经将原国土资源部的土地征收审查调整为政府内部审批事项，但2017年原国务院法制办公室复函明确指出，根据《行政复议法》的规定，判断某一行为是否属于行政复议范围，核心在于判断其是否属于影响公民、法人或者其他组织合法权益的具体行政行为。省级人民政府作出的征地批复性质上是行政征收决定，是征地审批机关行使征地审批权的具体的、唯一的表现形式，将对被征地农村集体经济组织和农民的财产权利等合法权益产生实质影响，依法属于行政复议范围。[③]因此，**省级人民政府的征地批复属于行政复议范围**。

（三）征地补偿安置方案的可复议性

针对市、县人民政府征地补偿安置方案引发的行政争议，1998年修改的《土地管理法实施条例》第25条第3款专门规定"对补偿标准有争议的，由县级以上地方人民政府协调；协调不成的，由批准征用土地的人民政府裁决"。2004年，《国务院关于深化改革严格土地管理的决定》明确要求"加快建立和完善征地补偿安置争议的

[①] 程雪阳：《论集体土地征收决定的识别与司法审查》，载《法学家》2022年第3期。

[②] 赵威、方军、吉雅杰编著：《行政复议法起草问题及条文释解》，中国人民公安大学出版社1999年版，第266页。

[③] 《国务院法制办公室对宁夏回族自治区人民政府法制办公室〈关于省级人民政府土地批复行政复议案件有关问题的请示〉的复函》。

协调和裁决机制，维护被征地农民和用地者的合法权益"。2006年，原国土资源部又下发《关于加快推进征地补偿安置争议协调裁决制度的通知》，将征地补偿安置争议裁决定位为行政裁决。各省也都制定了征地补偿安置争议协调裁决办法。

2011年，原国务院法制办公室下发通知，作出了两点调整：一是将征地补偿安置争议裁决定性为"行政复议"，被征地集体经济组织和农民对有关市、县人民政府批准的征地补偿、安置方案不服要求裁决的，应当依照行政复议法律、法规的规定提出申请；二是将"由批准征收土地的人民政府裁决"改为"由上一级地方人民政府作为行政复议机关"。[①]《最高人民法院关于审理涉及农村集体土地行政案件若干问题的规定》（以下简称《集体土地行政案件司法解释》）第10条规定："土地权利人对土地管理部门组织实施过程中确定的土地补偿有异议，直接向人民法院提起诉讼的，人民法院不予受理，但应当告知土地权利人先申请行政机关裁决。"因此，**土地权利人对征地补偿安置方案有异议的，应先经过复议再提起行政诉讼。**

2021年修订的《土地管理法实施条例》已删除原条例第25条第3款的规定，取消了征地补偿安置争议协调裁决制度，至此，对征地补偿安置方案的行政复议已失去直接的法律依据。而在2019年修正的《土地管理法》和2021年修订的《土地管理法实施条例》设计的集体土地征收程序中，征地补偿安置方案从组织实施阶段改为报批前，并且须在批前签订征地补偿安置协议；对个别未达成征地补偿安置协议的，在组织实施阶段引入了独立的征地补偿安置决定。换言之，集体土地征收过程中的征地补偿安置方案已经类似于国有土地上房屋征收过程中的征收补偿方案，属于集体土地征收前置程序之一，可在土地征收决定或者补偿安置决定的行政复议中对其合法性和合理性一并予以审查。因此，今后征地补偿安置方案很难再

---

① 《国务院法制办公室关于依法做好征地补偿安置争议行政复议工作的通知》。

作为独立的具体行政行为纳入行政复议范围。

二、行政征收与补偿复议案件的参加人

行政复议的申请人，是指具体行政行为的相对人以及其他与具体行政行为有利害关系的公民、法人或者其他组织。行政复议的被申请人，是指作出具体行政行为的行政机关或者法律、法规授权组织。有关行政复议申请人资格和被申请人资格的认定规则，行政复议和行政诉讼基本一致。在行政征收与补偿复议案件中，值得特别说明的是开发区管理机构及其所属职能部门的行政复议被申请人资格问题，因为实践中很多开发区管委会事实上行使着准一级政府的职权。

关于开发区管理机构及其所属职能部门能否作为行政复议被申请人的问题，由于《行政复议法》《行政复议法实施条例》没有对此作出明确规定，至今也没有全国统一的认定标准。实践中存在三种不同的做法：一是不承认开发区管理机构及其所属职能部门的行政复议被申请人资格。二是承认国务院、省级人民政府批准设立的开发区管理机构的行政复议被申请人资格，不承认其所属职能部门的行政复议被申请人资格。三是既承认国务院、省级人民政府批准设立的开发区管理机构的行政复议被申请人资格，也承认其所属职能部门的行政复议被申请人资格。[1]究其根源，还是在于对开发区管理机构的法律地位认识不一。2018年，《行政诉讼法适用解释》施行之后，参照该解释第21条来处理开发区管理机构及其所属职能部门的行政复议被申请人资格问题逐渐成为行政复议实务的通行做法。未来该问题有待《行政复议法》或《行政复议法实施条例》通过修订加以明确。

---

[1] 郑磊：《论我国开发区行政复议体制的抉择》，载《河南财经政法大学学报》2020年第6期。

三、行政征收与补偿复议案件的管辖

2020年2月5日，中央全面依法治国委员会第三次会议审议通过《行政复议体制改革方案》，作出了"县级以上一级地方人民政府只保留一个行政复议机关，由本级人民政府统一行使行政复议职责"的重大改革决策。在行政征收与补偿复议案件中，需要明确国务院、省级人民政府批准设立的开发区管委会能否作为行政复议机关这一问题，因为土地、房屋征收中的强制拆除、征收补偿安置等行政争议都可能涉及这个问题。

由于《行政复议法》《行政复议法实施条例》对开发区管委会有无行政复议职责没有作出规定，加上各地对《行政复议体制改革方案》中"县级以上一级地方政府、一个行政复议机关"标准把握不同，实践中存在两种截然不同的做法：一些省、市的实施方案赋予国务院、省级人民政府批准设立的开发区管理机构行政复议机关地位；一些省、市未赋予国务院、省级人民政府批准设立的开发区管理机构行政复议机关地位。[1]未来该问题有待《行政复议法》或《行政复议法实施条例》通过修订加以明确。

四、行政复议中行政诉讼规范的"参照适用"

基于行政复议与行政诉讼的衔接关系，加上立法技术上的考虑，在行政复议中，行政诉讼规范甚至民事诉讼规范也有一定的适用空间。在行政征收与补偿案件的复议审理中，有时需要参照行政诉讼规范。例如，原国务院法制办公室《关于认定被征地农民"知道"征收土地决定有关问题的意见》第6条规定："行政机关在征收土地决定作出后，没有告知被征地农民申请行政复议的权利、行政复议机关或

---

[1] 郑磊：《论我国开发区行政复议体制的抉择》，载《河南财经政法大学学报》2020年第6期。

者申请期限的,行政复议申请期限参照《最高人民法院关于执行〈中华人民共和国行政诉讼法〉若干问题的解释》第四十一条办理,即:行政复议申请期限从公民、法人或者其他组织知道或者应当知道申请行政复议的权利、行政复议机关或者申请期限之日起计算,但从知道或者应当知道征收土地决定内容之日起最长不得超过2年。"鉴于《最高人民法院关于执行〈中华人民共和国行政诉讼法〉若干问题的解释》已经废止,在《行政复议法》或《行政复议法实施条例》修订完成之前,延续该意见的精神,从2018年2月8日起,行政机关在征收土地决定作出后,没有告知被征地人申请行政复议的权利、行政复议机关或者申请期限的,行政复议申请期限可以参照《行政诉讼法适用解释》第64条的规定,从知道或者应当知道申请期限之日起计算,但从知道或者应当知道征收土地决定内容之日起最长不得超过一年。

当然,前述仅是一例,并不是说行政复议法律适用中一切都要参照法院的做法。行政复议和行政诉讼作为两种不同的行政救济制度,应当避免同质化。特别是行政复议体制改革之后,一级政府一个行政复议机关,在办理征地拆迁、安置补偿等社会普遍关注、稳定风险较大的行政征收与补偿案件时,行政复议机关更应充分发挥资源调配优势,加大复议实体纠错力度,切实解决申请人合理诉求,实质性化解行政争议。

典型案例

汉东省某县王庄村集体土地征收批复行政复议案[①]

案情简介:

汉东省某县为实施采煤塌陷村庄搬迁工程,拟申请征收该县王

[①] 本案例为著者改编案例。

庄村集体土地13.7公顷。2017年2月，汉东省人民政府作出〔2017〕29号征地批复，批准了上述征地申请。王某等29名村民的承包地位于征收范围之内，因对〔2017〕29号征地批复不服，王某等29人以"征地不符合土地利用总体规划，涉及基本农田；征前程序违法，未履行告知、听证、确认程序"等为由，于2017年3月向省政府申请行政复议。收到行政复议维持决定后，申请人不服，依照《行政复议法》第14条向国务院申请裁决。

行政复议机关认为： 本案中，第一，有关部门通过核销的方式将基本农田调整为非基本农田进而报被申请人批准征收，属于规避"征收基本农田应当依法由国务院批准"之规定的行为。第二，虽然有关部门在征地报批前已告知拟征地事宜，被征地农村集体经济组织和部分被征地农户对拟征土地现状调查结果进行了确认，但拟征土地现状调查结果未经其他被征地农户确认。对此，被申请人应当进一步规范土地管理工作，在土地征收审批环节加大对征收前程序履行情况的审核力度。考虑到涉案土地用于采煤塌陷村庄搬迁工程且已开工建设，根据《行政复议法》第28条第1款第3项的规定，确认〔2017〕29号征地批复关于征收王庄村集体土地的决定违法。

案例评析：

无论是2019年修正后的《土地管理法》，还是原《土地管理法》，征收永久基本农田都只能由国务院审批。这样规定的主要考虑是"征地属于国家强制性权力的行使，关系社会利益的重大调整和农民的切身利益，必须持高度审慎的态度，避免地方人民政府因片面追求区域经济建设滥用征地权力，损害农民利益"[①]。《国务院关于深化改革严格土地管理的决定》规定，征地报批前应当向被征地的农村集体经济组织和农户履行告知、确认和听证的程序。原国土资源部《关于完善征地补偿安置制度的指导意见》（已失效）规定，当地国

---

① 杨合庆主编：《中华人民共和国土地管理法释义》，法律出版社2020年版，第84页。

土资源部门应当对拟征土地的权属、地类、面积以及地上附着物权属、种类、数量等现状进行调查，调查结果应与被征地农村集体经济组织、农户和地上附着物产权人共同确认。市、县政府应当严格遵守《土地管理法》《土地管理法实施条例》的相关规定，充分保障被征收人的知情权，听取被征收人和利害关系人的意见，确保征地批前程序符合法律的规定。

第二节　行政诉讼

因土地、房屋征收补偿问题引发的行政争议，是较长一段时间以来行政复议、行政诉讼案件的主要类型之一。根据我国现行法律法规，集体土地征收和国有土地上房屋征收虽同为征收，但二者在征收主体、征收对象、征收程序、征收补偿安置内容和方式等方面均存在明显区别。相应地，二者的行政诉讼救济也存在不少差异。此外，其他领域行政征收因法律依据分散，行政诉讼中也有一些个性问题。鉴于此，本节将分别对之进行说明。

一、集体土地征收与补偿案件的司法审查

（一）集体土地征收与补偿过程中的可诉行政行为

集体土地征收是一系列行为的集合，包括征地预公告、拟定征地补偿安置方案、发布征地补偿安置公告、补偿登记、签订补偿安置协议、征地批复、发布征地公告、作出征地补偿安置决定、责令交出土地等行为。其中，**国务院、省级人民政府征地批复暂不可诉，可诉的行政行为主要涉及以下四类：一是征地公告；二是征地补偿安置协议；三是征地补偿安置决定；四是责令交出土地决定。**

1.征地公告的可诉性

《土地管理法》第47条规定了征收土地的"两公告"制度。《土地管理法实施条例》第26条和第31条将之分别表述为"征地预公告"和"征地公告"。前文已谈到,省级政府征地批复目前仍暂不可诉,那么,县级以上地方人民政府征地公告是否可诉呢?对此,依据现行法律规定,除非存在征地公告超出征地批复范围、无征地批复擅自发布等情形,否则不宜纳入行政诉讼受案范围。至于**征地预公告,通说认为属于征地报批之前的告知行为,不属于可诉的行政行为。**

2.征地补偿安置协议的可诉性

《土地管理法》第47条第4款及《土地管理法实施条例》第29条第1款规定,县级以上地方人民政府应当组织有关部门与拟征收土地的所有权人、使用权人签订征地补偿安置协议。根据《行政诉讼法》第12条第1款第11项及《最高人民法院关于审理行政协议案件若干问题的规定》第2条第2项的规定,征地补偿安置协议属于行政协议的范畴;因征地补偿安置协议的订立、履行、变更、终止等发生纠纷,拟征收土地的所有权人、使用权人提起行政诉讼的,人民法院应当依法受理。

3.征地补偿安置决定的可诉性

《土地管理法实施条例》第31条规定,县级以上地方人民政府对"个别未达成征地补偿安置协议的应当作出征地补偿安置决定",克服了原集体土地征收程序中没有明确的补偿决定的窘境。从法律性质上看,这里的"征地补偿安置决定"是一个典型的行政行为,根据《行政诉讼法》第12条第1款第5项的规定,被征收人不服提起行政诉讼的,人民法院应当受理。如果县级以上人民政府不及时作出补偿决定,拖延履行补偿职责,被征收人还可以请求法院判决其履行补偿安置法定职责。

4.责令交出土地决定的可诉性

《土地管理法实施条例》第62条规定:"违反土地管理法律、法规规定，阻挠国家建设征收土地的，由县级以上地方人民政府责令交出土地；拒不交出土地的，依法申请人民法院强制执行。"责令交出土地决定并不是征收决定的必然延续，其作用对象、所处阶段、合法性要素相对独立于征收决定、补偿决定。当事人对责令交出土地决定不服提起行政诉讼的，人民法院应当受理。对于人民法院已经裁定准予强制执行并交由县级以上人民政府组织实施的行为，被征收人不服的，人民法院一般不予受理，但被征收人能够提供初步证据证明扩大执行范围或者违法采取措施的除外。

（二）集体土地征收与补偿过程中当事人资格的认定

1.原告资格认定

《行政诉讼法》第25条第1款规定："行政行为的相对人以及其他与行政行为有利害关系的公民、法人或者其他组织，有权提起诉讼。"集体土地征收与补偿案件中，适格原告主要有：

第一，村民委员会（村民小组）或者农村集体经济组织。根据《宪法》第10条第2款、《土地管理法》第9条第2款之规定，农民集体是被征收土地的所有权人。但"农民集体"是一个抽象的法人格，为了实际行使所有权，必须由具体的组织来经营、管理，即村集体经济组织或者村民委员会、村民小组。因此，**如果对集体土地征收行为不服，村民委员会（村民小组）或者农村集体经济组织可以作为原告提起行政诉讼。**

第二，过半数的村民。考虑到实践中，一些地方少数村干部不愿提起诉讼，导致农民权益受到侵害而无法获得救济。《集体土地行政案件司法解释》第3条第1款规定："村民委员会或者农村集体经济组织对涉及农村集体土地的行政行为不起诉的，**过半数的村民可以以集体经济组织名义提起诉讼。**"

第三，过半数的原集体经济组织成员。实践中，很多地方通过农转非的形式，将农村集体经济组织成员全部转为城市居民，农村集体经济组织也随之撤销。对于原集体土地权益受到侵犯时，应由谁起诉的问题，实践中有不同的主张。① 为此，《集体土地行政案件司法解释》第3条第2款规定："农村集体经济组织成员全部转为城镇居民后，对涉及农村集体土地的行政行为不服的，**过半数的原集体经济组织成员可以提起诉讼**。"

第四，农村集体承包地、宅基地、建设用地使用权人或实际使用人。我国农村集体经济组织实行家庭联产承包制，参加农村集体经济组织的劳动者还有权经营自留地、自留山，因此，被征地农户基于所承包的土地、宅基地及房屋、附着物与青苗以及社会保障等权益，对补偿安置行为不服的，可以就补偿问题以自己的名义提起行政诉讼。同时考虑到过去农村集体土地使用权及村民住宅确权登记发证工作不规范的客观情况，土地实际使用人即使没有权属证书，也应赋予其诉权。

第五，农村集体经济组织成员以外的农村土地经营权人、土地承租人。《土地管理法实施条例》第32条第2款规定："地上附着物和青苗等的补偿费用，归其所有权人所有。"随着农村土地集体所有权、农户承包权、土地经营权"三权分置"改革的推进，**土地经营权人、土地承租人如果与补偿安置行为之间有利害关系，可以就补偿问题以自己的名义提起行政诉讼**。

2.被告资格认定

《行政诉讼法》第26条第1款规定："公民、法人或者其他组织直接向人民法院提起诉讼的，作出行政行为的行政机关是**被告**。"集体土地征收与补偿案件中，适格被告主要有：

第一，县级以上地方人民政府。《土地管理法实施条例》第31条、第62条规定，征收土地申请经依法批准后，县级以上地方人

---

① 江必新主编：《〈最高人民法院关于审理涉及农村集体土地行政案件若干问题的规定〉理解与适用》，中国法制出版社2013年版，第42页。

民政府负责：（1）发布征收土地公告；（2）作出征地补偿安置决定；（3）作出责令交出土地决定。按照"谁行为、谁被告"原则，原告针对上述三个行政行为不服提起行政诉讼的，应当以县级以上地方人民政府为被告。

第二，签订征地补偿安置协议的有关部门。《土地管理法》第47条第4款及《土地管理法实施条例》第29条第1款规定，县级以上地方人民政府应当组织有关部门与拟征收土地的所有权人、使用权人签订征地补偿安置协议。实践中，还应注意地方性法规、规章的具体规定。《江苏省土地管理条例》第38条第2款规定，设区的市、县（市、区）人民政府应当与拟征收土地的所有权人、使用权人签订征地补偿安置协议。《浙江省土地管理条例》第44条第1款规定，设区的市、县（市、区）人民政府指定的部门或者乡镇人民政府应当依法与拟被征收土地的所有权人、使用权人签订征地补偿安置协议。**行政诉讼中，原则上应尊重地方性法规、规章的规定。**

第三，土地储备机构不是适格被告。《集体土地行政案件司法解释》第5条规定："土地权利人认为土地储备机构作出的行为侵犯其依法享有的农村集体土地所有权或使用权的，向人民法院提起诉讼的，应当以土地储备机构所隶属的土地管理部门为被告。"

（三）集体土地征收与补偿行为的合法性审查

《行政诉讼法》第6条规定："人民法院审理行政案件，对行政行为是否合法进行审查。"结合前述可诉行政行为的类型，合法性审查的要点如下。

1. 征地补偿安置协议的效力与审查

征地补偿安置协议属于行政协议，兼具行政性和合同性。对于县级以上地方政府组织有关部门与拟征收土地的所有权人、使用权人签订的征地补偿安置协议，应当依据《最高人民法院关于审理行政协议案件若干问题的规定》的有关规定进行合法性和合约性审查。

在法律适用上，除行政法律规范外，还可以参照适用民事法律规范关于民事合同的相关规定。

2.征地补偿安置决定的合法性审查

《土地管理法》第48条第1款规定，征收土地应当给予公平、合理的补偿，保障被征地农民原有生活水平不降低、长远生计有保障。对县级以上地方政府作出的征地补偿安置决定，主要从以下方面进行合法性审查：（1）征地补偿安置决定作出主体是否具有法定职权。（2）是否有事实依据。如被征收土地房屋是否在征地批复或者征地公告确定的范围内、用地项目是否符合公共利益需要。（3）法律适用是否正确。如土地补偿费、安置补助费、农村村民住宅以及其他地上附着物和青苗等的补偿费用、社会保障费用等，是否符合省、自治区、直辖市政府及其自然资源主管部门、林业主管部门、社会保障主管部门等制定的征地区片综合地价标准、农用地区片经济林补偿标准、被征地农民社会保障费用最低标准等。（4）补偿内容是否公平合理。如《集体土地行政案件司法解释》第12条第2款规定："征收农村集体土地时未就被征收土地上的房屋及其他不动产进行安置补偿，补偿安置时房屋所在地已纳入城市规划区，土地权利人请求参照执行国有土地上房屋征收补偿标准的，人民法院一般应予支持，但应当扣除已经取得的土地补偿费。"

3.责令交出土地决定的审查及强制执行

《土地管理法实施条例》第62条没有明确规定作出责令交出土地决定的程序和条件。在合法性审查标准上，可参照《集体土地行政案件司法解释》第14条的规定进行审查。（1）对是否超越职权的审查。作出责令交出土地决定的行政主体是县级以上人民政府。（2）对作出责令交出土地决定前提条件的审查。《民法典》第229条规定："因人民法院、仲裁机构的法律文书或者人民政府的征收决定等，导致物权设立、变更、转让或者消灭的，自法律文书或者征收决定等生效时发生效力。"因此，只有在国务院或省级政府征地批复生效后，集体土地才能转为国有建设用地。(3)对安置补偿落实情况的审查。如是否及时足额支付土地补偿安置费用，是否落实先补偿后搬迁等。县级以上人民政府作出责令交出土地的决定，被征收人在法定期限内不申请行政复议或者提起行政诉讼，又拒不交出土地的，可申请人民法院强制执行。此外，还应适用2018年《行政诉讼法适用解释》关于非诉行政执行的规定。对经人民法院裁定准予执行的，可参照最高人民法院推进"裁执分离"的通知要求，由政府组织实施。

二、国有土地上房屋征收与补偿案件的司法审查

（一）国有土地上房屋征收与补偿过程中的可诉行政行为

《国有土地上房屋征收与补偿条例》第14条规定："被征收人对市、县级人民政府作出的房屋征收决定不服的，可以依法申请行政复议，也可以依法提起行政诉讼。"第25条第2款规定："补偿协议订立后，一方当事人不履行补偿协议约定的义务的，另一方当事人可以依法提起诉讼。"第26条第3款规定："被征收人对补偿决定不服的，可以依法申请行政复议，也可以依法提起行政诉讼。"鉴于有明确的法律规定，房屋征收决定、补偿协议、补偿决定这三类行政行为的可诉性毋庸置疑。实践中，值得注意的主要有以下几个问题。

1. 房屋征收公告的可诉性

《国有土地上房屋征收与补偿条例》第13条第1款规定，市、县级人民政府作出房屋征收决定后应当及时公告。因此，通常情况下，**房屋征收公告仅是一个告知行为，并不对当事人权利义务产生实际影响，不具有可诉性**。但个别情况下，如果市、县级人民政府未单独作出房屋征收决定，而是**将房屋征收决定和公告合二为一，则被征收人对房屋征收决定公告提起诉讼的，人民法院应当受理。**

2. 征收补偿方案的可诉性

《国有土地上房屋征收与补偿条例》第10条规定，房屋征收部

门拟定征收补偿方案，报市、县级人民政府论证并予以公布。关于**征收补偿方案的可诉性，一般认为其系作出房屋征收决定的一个环节，而且亦须按照征收补偿方案作出补偿决定，因此，如对其合法性存疑，可以在审查房屋征收决定或补偿决定时一并审查，故不能单独对其提起行政诉讼。**

3.未登记建筑认定处理决定的可诉性

《国有土地上房屋征收与补偿条例》第24条第2款规定："市、县级人民政府作出房屋征收决定前，应当组织有关部门依法对征收范围内未经登记的建筑进行调查、认定和处理。对认定为合法建筑和未超过批准期限的临时建筑的，应当给予补偿；对认定为违法建筑和超过批准期限的临时建筑的，不予补偿。"认定结果如果系单独作出，因**对被征收人能否获得补偿产生实际影响，被征收人有权提起诉讼。**

4.不履行补偿安置职责的可诉性

不履行补偿安置职责属于行政不作为，行政不作为亦包含在行政诉讼法上"行政行为"概念之中。因此，被征收人以征收人不履行补偿安置职责提起诉讼的，属于行政诉讼受案范围。

（二）当事人资格的认定

1.原告资格的认定

第一，房屋所有权人。《国有土地上房屋征收与补偿条例》第2条规定："为了公共利益的需要，征收国有土地上单位、个人的房屋，应当对被征收房屋所有权人（以下称被征收人）给予公平补偿。"房屋所有权人作为被征收人，对征收与补偿行为不服提起行政诉讼的，具有原告资格。

第二，符合条件的公房承租人。公租房，无论是直管公房还是自管公房，在计划经济时代都具有福利分房的性质，承租人享有长期租住的权利，其经济地位接近房屋的所有权人。征收公租房，将使承租人按照公房管理规定取得的公房租赁权丧失。因此，符合条件的公房承租人与房屋征收决定、补偿决定之间具有利害关系，具有原告资格。

第三，经营性房屋承租人。经营性房屋承租人通常不具有原告资格，因为其并非房屋所有权人，与房屋征收决定、补偿决定之间没有利害关系。但是，如果承租人对涉案房屋进行了重新装修，添附了不可分割的价值，房屋被征收势必对其造成一定的现实影响。这种情况下，应当认为承租人与房屋补偿决定、强制拆除行为有利害关系，具有原告资格。[①]

第四，房屋共有人。部分房屋共有人与房屋征收部门签订了补偿安置协议并领取补偿款，基于诚实信用原则，其与被诉房屋征收决定不具有利害关系。但未签订补偿安置协议的共有人对房屋征收决定、补偿安置协议提起诉讼的，具有原告资格。

2.被告资格的认定

第一，市、县级人民政府。《国有土地上房屋征收与补偿条例》第8条、第26条规定，房屋征收决定、补偿决定由市、县级人民政府作出。按照"谁行为、谁被告"原则，被征收人对上述两个行政行为不服提起行政诉讼的，应当以市、县级人民政府为被告。

第二，开发区管理机构。《国有土地上房屋征收与补偿条例》没有关于开发区管理机构能否作出房屋征收决定、补偿决定的规定，但实践中，国务院、省级人民政府批准设立的开发区管理机构以自己的名义作出了大量房屋征收决定、补偿决定，实际上相当于市、县级人民政府。根据2018年《行政诉讼法适用解释》第21条之规定，对其作出的房屋征收决定、补偿决定不服提起诉讼的，以该开发区管理机构为被告。但是，**对于其他省级以下开发区管理机构作出房屋征收决定和房屋补偿决定，被征收人提起诉讼的，一般应以设立**

[①] 参见蔡小雪、郭修江：《房屋征收案件审理指引》，人民法院出版社2015年版，第26页。

该开发区管理机构的地方人民政府为被告，除非有法律、法规的明确授权。

第三，房屋征收部门。《国有土地上房屋征收与补偿条例》第25条规定，房屋征收部门与被征收人签订补偿协议。被征收人对补偿协议提起诉讼的，房屋征收部门是适格被告。

第四，未登记建筑认定处理部门。《国有土地上房屋征收与补偿条例》第24条第2款规定："市、县级人民政府作出房屋征收决定前，应当组织有关部门依法对征收范围内未经登记的建筑进行调查、认定和处理……"被征收人对房屋调查、认定和处理行为提起诉讼的，作出调查、认定和处理的行政机关是适格被告。

（三）房屋征收决定的合法性审查[①]

对房屋征收决定的合法性，重点审查以下内容。

第一，对是否超越职权的审查。市、县级人民政府，有法律、法规授权进行房屋征收补偿的开发区管理机构作出房屋征收决定的，应认定有职权依据。没有法律、法规授权进行房屋征收补偿的开发区管理机构作出房屋征收决定的，应认定没有职权依据。

第二，对土地性质的审查。我国土地性质分为国有土地和集体土地。因土地性质不同，行政机关实施征收时所适用的征收程序受不同的法律、法规调整。从征收主体看，国有土地上房屋征收主体由市、县级人民政府作出征收决定；集体土地征收需省级人民政府或国务院批准，由市、县级人民政府予以公告并组织实施。从征收对象看，国有土地上房屋征收针对的是房屋，国有土地使用权一并征收，即"地随房走"；集体土地征收针对的是土地，地上房屋随集体土地一并收回，即"房随地走"，不存在仅征收房屋而不征收

[①] 本部分主要参考《江苏省高级人民法院关于国有土地上房屋征收与补偿行政案件若干问题审理指南》。

土地的情况。从征收程序看，国有土地上房屋征收主要依据《国有土地上房屋征收与补偿条例》规定的程序进行；而集体土地征收主要依据《土地管理法》及《土地管理法实施条例》规定的程序进行。从征收补偿安置的内容、方式看，国有土地上房屋征收主要通过评估的方式确定被征收房屋的价值，根据《国有土地上房屋征收与补偿条例》第17条和第25条确定的项目进行补偿；而集体土地征收涉及土地补偿费、安置补助费、地上附着物和青苗的补偿标准以及农村村民住宅等，根据《土地管理法》第47条规定，由省、自治区、直辖市确定。因此，行政机关针对不同征收对象实施征收时，应当区分土地性质适用不同的征收程序。①

第三，对是否属于公共利益需要的审查。**房屋征收的公共利益要件实际上包含了"合法律性+合规划性"的复合结构**。换言之，房屋征收过程中存在一个"两阶段"的公共利益判定机制，即规划的公益性是"洋葱"的第一层，起着担保作用；具体建设项目的公益性是第二层，负担着正当化征收行为的决定作用。②具体而言，（1）征收人组织实施的基础设施、公共事业、保障性安居工程及旧城区改建等建设活动，应当认定符合公共利益。（2）发展和改革、自然资源和规划行政主管部门等出具的复函、证明、说明等，不足以直接认定房屋征收决定符合国民经济和社会发展规划、土地利用总体规划和城乡规划的，仍应通过五年规划纲要，土地利用总体规划图、局部图，城市总体规划图、局部图等，综合认定是否符合上述规划。（3）对保障性安居工程建设、旧城区改建项目，应查明是否纳入了人民代表大会讨论通过的国民经济和社会发展年度计划。

第四，对征收程序是否合法的审查。主要审查以下内容：（1）征

---

① 最高人民法院（2020）最高法行再276号行政判决书。
② 郑磊：《征收权的规划控制之道》，载《浙江社会科学》2019年第10期。

收补偿方案的拟定、征求意见、修改、公告等是否符合《国有土地上房屋征收与补偿条例》第10条、第11条的规定。（2）房屋征收决定作出前，是否按照《国有土地上房屋征收与补偿条例》第12条第1款进行社会稳定风险评估。（3）房屋征收决定作出前，是否按照《国有土地上房屋征收与补偿条例》第24条第2款依法对房屋面积和性质进行了调查、认定和处理。（4）房屋征收决定作出前，征收补偿费用是否按照《国有土地上房屋征收与补偿条例》第12条第2款足额到位、专户存储、专款专用。（5）房屋征收决定作出后，是否按照《国有土地上房屋征收与补偿条例》第13条及时公告。

第五，对房屋征收补偿方案内容合法性的审查。主要审查以下内容：（1）是否提供货币补偿和产权调换两种补偿安置方式供被征收人选择。（2）产权调换房屋的位置、面积等是否确定。位置、面积等不确定的，不得用于产权调换。（3）因旧城区改建项目征收个人住宅，被征收人选择改建地段房屋进行产权调换的，征收人是否提供改建地段或者就近地段房屋予以产权调换。

（四）补偿决定的合法性审查

根据《国有土地上房屋征收与补偿条例》的规定，房屋征收决定和补偿决定的作出主体都是市、县级人民政府，因此，审查是否超越职权的内容完全一致，故不再赘述。除此之外，审查补偿决定的合法性，还需要审查以下内容[1]。

第一，对补偿程序的审查。主要审查以下内容：（1）评估程序。是否按照《国有土地上房屋征收与补偿条例》第19条、第20条以及《国有土地上房屋征收评估办法》的规定选定评估机构，房屋征收部

---

[1] 本部分主要参考蔡小雪、郭修江：《房屋征收案件审理指引》，人民法院出版社2015年版，第133—224页；《江苏省高级人民法院关于国有土地上房屋征收与补偿行政案件若干问题审理指南》。

门是否将分户初步评估结果在征收范围内向被征收人公示，评估报告是否依法送达等。（2）协商程序。是否按照《国有土地上房屋征收与补偿条例》第25条的规定，就补偿方式、补偿金额和支付期限、用于产权调换房屋的地点和面积、搬迁费、临时安置费或者周转用房、停产停业损失、搬迁期限、过渡方式和过渡期限等事项与被征收人进行协商，订立补偿协议。（3）补偿决定程序。是否依据《国有土地上房屋征收与补偿条例》第26条的规定，报请市、县级人民政府按照征收补偿方案作出补偿决定。（4）公告和送达程序。市、县级人民政府作出补偿决定后，是否在房屋征收范围内及时予以公告，并送达被征收人。

第二，对征收房屋补偿事实的审查。被征收房屋的性质、用途、面积认定是否清楚，直接关系被征收人能否获得以及获得多少补偿。因此，应重点审查房屋合法面积认定是否正确、未经登记建筑不予补偿是否正确、房屋性质认定是否正确等。

第三，对房屋评估结论的审查。主要审查以下内容：（1）依据《国有土地上房屋征收评估办法》第13条审查评估方法是否正确。（2）评估时点的确定是否准确。通常情形下，应当适用《国有土地上房屋征收评估办法》第10条第1款的规定，即被征收房屋价值评估时点为房屋征收决定公告之日。但在补偿明显延迟、被征收房屋价值又明显上涨情形下，应考虑评估时点后移，以作出补偿决定或者签订补偿协议之日为评估时点，甚至可以以一审审理时点为评估时点。在征收补偿程序不合理延迟、被征收房屋价值明显下跌情形下，基于平等保护原则，仍应以房屋征收决定公告之日作为评估时点。[①]

第四，对补偿方式选择权的审查。主要审查以下内容：（1）是否在补偿安置方案中告知被征收人有权选择不同的补偿安置方式，是否在征收实施中告知被征收人拒绝选择的后果；（2）是否根据被

---

① 章剑生、胡敏洁、查云飞主编：《行政法判例百选》，法律出版社2020年版，第132页。

征收人选择的补偿安置方式作出房屋补偿决定；（3）未按照被征收人选择的补偿安置方式进行补偿是否有正当理由；（4）给予产权调换的，产权调换房屋的位置、面积、价格是否确定；（5）房屋补偿安置方式是否明确，补偿内容是否具体。房屋补偿决定给予两种补偿安置方式的，应当认定为补偿安置方式不明确。

第五，对补偿决定内容的审查。人民法院对房屋征收补偿决定中所确定的房屋价值、补偿方式、补偿金额、支付期限、用于产权调换房屋的位置和面积、搬迁费、临时安置费或者周转用房、停产停业损失、搬迁期限、过渡方式和过渡期限、补助奖励等事项是否合法进行全面审查。

三、特殊类型行政征收的法律救济

集体土地征收和国有土地上房屋征收是两种最为常见的行政征收类型。除此之外，前面章节提到的行政机关为了公共利益需要收回国有土地使用权，为了应对突发事件而紧急征调人力和征用财物，抑或为了保护生态环境而调整城乡规划、划定水源保护区等，都可能损及公民的合法的私有财产，也都存在法律救济的问题。

（一）特殊类型行政征收及其补偿请求权基础检索

特殊类型的行政征收，有的有明确的法律依据，如国有土地使用权收回，实体法依据是《土地管理法》第58条、《城镇国有土地使用权出让和转让暂行条例》第42条。紧急征用，如《民法典》第245条、《传染病防治法》第45条。准征收，如《风景名胜区条例》第11条、第22条，《畜禽规模养殖污染防治条例》第25条。有的没有法律、行政法规、规章的明确规定，需要进一步检索行政规范性文件。如《农业部、财政部关于调整完善动物疫病防控支持政策的通知》规定，对强制扑杀家畜家禽应给予一定扑杀补助。

需要说明的是，有时准征收补偿可能缺乏直接的法律规定，如政府组织实施公共工程建设等对部分群体造成一定的损害，这种情况下，行政机关虽然没有作出征收决定，但其行为事实上已经产生了征收的效果，也应当依法给予补偿。因为，行政补偿请求权基础既包括法律、法规的规定，也包括基于行政机关的先行行为、行政承诺、行政协议而形成的职责，还包括对民法规范的类推适用。不宜简单以没有法律规定为由，将法律规范不健全的不利后果全部由受害人承担。

（二）特殊类型行政征收的救济途径

从前述列举的一些特殊类型行政征收看，涉及的行政行为种类可能包括环保关停决定、行政许可撤回、行政规划变更、行政事实行为等。因此，具体的救济途径和诉讼类型也并不一致。具体而言：

1.行政补偿申请程序前置。基于对行政机关首次判断权的尊重，有些情形下，需要当事人先向行政机关申请补偿；对行政机关不予答复或作出的补偿决定不服的，可以申请行政复议或提起行政诉讼。例如，《重庆市行政许可补偿暂行办法》规定，行政机关在依法作出变更或者撤回行政许可决定时，应当制作申请行政许可补偿告知书。被许可人在收到变更或者撤回行政许可决定后，应当按照申请行政许可补偿告知书的要求提出补偿申请。补偿义务机关收到补偿申请人的补偿申请及相关材料后，在对相关材料进行审查的同时，应当及时与补偿申请人就补偿数额、补偿方式等内容进行充分协商。补偿义务机关与补偿申请人协商一致的，补偿义务机关应当自协商一致之日起5日内与补偿申请人签订行政许可补偿协议。补偿义务机关与补偿申请人未协商一致的，补偿义务机关应当在收到补偿申请之日起20日内作出行政许可补偿决定。相关公民、法人和其他组织反悔行政许可补偿协议、不服变更或者撤回行政许可决定、不服行政许可补偿决定以及不服其他相关具体行政行为的，可以依法申请行政复议或提起行政诉讼。补偿申请人申请行政许可补偿的时效为两年，自补偿申请人收到申请行政许可补偿告知书之日起计算。补偿义务机关未履行告知义务的，从告知之日起计算。《最高人民法院关于审理行政许可案件若干问题的规定》第14条规定："行政机关依据行政许可法第八条第二款规定变更或者撤回已经生效的行政许可，公民、法人或者其他组织仅主张行政补偿的，应当先向行政机关提出申请；行政机关在法定期限或者合理期限内不予答复或者对行政机关作出的补偿决定不服的，可以依法提起行政诉讼。"

2.提起履行补偿法定职责之诉。有些情形下，行政机关应当主动履行补偿职责，并不需要行政补偿申请程序前置，当事人有权直接提起履行补偿法定职责之诉。例如，为了公共利益的需要，行政机关在作出收回国有土地使用权决定之后，迟迟不履行补偿职责或当事人对行政机关的补偿决定不服的，当事人可以直接向人民法院起诉，要求判决行政机关履行补偿法定职责。

3.政府组织实施的公共工程建设、交通噪声等所生之损害，还可通过民事诉讼或其他诉讼外机制解决。我国公共设施致害鲜有纳入行政诉讼的先例，一般通过民事诉讼解决争议；政府组织实施的公共工程建设、国有干线交通噪声导致公民、法人或者其他组织无法正常在原地经营的，当事人可依据《民法典》《环境保护法》《噪声污染防治法》等主张赔偿或补偿责任。

典型案例

张某某等16人诉镇平县人民政府房屋征收决定及南阳市人民政府行政复议案[1]

案情简介：

2016年7月，镇平县人民政府为实施棚户区改造项目，作出

---

[1] 参见最高人民法院（2019）最高法行申10994号行政裁定书。

〔2016〕1号房屋征收决定书。张某某等16户与房屋征收部门未能达成补偿协议，遂以"案涉棚户区改造项目实为商业性房地产开发，不符合公共利益需要，且未纳入国民经济和社会发展年度计划"为由，对县政府房屋征收决定提起行政诉讼。一审判决驳回原告诉讼请求，二审判决以县政府诉讼中提供的相关部门出具的复函不能替代"四规划一计划"原始文本为由，认定涉案征收决定不具备法定条件，改判确认涉案征收决定违法。镇平县人民政府不服，向最高人民法院申请再审。

最高人民法院认为： 本案中，镇平县人民政府未在一审举证期限内提交国民经济和社会发展年度计划文本证据材料，仅提交了县发展和改革委员会出具的复函，用以证明案涉棚户区改造项目符合国民经济和社会发展年度计划。由于该复函不是计划文本本身，二审法院依据行政诉讼举证规则和行政行为合法性审查原则，认定仅凭该复函无法证明涉案征收决定符合国民经济和社会发展年度计划，并以涉案征收决定不符合法定条件为由，判决确认涉案征收决定违法，并无不当。因撤销涉案征收决定会损害重大公共利益，二审法院依照《行政诉讼法》第74条第1款第1项规定，仅确认涉案征收决定违法，亦无不当。

案例评析：

我国《土地管理法》第45条和《国有土地上房屋征收与补偿条例》第9条均规定，实施征收应当符合国民经济和社会发展规划、土地利用总体规划、城乡规划和专项规划，保障性安居工程建设等还应当纳入国民经济和社会发展年度计划（简称"四规划一计划"），为征收权的行使创设了合规划性的法定要件。一个科学、民主和合法的规划的存在，可以减少政府以经济发展为借口，为纯粹的商业利益而滥用征收权。同时，一个公众充分参与的规划程序，又可最小化因征收而导致的政府公信力下降、社会不稳定因素增加和经济损害成本上升。[①]《行政诉讼法》第34条规定："被告对作出的行政

---

① 参见郑磊：《征收权的规划控制之道》，载《浙江社会科学》2019年第10期。

行为负有举证责任，应当提供作出该行政行为的证据和所依据的规范性文件。被告不提供或者无正当理由逾期提供证据，视为没有相应证据……"行政诉讼中，证据经法庭审查属实，才能作为认定案件事实的根据。有关职能部门出具复函应以"四规划一计划"存在为前提，如果有，应当直接提供"四规划一计划"文本；如果没有，有关职能部门出具的复函则会因无法从客观性、关联性、合法性角度进行审查，而难以作为认定案件事实的依据。

第三节　国家赔偿

国家赔偿是指国家机关及其工作人员因行使职权给公民、法人或者其他组织的人身权或财产权造成损害，依法应给予的赔偿。国家赔偿和国家补偿都属于国家责任的范畴，两者也有一些相似之处，例如，都是对公权力行使造成损害的救济，都要由公权力主体支出一定的费用来弥补损害。但两者也存在诸多差异，最为核心的是引起损害的原因不同：国家赔偿以违法行为为前提，系对侵权行为所造成的损害进行赔偿；国家补偿则由合法行为引起，系对合法行为所造成的损失进行补偿。就行政征收领域而言，究竟寻求行政赔偿，还是寻求行政补偿，依赖于行政征收行为究竟违法还是合法。[①]《国家赔偿法》第4条第3项规定，违法征收、征用财产的，受害人有取得赔偿的权利。**对于土地、房屋征收中的强制拆除行为不服的，可提起确认强制拆除行为违法并要求赔偿动产、不动产等损失诉讼。**

一、赔偿请求人和赔偿义务机关

因国家机关及其工作人员行使职权受害的公民、法人和其他组

[①] 李广宇：《诉讼类型化与诉的利益》，法律出版社2018年版，第397页。

织为赔偿请求人。在违法征收征用土地、房屋类行政赔偿案件中，赔偿请求人和行政复议、行政诉讼当事人一致。具体而言，违法征收集体土地的，赔偿请求人包括农村集体经济组织、村民委员会或村民小组、过半数的村民、过半数的原集体经济组织成员，以及农村集体承包地、宅基地、建设用地使用权人或实际使用人，村集体经济组织成员以外的农村土地经营权人、土地承租人等。违法征收国有土地上房屋的，赔偿请求权人包括房屋所有权人、符合条件的公房承租人、具有重大添附的经营性房屋承租人、房屋共有人等。受害的公民死亡的，其继承人和其他有扶养关系的亲属有权要求赔偿。受害的法人或者其他组织终止的，其权利承受人有权要求赔偿。

行政机关及其工作人员行使行政职权侵犯公民、法人和其他组织的合法权益造成损害的，该行政机关为赔偿义务机关。在违法征收征用土地、房屋类行政赔偿案件中，具体包括：县级以上地方人民政府，具有行政主体资格的开发区管理机构，作出房屋调查、认定和处理行为的有关部门，实施强制拆除行为的乡镇人民政府（街道办事处）。另外，无论是申请人民法院强制执行其责令交出土地决定，还是房屋征收决定，因据以强制执行的行政行为违法而引发行政赔偿的，申请强制执行的行政机关为赔偿义务机关。

二、赔偿程序

《国家赔偿法》第9条第2款规定，赔偿请求人要求赔偿，应当先向赔偿义务机关提出，也可以在申请行政复议或者提起行政诉讼时一并提出。对于这两种途径，赔偿请求人可以自行选择。此外，行政行为已被确认为违法，符合一定条件的，公民、法人或者其他组织还可以单独提起行政赔偿诉讼。

（一）赔偿义务机关先行处理程序

从从源头上化解社会矛盾维护稳定角度考虑，赔偿请求人先向赔偿义务机关提出赔偿请求，有利于疏减诉源，提高行政赔偿效率。对此，赔偿义务机关应当增强主动化解意识，依法进行复核复查，确属违法的，主动给予赔偿。在时效上，公民、法人或者其他组织应当自知道或者应当知道行政征收行为侵犯其合法权益之日起两年内，向赔偿义务机关申请行政赔偿。申请赔偿时，赔偿请求人应当递交申请书，载明具体的要求、事实根据和理由。赔偿义务机关应当自收到申请之日起2个月内，作出是否赔偿的决定。赔偿义务机关作出赔偿决定，应当充分听取赔偿请求人的意见，并可以与赔偿请求人就赔偿方式、赔偿项目和赔偿数额依法进行协商。赔偿义务机关决定赔偿的，应当制作赔偿决定书，并自作出决定之日起10日内送达赔偿请求人。赔偿义务机关决定不予赔偿的，应当自作出决定之日起10日内书面通知赔偿请求人，并说明不予赔偿的理由。

赔偿义务机关在收到赔偿申请之日起2个月内未作出赔偿决定的，公民、法人或者其他组织可以依照《行政复议法》或《行政诉讼法》的有关规定申请行政复议或提起行政赔偿诉讼。赔偿请求人对赔偿决定中的赔偿方式、项目、数额有异议的，或者对赔偿义务机关作出不予赔偿决定不服的，可以依照《行政复议法》或《行政诉讼法》的有关规定申请行政复议或提起行政赔偿诉讼。

（二）申请行政复议或者提起行政诉讼时一并提出赔偿请求

《行政复议法》第29条规定，申请人在申请行政复议时可以一并提出行政赔偿请求，行政复议机关对符合国家赔偿法的有关规定应当给予赔偿的，在决定撤销、变更具体行政行为或者确认具体行政行为违法时，应当同时决定被申请人依法给予赔偿。即便申请人在申请行政复议时没有提出行政赔偿请求，行政复议机关在依法决定撤销违法征收行为时，也应当同时责令被申请人返还财产，或者赔偿相应的价款。如此规定，是由行政复议层级监督的特点决定的，也更有利于实质性化解行政争议。此外，被征收人位于征地公告范围内的房屋未通过补偿安置协议或者补偿决定得到补偿安置即被强制拆除的，被征收人提起行政诉讼请求确认强制拆除行为违法时，可一并请求赔偿动产、不动产等损失。需要注意的是，此时应适用《行政复议法》有关申请期限或《行政诉讼法》有关起诉期限的规定。

（三）单独提起行政赔偿诉讼

单独提起行政赔偿诉讼不同于一并提起行政赔偿请求。二者的区别在于，行政行为的违法确认和赔偿处理是否在一个诉讼程序中予以解决。如果行政行为已被确认为违法，赔偿请求人不经向赔偿义务机关提出赔偿申请，直接向人民法院提起行政赔偿诉讼，即为单独提起行政赔偿诉讼。《最高人民法院关于审理行政赔偿案件若干问题的规定》（以下简称《行政赔偿司法解释》）第13条第2款规定："行政行为已被确认为违法，并符合下列条件的，公民、法人或者其他组织可以单独提起行政赔偿诉讼：（一）原告具有行政赔偿请求资格；（二）有明确的被告；（三）有具体的赔偿请求和受损害的事实根据；（四）赔偿义务机关已先行处理或者超过法定期限不予处理；（五）属于人民法院行政赔偿诉讼的受案范围和受诉人民法院管辖；（六）在法律规定的起诉期限内提起诉讼。"如此规定，不仅尊重了行政赔偿请求人的选择权，体现了以人民为中心的原则，也有利于畅通赔偿渠道，符合制定和修改《国家赔偿法》的立法目的。[①]

三、举证责任

行政赔偿虽是特殊的行政侵权赔偿，但一般情况下，也应采用"谁主张，谁举证"原则。以行政赔偿诉讼为例，原告应当对行政行

[①] 最高人民法院行政审判庭编著：《〈最高人民法院关于审理行政赔偿案件若干问题的规定〉理解与适用》，人民法院出版社2022年版，第213页。

为造成的损害提供证据。但在特定情况下，也会发生举证责任倒置的情形。譬如，《行政赔偿司法解释》第11条第1款规定："行政赔偿诉讼中，原告应当对行政行为造成的损害提供证据；因被告的原因导致原告无法举证的，由被告承担举证责任。"2018年《行政诉讼法适用解释》第47条第2款、第3款规定："对于各方主张损失的价值无法认定的，应当由负有举证责任的一方当事人申请鉴定，但法律、法规、规章规定行政机关在作出行政行为时依法应当评估或者鉴定的除外；负有举证责任的当事人拒绝申请鉴定的，由其承担不利的法律后果。当事人的损失因客观原因无法鉴定的，人民法院应当结合当事人的主张和在案证据，遵循法官职业道德，运用逻辑推理和生活经验、生活常识等，酌情确定赔偿数额。"

四、赔偿标准

行政赔偿或行政补偿都是对受害人财产损害或损失的填补。在土地、房屋征收过程中，行政机关违法实施征收的，原本应当通过征收补偿程序予以行政补偿的财产损失，转变为通过行政赔偿程序予以解决。因此，因违法征收征用土地、房屋而给予被征收人的行政赔偿，不得少于被征收人在正常征收补偿程序中依法和依据当地征收补偿政策所应当获得的安置补偿权益。在赔偿标准上，应参照《土地管理法》《土地管理法实施条例》《国有土地上房屋征收与补偿条例》以及有关地方性法规、地方政府规章、规范性文件和征收补偿安置方案，或者国有土地使用权收回、临时征用等有关补偿办法，确定赔偿数额。这里仅提示几种特殊情况下的处理方法。

（一）直接损失范围的认定

《国家赔偿法》第36条第8项规定，对财产权造成其他损害的，按照直接损失给予赔偿。所谓"直接损失"，是指因违法行政行为造成当事人各项合法财产实际损失的总和。在征收补偿转变为行政赔偿的案件中，土地补偿费、安置补助费、农村村民住宅以及其他地上附着物和青苗等的补偿费用、国有土地上房屋价值损失、室内物品损失、停产停业损失、搬迁费、过渡期间的房屋租赁费等都属于直接损失。根据《行政赔偿司法解释》第29条第3项的规定，未及时支付赔偿金所产生的利息，通过行政补偿程序依法应当获得的奖励、补贴等也属于《国家赔偿法》第36条第8项规定的"直接损失"。

（二）集体土地征收中停产停业损失的认定

征收过程中，停产停业损失系因征收行为或侵权行为而给被征收人或受害人合法开展的经营活动造成临时性障碍而产生，本质上是一种过渡性费用损失。《国有土地上房屋征收与补偿条例》第17条明确规定了国有土地上房屋征收时的停产停业损失补偿，但对集体土地上房屋征收时是否需要补偿停产停业损失没有作出明确规定。基于公平补偿原则，为充分合理保护被征收人的合法权益，对于集体土地上经营性房屋所产生的停产停业损失也应作为直接损失予以补偿。

（三）房屋内动产损失的认定

违法征收征用土地、房屋引发的行政赔偿案件中，因违法征收导致的屋内动产损失，亦属于《国家赔偿法》确定的赔偿范围。但有时"房屋被违法强制拆除，因赔偿义务机关的原因导致赔偿请求人无法对室内物品损失举证证明，赔偿义务机关在拆除房屋时亦未拍照、录像、依法进行财产登记等，导致室内物品损失无法查清"[1]，就此，《行政赔偿司法解释》第11条第2款规定"人民法院对

---

[1] 《河南省高级人民法院赔偿委员会办公室关于审理违法征收、违法强拆类行政赔偿案件的工作指南（试行）》（2020年4月30日）。

于原告主张的生产和生活所必需物品的合理损失,应当予以支持;对于原告提出的超出生产和生活所必需的其他贵重物品、现金损失,可以结合案件相关证据予以认定"。

典型案例

范某某诉某区人民政府强制拆除房屋及行政赔偿案[①]

案情简介:

2011年1月,某区人民政府在未与范某某就补偿安置达成协议、未经批准征用土地的人民政府作出安置补偿裁决的情况下,将范某某位于征收范围内的集体土地上的房屋拆除,人民法院生效判决确认拆除行为违法。范某某依法提起本案诉讼请求赔偿。一、二审法院判决某区人民政府以决定赔偿时的市场评估价格予以赔偿。某区人民政府不服,向最高人民法院申请再审。

最高人民法院认为: 行政机关违法强制拆除房屋的,被征收人获得的行政赔偿数额不应低于赔偿时被征收房屋的市场价格。否则,不仅有失公平而且有纵容行政机关违法之嫌。因此,在违法强制拆除房屋的情形下,人民法院判决某区人民政府以决定赔偿时的市场评估价格对被征收人予以行政赔偿,符合房屋征收补偿的立法目的。

案例评析:

违法征收征用土地、房屋,人民法院判决给予被征收人的行政赔偿,不得少于被征收人依法应当获得的安置补偿权益。这一规定体现了有权必有责、违法须担责、侵权要赔偿、赔偿应全面的法治理念,有利于充分发挥司法的评价、引导功能,加大对侵犯产权行

[①] 本案例为《最高人民法院行政赔偿参考案例》之四,载《人民法院报》2022年3月22日,第3版。

为的监督力度，从而促进行政机关自觉依法行政，从源头上减少行政争议，既顺利推进公共利益建设，也确保房屋产权人得到公平合理的补偿。否则，不仅有失公平而且有纵容行政机关违法之嫌。与此同时，《行政赔偿司法解释》第27条第1款规定："违法行政行为造成公民、法人或者其他组织财产损害，不能返还财产或者恢复原状的，按照损害发生时该财产的市场价格计算损失。市场价格无法确定，或者该价格不足以弥补公民、法人或者其他组织损失的，可以采用其他合理方式计算。"也就是说，一般情况下，应按照损害发生时该财产的市场价格计算损失。但如果时过境迁，房屋价值发生较大变化，坚持按损害发生时的市场价格进行补偿，有可能不足以弥补公民、法人或者其他组织的损失，此时可以采用其他合理方式计算，譬如本案中人民法院判决某区人民政府以决定赔偿时的市场评估价格对被征收人予以行政赔偿。

思考题

1. 省级人民政府作出的征地批复，是《行政复议法》第30条第2款中的"最终裁决"吗？

2. 在土地、房屋征收领域，如何发挥行政复议化解行政争议的主渠道作用？

3. 县级以上地方人民政府的征收公告行为能否视为集体土地征收决定？

4. 如何看待行政诉讼在督促行政机关依法行使职权中的作用？

5. 对于违法征收征用土地、房屋，应当坚持何种行政赔偿标准？

第六章 法律责任

本章知识要点

□ 行政机关及其工作人员的法律责任
□ 被征收征用人的法律责任
□ 第三方机构的法律责任

法律责任有广义和狭义之分，广义的法律责任指的是任何自然人、法人和其他组织均有遵守法律法规、自觉履行法定义务的责任；狭义的法律责任强调违法者实施违法行为后法律对其的否定性评价。本章所称的法律责任是狭义的法律责任，是指在行政征收征用的过程中，行政征收征用机关[①]及其工作人员违法履行职责、被征收征用人或与行政征收征用有关的第三方机构实施违反法律行为所应当依法承担的不利后果。法律责任的承担由国家强制力保障实施，通过对违法主体适用一定的法律制裁，以达到保护和恢复法律秩序的目的。

依据责任主体类型的不同，本章将对行政机关及其工作人员、被征收征用人以及第三方机构三个不同主体在行政征收征用中的法律责任进行分类阐释。

---

① 此处所称的"行政征收征用机关"，是集体土地和国有土地上房屋征收以及其他特殊类型征收征用行为中的报批机关、实施机关、征收征用补偿机关的统称。

第一节　行政机关及其工作人员的法律责任

依据我国《宪法》第10条第3款和第13条第3款的规定，国家为了公共利益的需要，可以依法对土地或者公民私有财产实行征收或者征用并给予补偿。此外，《民法典》第243条第1款规定，为了公共利益的需要，依照法律规定的权限和程序可以征收集体所有的土地和组织、个人的房屋以及其他不动产。如前述章节所述，行政征收征用涉及集体土地征收、国有土地上房屋征收等多个领域，我国现阶段还未形成一套完整的、专门的行政征收征用法律，有关行政征收征用法律责任的具体规定分散于《土地管理法》《国有土地上房屋征收与补偿条例》《土地管理法实施条例》等法律法规之中。

在行政征收征用的过程中，行政机关及其工作人员依法享有和承担行政征收征用权责，履行法定义务，是行政征收征用行为的重要主体。然而，实践中却屡有行政机关及其工作人员违反法律法规，不当行使职权，其应当依法承担相应的法律责任。

一、承担法律责任的典型情形

（一）非法批准征收征用土地

行政征收征用的过程中，国家机关及其工作人员应当依法履行征收征用职权，非法批准征收征用土地的，依据其情节轻重承担相应的法律责任。非法批准征收征用土地的典型情形如下。

1.无批准权。无批准权而非法批准征地，指的是没有土地批准权的行政机关，违法批准征收征用土地的行为。根据《土地管理法》第46条第1款第1项的规定，征收永久基本农田的，由国务院批准。除国务院外，其他地方各级人民政府批准征收永久基本农田的，都属于无权批准。根据《土地管理法》第57条第1款的规定，**临时使用土地的应当由县级以上人民政府自然资源主管部门批准。**此处强调"县级以上+自然资源主管部门"，因而乡镇人民政府或其他无土地征收、使用审批权限的部门或单位，无权批准临时使用国有土地或者农民集体所有的土地。

2.超越批准权。超越批准权限非法批地，指的是下级人民政府越权批准依法应当由上一级人民政府或者国务院审批的土地征收行为。根据《土地管理法》第46条的规定，征收耕地（永久基本农田以外）超过35公顷、其他土地超过70公顷的应当由国务院批准，若由省、自治区、直辖市人民政府进行批准则系超越批准权限。换言之，**省级人民政府作为土地征收的审批机关，拥有的征地审批权限限于35公顷以下永久基本农田以外的耕地和70公顷以内的其他土地，超越上述规定面积数额的征地审批，系超越批准权非法批准征地的行为。**

3.违反土地利用总体规划确定的土地用途批准征收土地的行为。土地利用总体规划是科学实施土地用途管制并合理统筹各类土地使用活动的重要依据。根据《土地管理法》第44条的规定，农用地转为建设用地应当按照是否占用了永久基本农田实行分级审批，如若在土地征收的过程中，**未按照土地利用总体规划确定的土地用途征收土地，则系非法批准征收土地。**

4.违反法定程序征收征用土地。国务院及省级人民政府在征地过程中，违反《土地管理法》第46条的规定，未依法先行办理农用地转用审批手续而批准办理征地审批手续的，系违反法定程序征收土地。县级以上人民政府自然资源主管部门违反《土地管理法》第57条的规定，未经城市规划主管部门同意而批准临时征用土地的，系违反法定程序征用土地。

（二）非法侵占、挪用、贪污、私分、截留、拖欠征收征用补偿费

行政征收征用是国家为了公共利益需要，未经财产所有权人同意，而强制取得其财产的行为。在这一过程中，财产权利人为了公共利益的需要作出了特别的牺牲，对于这种特别牺牲，国家应予以公平补偿。《土地管理法》第48条第1款规定："征收土地应当给予公平、合理的补偿，保障被征地农民原有生活水平不降低、长远生计有保障。"《国有土地上房屋征收与补偿条例》第12条第2款规定："作出房屋征收决定前，征收补偿费用应当足额到位、专户存储、专款专用。"明确了将征收补偿费作为公共财产进行保护。根据《土地管理法》第49条[①]、第80条[②]，《国有土地上房屋征收与补偿条例》第33条[③]的规定，行政征收征用机关工作人员对征收征用补偿费非法实施下列行为的，应当依法承担法律责任。

1.侵占征收征用补偿费，是指行政征收征用机关中的工作人员利用职务上的便利，侵吞、盗窃、骗取或者以其他非法手段将征收征用补偿费用和其他费用占为己有的行为。

2.挪用征收征用补偿费，是指行政征收征用机关中的工作人员利用职务便利，非法将征收征用补偿费用和其他费用挪作他用的行为。

[①] 《土地管理法》第49条规定："被征地的农村集体经济组织应当将征收土地的补偿费用的收支状况向本集体经济组织的成员公布，接受监督。禁止侵占、挪用被征收土地单位的征地补偿费用和其他有关费用。"

[②] 《土地管理法》第80条规定："侵占、挪用被征收土地单位的征地补偿费用和其他有关费用，构成犯罪的，依法追究刑事责任；尚不构成犯罪的，依法给予处分。"

[③] 《国有土地上房屋征收与补偿条例》第33条规定："贪污、挪用、私分、截留、拖欠征收补偿费用的，责令改正，追回有关款项，限期退还违法所得，对有关责任单位通报批评、给予警告；造成损失的，依法承担赔偿责任；对直接负责的主管人员和其他直接责任人员，构成犯罪的，依法追究刑事责任；尚不构成犯罪的，依法给予处分。"

3.贪污征收征用补偿费，是指国家工作人员利用职务便利，侵吞、窃取、骗取或者以其他手段非法占有征收征用补偿费的行为。

4.私分征收征用补偿费，是指国家机关、国有公司、企业、事业单位、人民团体，违反国家规定，以单位名义将征收征用补偿费用集体私分给个人的行为。

5.截留征收征用补偿费，是指国家机关及其工作人员，在办理征收征用补偿款的过程中，并没有按时、按规定将补偿款发放给被征收征用人，而是在某一环节将全部或部分费用私自留下的行为。

6.拖欠征收征用补偿费，是指对征收补偿费用不及时、足额到户发放的行为。

需要注意的是，**侵占、挪用、私分、截留和拖欠的对象是作为公共财产保护的被征收人的征收补偿费用以及其他相关费用，如果征收补偿费用已经分配给被征收人，就不再属于公共财产而属于个人财产，不构成上述违法行为**，需要依据其他法律法规依法追究其他法律责任。

（三）非法迫使搬迁行为

非法迫使搬迁行为，指的是行政征收征用机关工作人员采用暴力、威胁或停水停电等方式，使被征收征用人违背自身意志而被迫搬迁的行为。《国有土地上房屋征收与补偿条例》第27条第3款明确规定，为规范国有土地上房屋征收与补偿活动，依法保障被征收人的合法权益，禁止行政征收征用机关及其工作人员"采取暴力、威胁或者违反规定中断供水、供热、供气、供电和道路通行等非法方法迫使被征收人搬迁"。

1.暴力迫使搬迁，是指在征收征用执行的过程中，行政征收征用机关工作人员违背被征收征用人及利害关系人的意愿，对其实施捆绑、禁闭、殴打、伤害等不同程度的侵犯人身自由权和健康权的强制行为，进而迫使其搬迁的行为。

2.威胁迫使搬迁，是指行政征收征用机关工作人员对被征收人给予精神上的强制，造成当事人心理上产生一定程度的恐惧，以致不敢反抗的行为。

3.其他非法方式，指的是行政征收征用机关工作人员违反法律规定采取中断供水、供热、供气、供电和道路通行等非法方式，扰乱被征收征用人正常的生活秩序，最终迫使其不得不搬迁的行为。

（四）其他玩忽职守、滥用职权、徇私舞弊的行为

《土地管理法》《国有土地上房屋征收与补偿条例》《土地管理法实施条例》等法律法规对行政征收征用适用范围、实施条件、正当程序、公平补偿等问题进行了类型化规定，行政征收征用机关及其工作人员应当依法履行有关职责、承担相应的义务。除上述三类非法行为外，若在行政征收征用过程中，行政机关及其工作人员未能依法履职，有其他玩忽职守、滥用职权、徇私舞弊的行为，也应当依法承担法律责任。玩忽职守，是指行政征收征用机关工作人员不履行、不正确履行或者放弃履行职责的行为。滥用职权，是指行政征收征用机关工作人员违反法律规定的权限和程序，滥用职权或者超越职权的行为。徇私舞弊，是指行政征收征用机关工作人员为个人私利或者亲友私情而玩忽职守、滥用职权的行为。

如《国有土地上房屋征收与补偿条例》第30条[1]明确规定，在房屋征收与补偿工作中不履行本条例规定的职责，应当承担法律责任。其中，不履行法定职责可以具体细化为在房屋征收与补偿的过程中：（1）违反规定，对举报的违法行为未依法及时核实、处理；（2）违

---

[1] 《国有土地上房屋征收与补偿条例》第30条规定："市、县级人民政府及房屋征收部门的工作人员在房屋征收与补偿工作中不履行本条例规定的职责，或者滥用职权、玩忽职守、徇私舞弊的，由上级人民政府或者本级人民政府责令改正，通报批评；造成损失的，依法承担赔偿责任；对直接负责的主管人员和其他直接责任人员，依法给予处分；构成犯罪的，依法追究刑事责任。"

反关于公共利益界定的规定，列入公共利益范围内的建设活动不符合有关规定；（3）违反关于征收程序的规定，未对房屋征收范围内房屋的有关情况组织调查登记或者未将调查结果予以公布；（4）违反关于补偿的规定，损害了被征收征用人的合法利益；（5）违反关于未经登记的建筑先行调查、认定和处理的规定，作出房屋征收决定前，未组织有关部门依法对征收范围内未经登记的建筑进行调查、认定和处理；等等。

此外，《土地管理法》第84条、《土地管理法实施条例》第65条也明确规定在行政征收征用过程中，自然资源主管部门等国家机关工作人员玩忽职守、滥用职权、徇私舞弊的，应当依据其情节轻重承担法律责任。

二、法律责任的具体类型

（一）处分

处分是国家机关根据法律法规，对违法公职人员进行责任追究的措施。处分有广义和狭义之分，狭义上的处分仅指行政处分；**对行政征收征用机关工作人员违法行为的处分应当从广义上理解，包含行政处分和政务处分**。两者主要的差异在于实施主体不同，行政处分的主体是公职人员的任免机关、单位，政务处分的主体是监察机关[1]；而两种处分的类型相同，都是警告、记过、记大过、降级、撤职、开除。行政征收征用中，依据违法情节严重程度，对直接负责的主管人员和其他直接责任人员，应由其所在单位或任免机关或监察机关给予处分。

---

[1] 中央纪委国家监委法规室：《正确理解和适用政务处分与处分》，载中共中央纪律检查委员会与中华人民共和国国家监察委员会网站，https://www.ccdi.gov.cn/yaowen/202007/t20200703_221290.html，最后访问时间：2022年12月26日。

1. 非法批准征收征用土地。根据《土地管理法》第79条[①]以及《土地管理法实施条例》第65条[②]的规定，行政征收征用机关工作人员由于玩忽职守、滥用职权、徇私舞弊等而非法批准征收征用土地的，依法给予处分。

2. 非法侵占、挪用、贪污、私分、截留、拖欠被征收人的征收征用补偿费。根据《土地管理法》第80条[③]、《国有土地上房屋征收与补偿条例》第33条的规定，对于行政征收征用机关工作人员非法侵占、挪用、贪污、私分、截留、拖欠被征收人的征收征用补偿费，但情节显著轻微、危害不大，尚不构成犯罪的，应当依法予以处分。

3. 非法迫使搬迁。根据《国有土地上房屋征收与补偿条例》第31条的规定，行政征收征用机关工作人员采取暴力、威胁或者违反规定中断供水、供热、供气、供电和道路通行等非法方式迫使被征收人搬迁的，应当对直接负责的主管人员和其他直接责任人员，依法给予处分。

4. 在行政征收征用过程中，其他玩忽职守、滥用职权、徇私舞弊的行为。根据《土地管理法》第84条、《土地管理法实施条例》第65条、《国有土地上房屋征收与补偿条例》第30条的规定，在行政征收征用过程中，国家机关工作人员有其他玩忽职守、滥用职权、徇私舞弊的行为，但情节显著轻微、危害不大，尚不构成犯罪的，

[①] 《土地管理法》第79条规定："无权批准征收、使用土地的单位或者个人非法批准占用土地的，超越批准权限非法批准占用土地的，不按照土地利用总体规划确定的用途批准用地的，或者违反法律规定的程序批准占用、征收土地的，其批准文件无效，对非法批准征收、使用土地的直接负责的主管人员和其他直接责任人员，依法给予处分；构成犯罪的，依法追究刑事责任。非法批准、使用的土地应当收回，有关当事人拒不归还的，以非法占用土地论处。非法批准征收、使用土地，对当事人造成损失的，依法应当承担赔偿责任。"

[②] 《土地管理法实施条例》第65条规定："各级人民政府及自然资源主管部门、农业农村主管部门工作人员玩忽职守、滥用职权、徇私舞弊的，依法给予处分。"

[③] 《土地管理法》第80条规定："侵占、挪用被征收土地单位的征地补偿费用和其他有关费用，构成犯罪的，依法追究刑事责任；尚不构成犯罪的，依法给予处分。"

应当依法予以处分。

需要注意的是，根据《公职人员政务处分法》第16条[①]的规定，"对公职人员的同一违法行为，监察机关和公职人员任免机关、单位不得重复给予政务处分和处分"（此处的处分指的是狭义上的行政处分）。换言之，**对于行政征收征用机关的违法行为，应给予行政处分或政务处分，两者不能同时适用。**

（二）刑事责任

国家机关工作人员违反行政征收征用有关法律，构成犯罪的，依法追究其刑事责任。

1.构成非法批准征收、征用土地罪。行政征收征用机关工作人员，非法批准征收、征用土地，构成犯罪的，依法追究其刑事责任。根据《土地管理法》第79条和《刑法》第410条的规定，国家机关工作人员在土地征收征用过程中滥用职权、徇私舞弊构成犯罪的，依照其情节程度追究刑事责任：（1）情节严重的，处3年以下有期徒刑或者拘役；（2）致使国家或者集体利益遭受严重损失的，处3年以上7年以下有期徒刑。[②]

2.构成贪污罪。在行政征收征用过程中，任何国家工作人员利用职务便利贪污尚属于国有财产的征收征用补偿费用构成犯罪的，应依法以贪污罪追究刑事责任。结合《刑法》第382条[③]的规定，在行政

---

① 《公职人员政务处分法》第16条规定："对公职人员的同一违法行为，监察机关和公职人员任免机关、单位不得重复给予政务处分和处分。"

② 《刑法》第410条规定："国家机关工作人员徇私舞弊，违反土地管理法规，滥用职权，非法批准征收、征用、占用土地，或者非法低价出让国有土地使用权，情节严重的，处三年以下有期徒刑或者拘役；致使国家或者集体利益遭受特别重大损失的，处三年以上七年以下有期徒刑。"

③ 《刑法》第382条规定："国家工作人员利用职务上的便利，侵吞、窃取、骗取或者以其他手段非法占有公共财物的，是贪污罪。受国家机关、国有公司、企业、事业单位、人民团体委托管理、经营国有财产的人员，利用职务上的便利，侵吞、窃取、骗取或者以其他手段非法占有国有财物的，以贪污论。与前两款所列人员勾结，伙同贪污的，以共犯论处。"

征收征用领域构成贪污罪必须具备以下几个条件：（1）犯罪主体必须是国家机关工作人员。（2）该罪侵犯的客体必须是公共财产，如果被征收征用人的补偿费用和其他相关费用已经发放至其手中，则不构成本罪。（3）该罪主观方面表现为故意。（4）该罪在客观上主要表现为利用职务便利，侵吞、窃取、骗取或者以其他手段非法占有作为公共财产的征收征用补偿费。除此之外，受国家机关、国有公司、企业事业单位、人民团体委托管理、经营国有财产的人员，利用职务上的便利，侵吞、窃取、骗取或者以其他手段非法占有具有国有财产性质的征地补偿费用和其他有关费用的，也应当以贪污罪论处。

在量刑上，《刑法》第383条第1款规定，犯贪污罪的，应根据情节轻重，按照下列规定予以刑事处罚：（1）贪污数额较大或者有其他较重情节的，处3年以下有期徒刑或者拘役并处罚金。（2）贪污数额巨大或者有其他严重情节的，处3年以上10年以下有期徒刑，并处罚金或者没收财产。（3）贪污数额特别巨大或者有其他特别严重情节的，处10年以上有期徒刑或者无期徒刑，并处罚金或者没收财产；数额特别巨大，并使国家和人民利益遭受特别重大损失的，处无期徒刑或者死刑，并处没收财产。同时，依据《最高人民法院、最高人民检察院关于办理贪污贿赂刑事案件适用法律若干问题的解释》的规定，贪污或者受贿数额在3万元以上不满20万元的，应当认定为刑法第383条第1款规定的"数额较大"，贪污或者受贿数额在20万元以上不满300万元的，应当认定为"数额巨大"，贪污或者受贿数额在300万元以上的，应当认定为"数额特别巨大"。

3.构成挪用公款罪。在行政征收征用工作中，国家工作人员利用职务便利，挪用征收征用补偿费用归个人使用，进行非法活动的，或者挪用征收征用补偿费用数额较大、进行营利活动的，或者挪用征收征用补偿费用数额较大、超过3个月未还的，属于挪用公款罪。这里的"归个人使用"包括：（1）将征收征用补偿费用供本人、亲友或者其他自然人使用；（2）以个人名义将征收征用补偿费用供其他单位使用;(3)个人决定以单位名义将征收征用补偿费用供其他单位使用,谋取个人利益。在征收征用补偿工作中,国家工作人员利用职务便利挪用征收征用补偿费用,构成挪用公款罪,必须具备以下几个条件:(1)犯罪主体只能是国家工作人员。(2)该罪的客体是公共财产所有权和国家廉政制度。(3)该罪主观方面应该是具有挪用的故意,即准备日后予以归还,并不打算永久占有,这是挪用公款罪与贪污罪的根本区别。(4)该罪客观方面表现为利用职务便利,实施了以下三种行为之一:一是挪用作为公共财产的征收征用补偿费用归个人使用进行非法活动的;二是挪用作为公共财产的征收征用补偿费用数额较大并进行营利活动的;三是挪用上述款项数额较大且超3个月未还的。

在量刑上,依据《刑法》第384条的规定,对挪用公款罪,处5年以下有期徒刑或者拘役;情节严重的,处5年以上有期徒刑;挪用数额巨大不退还的,处10年以上有期徒刑、无期徒刑。挪用用于救灾、抢险、防汛、优抚、扶贫、移民、救济款物归个人使用的,从重处罚。

4.构成职务侵占罪。农村集体经济组织或村民委员会中非从事公务的人员,利用职务上的便利,将本单位的征地补偿费用和其他有关费用非法占为己有,数额较大的,构成《刑法》第271条规定的职务侵占罪。依据《刑法》第271条第1款的规定,职务侵占罪按照如下规则量刑:数额较大的,处3年以下有期徒刑或者拘役,并处罚金;数额巨大的,处3年以上10年以下有期徒刑,并处罚金;数额特别巨大的,处10年以上有期徒刑或者无期徒刑,并处罚金。

5.构成挪用资金罪。农村集体经济组织或村民委员会中非从事公务的人员,利用职务的便利,挪用本单位的征地补偿费用和其他有关费用归个人使用或者借贷他人,数额较大超过3个月未还的,或者虽未超过3个月,但数额较大进行营利活动的,或者进行非法活动的,构成挪用资金罪。依据《刑法》第272条第1款的规定处3年以下有期徒刑或者拘役;挪用本单位资金数额巨大的,处3年以上7年以下有期徒刑；数额特别巨大的，处7年以上有期徒刑。

6.构成私分国有资产罪。国家机关及其工作人员违反国家规定，未将征收征用补偿费用发放给被征收征用人，而是以单位的名义将征收征用补偿金私分给个人，数额较大的，构成私分国有资产罪，应依据《刑法》第396条的规定定罪处罚。该罪是单位犯罪，因此只对其直接负责的主管人员和其他责任人员处罚。依据《刑法》第396条第1款的规定，犯私分国有资产罪，数额较大的，对其直接负责的主管人员和其他直接责任人员，处3年以下有期徒刑或者拘役，并处罚金或者单处罚金；数额特别巨大的，处3年以上7年以下有期徒刑，并处罚金。

（三）赔偿责任

1.行政赔偿责任

行政赔偿是国家赔偿的一种，指的是行政征收征用机关及其工作人员，在行政征收征用过程中，违法行使行政职权，侵害公民、法人或者其他组织人身权、财产权等合法权益并造成当事人损失的，依法应当由国家给予赔偿的法律制度。

（1）非法批准征收征用土地，造成当事人损失的。根据《土地管理法》第79条第2款的规定，行政征收征用机关及其工作人员，"非法批准征收、使用土地，对当事人造成损失的，依法应当承担赔偿责任"。

（2）侵犯宅基地权益，造成村民损失的。根据《土地管理法实施条例》第63条的规定，对于侵犯农村村民依法取得的宅基地权益，"造成损失的，依法承担赔偿责任"。换言之，行政征收征用机关工作人员侵犯村民宅基地权益，造成损害的，应当由国家承担行政赔偿责任。

（3）在房屋征收与补偿工作中，违反法律规定，造成当事人损失的。根据《国有土地上房屋征收与补偿条例》第30条的规定，市、县级人民政府及房屋征收部门的工作人员在房屋征收与补偿工作中不履行本条例规定的职责，或者滥用职权、玩忽职守、徇私舞弊，造成损失的，依法承担赔偿责任。其具体情形主要包括：（1）采取暴力、威胁或者违反规定中断供水、供热、供气、供电和道路通行等非法方式迫使被征收人搬迁，造成损失的（第31条）；（2）贪污、挪用、私分、截留、拖欠征收补偿费用，造成损失的（第33条）。

在行政征收征用过程中，国家机关工作人员有其他并未依据《土地管理法》《土地管理法实施条例》《国有土地上房屋征收与补偿条例》等规定违法行使职权的行为，造成被征收征用人损失的，亦应当依法承担行政赔偿责任。

2.民事赔偿责任

根据《国家赔偿法》第5条[1]的规定，对于行政机关工作人员与行使职权无关的个人行为，国家不承担赔偿责任。根据《土地管理法》第79条第2款、《国有土地上房屋征收与补偿条例》第31条和第33条的规定，在行政征收征用的过程中，**国家机关工作人员实施与行政征收征用职权无关的行为，致使被征收征用人遭受损害的，应当由实施侵权行为的工作人员依据《民法典》的相关规定承担民事赔偿责任。**

典型案例

贾某某与河北省石家庄高新技术产业开发区管理委员会、河北省石家庄市裕华区宋营镇人民政府房屋行政强制案[2]
——村委会受委托强拆房屋的，地方政府应承担赔偿责任

案情简介：

贾某某系河北省石家庄市裕华区宋营镇东仰陵村村民。2017年

---

[1] 《国家赔偿法》第5条规定："属于下列情形之一的，国家不承担赔偿责任：（一）行政机关工作人员与行使职权无关的个人行为；（二）因公民、法人和其他组织自己的行为致使损害发生的；（三）法律规定的其他情形。"

[2] 参见最高人民法院（2019）最高法行申3784号。

8月，石家庄市南二环东延工程建设项目启动，该项目途经裕华区宋营镇东仰陵村，因而该村位于南二环东延工程范围内的房屋需要拆除，贾某某涉案房屋在拆除范围之内。2017年8月14日，裕华区宋营镇东仰陵村村民代表大会通过了《石家庄市高新区宋营镇东仰陵村拆迁补偿安置方案》，该方案第3条规定："东仰陵村委会为改造范围内的拆迁人，改造范围内的房屋所有人为被拆迁人。"第6条规定："根据拆迁工作需要，成立东仰陵村拆迁改造工作领导小组，设立指挥部及各种相关机构。"2017年11月1日，东仰陵村委会对贾某某下达了拆迁通知，通知的基本内容为："贾某某逾期未签订拆迁协议，限期2天内自行拆除，否则依法予以强制拆除。"在此期间，贾某某的房屋被强行拆除。

法院认为：征收拆迁与征收补偿事宜均属公权力职权范畴，并不宜假村民自治形式进行。《行政强制法》《土地管理法》《国有土地上房屋征收与补偿条例》等法律法规，对强制搬迁合法房屋的步骤、程序和方式有具体明确的规定，并未规定村民委员会等自治组织有权实施强制搬迁和强制拆除。东仰陵村委会在庭审期间虽承认系其自行实施强制拆除，但高新开发区管委会主要领导主持召开了拆迁动员大会，参与组织拆迁工作、专门向宋营镇人民政府下达《督办函》，宋营镇人民政府工作人员也曾在强制拆除前到贾某某家中做说服动员工作；且高新开发区管委会、宋营镇人民政府工作人员也出现在强制拆除现场。

因此，结合法律规定和全部在案证据以及土地的最终用途等情况综合判断，对贾某某房屋的强制拆除，不应当认定系东仰陵村委会自主实施，而应当认定系职权主体与非职权主体在市政项目征收拆迁中基于共同意思联络，共同实施的强制拆除。被诉强制拆除行为虽然形式上表现为东仰陵村委会实施，但村民委员会等自治组织仅系行政机关的行政助手和行政辅助者，犹如其"延长之手"。《行政诉讼法》第26条第1款规定，作出行政行为的行政机关是被告；

第5款规定，行政机关委托的组织所作的行政行为，委托的行政机关是被告。《行政诉讼法适用解释》第24条第2款规定，当事人对村民委员会、居民委员会受行政机关委托作出的行为不服提起诉讼的，以委托的行政机关为被告。鉴于双方至今未能通过签订补偿安置协议方式解决贾某某被拆除房屋的补偿安置问题，本案应以高新开发区管委会、宋营镇人民政府和东仰陵村委会为共同被告，由其共同承担侵权赔偿责任。

案例评析：

《行政强制法》《土地管理法》《国有土地上房屋征收与补偿条例》等法律法规，对强制搬迁合法房屋的步骤、程序和方式有具体明确的规定，并未规定村民委员会等自治组织有权实施强制搬迁和强制拆除。村委会虽不是实施行政征收征用的主体，但系行政机关的行政助手或辅助者；若在行政征收征用过程中，因违法行为给当事人造成损害，作出委托的行政机关应当共同承担赔偿责任。

🔍 思考题：

1. 行政机关及其工作人员在行政征收征用过程中承担法律责任的典型情形和责任类型有哪些？

2. 在日常公务执行过程中，行政机关及其工作人员应当如何依法行使职权，避免违法行为的产生？

第二节 被征收征用人的法律责任

基于公共利益需要而进行的行政征收征用同时需要被征收征用人的积极配合，若依法进行的行政征收征用行为得不到被征收征用人的配合，会使公共利益受到侵害，因而被征收征用人不依法配合行政征收征用的，亦需承担相应的法律责任。

一、以买卖或其他形式非法转让土地的法律责任

为维护土地市场秩序和国家利益，《城市房地产管理法》第20条、第22条、第26条、第38条[①]以及《城镇国有土地使用权出让和转让暂行条例》等法律法规规定，以出让方式取得的土地使用权不得转让的情况包括依法收回土地使用权。如若违法行为人对应当依法收回使用权的国有土地，以买卖或其他形式非法转让，则应当依法承担法律责任。

根据《土地管理法》第74条[②]的规定，对违法行为人，由县级以上人民政府自然资源主管部门没收违法所得，可以并处罚款。这里所

[①] 《城市房地产管理法》第20条规定："国家对土地使用者依法取得的土地使用权，在出让合同约定的使用年限届满前不收回；在特殊情况下，根据社会公共利益的需要，可以依照法律程序提前收回，并根据土地使用者使用土地的实际年限和开发土地的实际情况给予相应的补偿。"第22条规定："土地使用权出让合同约定的使用年限届满，土地使用者需要继续使用土地的，应当至迟于届满前一年申请续期，除根据社会公共利益需要收回该幅土地的，应当予以批准。经批准准予续期的，应当重新签订土地使用权出让合同，依照规定支付土地使用权出让金。土地使用权出让合同约定的使用年限届满，土地使用者未申请续期或者虽申请续期但依照前款规定未获批准的，土地使用权由国家无偿收回。"第26条规定："以出让方式取得土地使用权进行房地产开发的，必须按照土地使用权出让合同约定的土地用途、动工开发期限开发土地。超过出让合同约定的动工开发日期满一年未动工开发的，可以征收相当于土地使用权出让金百分之二十以下的土地闲置费；满二年未动工开发的，可以无偿收回土地使用权；但是，因不可抗力或者政府、政府有关部门的行为或者动工开发必需的前期工作造成动工开发迟延的除外。"第38条规定："下列房地产，不得转让：（一）以出让方式取得土地使用权的，不符合本法第三十九条规定的条件的；（二）司法机关和行政机关依法裁定、决定查封或者以其他形式限制房地产权利的；（三）依法收回土地使用权的；（四）共有房地产，未经其他共有人书面同意的；（五）权属有争议的；（六）未依法登记领取权属证书的；（七）法律、行政法规规定禁止转让的其他情形。"

[②] 《土地管理法》第74条规定："买卖或者以其他形式非法转让土地的，由县级以上人民政府自然资源主管部门没收违法所得；对违反土地利用总体规划擅自将农用地改为建设用地的，限期拆除在非法转让的土地上新建的建筑物和其他设施，恢复土地原状，对符合土地利用总体规划的，没收在非法转让的土地上新建的建筑物和其他设施；可以并处罚款；对直接负责的主管人员和其他直接责任人员，依法给予处分；构成犯罪的，依法追究刑事责任。"

称的"没收违法所得",指的是买卖或者非法转让土地时所获得的全部价款,但不包含土地本身。自然资源主管部门对非法转让土地双方的当事人可以并处罚款,根据《土地管理法实施条例》第54条的规定,并处罚款的,罚款数额为非法所得的10%以上50%以下。根据《刑法》第228条,以牟利为目的,非法转让、倒卖土地使用权,构成犯罪的,依法追究其刑事责任:(1)情节严重的,处3年以下有期徒刑或者拘役,并处或者单处非法转让、倒卖土地使用权价额5%以上20%以下罚金;(2)情节特别严重的,处3年以上7年以下有期徒刑,并处非法转让、倒卖土地使用权价额5%以上20%以下罚金。

违法者为单位的,还应当对该单位直接负责的主管人员和其他直接责任人员由其单位或任免机关,或者由监察机关依法给予处分。

二、拒不交还土地的法律责任

拒不交还土地,指的是在依法收回国有土地使用权和临时使用土地期满两种情形下,当事人拒不交还土地。根据《土地管理法》第58条的规定,对符合条件的国有土地依法进行使用权收回,其具体情形包括:(1)为实施城市规划进行旧城区改建以及其他公共利益需要,确需使用土地的;(2)土地出让等有偿使用合同约定的使用期限届满,土地使用者未申请续期或者申请续期未获批准的;(3)因单位撤销、迁移等原因,停止使用原划拨的国有土地的;(4)公路、铁路、机场、矿场等经核准报废的。因上述情形收回国有土地使用权的,应当依法给予适当补偿。《土地管理法》第38条第1款同时规定,已经办理审批手续的非农业建设占用耕地,连续2年未使用的,经原批准机关批准,由县级以上人民政府无偿收回用地单位的土地使用权。《城市房地产管理法》第26条规定,因不可抗力或者政府、政府有关部门的行为或者动工开发必需的前期工作造成动工开发延迟的除外。《土地管理法》第57条亦规定了建设项目施工和地质勘查临时使用国有土地或农民集体所有的土地,临时使用期满的应当交还该土地的所有权人或管理人。①临时用地的使用期限与工程建设和勘查期限有着密切的关系，但临时用地期限过长，将会面临临时用地变为实际上建设用地的风险，因而临时使用土地的期限一般不超过2年，确需超过2年的，必须经过批准并通过合同约定，或重新办理临时用地手续。临时使用期届满的应依法交还，被征收征用人不遵守上述规定，拒不交还土地的，应当依法承担法律责任。

根据《土地管理法》第81条、《土地管理法实施条例》第59条的规定，依法收回国有土地使用权，当事人拒不交出土地的，由县级以上人民政府自然资源主管部门责令交还土地，并根据行为的情节轻重、危害程度，酌情确定罚款，罚款数额为非法占用土地每平方米100元以上500元以下。②

三、违法骗取征收征用补偿款的法律责任

公平补偿在行政征收征用中直接涉及被征收征用人的切身利益，是行政征收征用的重要环节。根据《土地管理法》第48条和《国有土地上房屋征收与补偿条例》第17条等规定，行政征收征用的补偿范围和标准有严格的法律规定。若在行政征收征用过程中，被征收征用人以非法占有为目的，向行政征收征用机关提交伪造的材料，骗取征收征用补偿费，则应当依据其情节轻重承担相应的法律责任。

违法行为情节轻微，尚不构成犯罪，但构成违反治安管理行为

---

① 《土地管理法》第57条规定："建设项目施工和地质勘查需要临时使用国有土地或者农民集体所有的土地的，由县级以上人民政府自然资源主管部门批准。其中，在城市规划区内的临时用地，在报批前，应当先经有关城市规划行政主管部门同意。土地使用者应当根据土地权属，与有关自然资源主管部门或者农村集体经济组织、村民委员会签订临时使用土地合同，并按照合同的约定支付临时使用土地补偿费。临时使用土地的使用者应当按照临时使用土地合同约定的用途使用土地，并不得修建永久性建筑物。临时使用土地期限一般不超过二年。"

② 《土地管理法》第81条规定："依法收回国有土地使用权当事人拒不交出土地的，临时使用土地期满拒不归还的，或者不按照批准的用途使用国有土地的，由县级以上人民政府自然资源主管部门责令交还土地，处以罚款。"《土地管理法实施条例》第59条规定："依照《土地管理法》第八十一条的规定处以罚款的，罚款额为非法占用土地每平方米100元以上500元以下。"

的，应当依法承担治安管理处罚责任。情节严重，数额较大，构成犯罪的，应依据《刑法》第266条规定的诈骗罪予以处罚：（1）数额较大的，处3年以下有期徒刑、拘役或者管制，并处或者单处罚金；（2）数额巨大或者有其他严重情节的，处3年以上10年以下有期徒刑，并处罚金；（3）数额特别巨大或者有其他特别严重情节的，处10年以上有期徒刑或者无期徒刑，并处罚金或者没收财产。

四、以暴力、威胁等方式阻碍依法进行的行政征收征用行为的法律责任

根据《土地管理法实施条例》第61条、第62条和《国有土地上房屋征收与补偿条例》第32条的规定，被征收征用人阻挠国家建设征收征用，或采取暴力、威胁等方式阻碍依法进行的行政征收征用行为的，依据其情节轻重承担相应的法律责任。[①]

根据《土地管理法实施条例》第62条的规定，被征收征用人阻挠国家建设征收征用的，由县级以上地方人民政府责令交出土地。根据《土地管理法实施条例》第61条和《国有土地上房屋征收与补偿条例》第32条的规定，以暴力、威胁等方式阻碍依法进行的行政征收征用行为，情节轻微未构成犯罪，但构成违反治安管理行为的，依法给予治安管理处罚；暴力、威胁性质恶劣、后果严重、社会影响极坏的，应当以犯罪论处。

暴力、威胁阻碍国家机关工作人员正在依法进行的行政征收征用行为，情节严重的，依法构成妨碍公务罪，处3年以下有期

[①] 《土地管理法实施条例》第61条规定："阻碍自然资源主管部门、农业农村主管部门的工作人员依法执行职务，构成违反治安管理行为的，依法给予治安管理处罚。"第62条规定："违反土地管理法律、法规规定，阻挠国家建设征收土地的，由县级以上地方人民政府责令交出土地；拒不交出土地的，依法申请人民法院强制执行。"《国有土地上房屋征收与补偿条例》第32条规定："采取暴力、威胁等方法阻碍依法进行的房屋征收与补偿工作，构成犯罪的，依法追究刑事责任；构成违反治安管理行为的，依法给予治安管理处罚。"

徒刑、拘役、管制或者罚金。但应当注意的是，在妨碍公务罪中，行为人妨碍的是国家机关工作人员执行职务的行为，若被征收征用人妨碍的不是国家机关工作人员或不是执行职务行为，则不构成该罪。

在行政征收征用实践中，由于对征收征用工作不了解、不理解等原因，某些被征收征用人员难免有消极情绪，对征收征用工作不甚配合，国家机关工作人员需要多进行解释说明、开解抚慰；**对于采取暴力、威胁等方式阻碍依法进行的行政征收征用行为应当依法从严适用，而不能将任何被征收征用人初期的不积极合作行为都视为法律规定需要承担行政责任或刑事责任的违法行为**。此外，在行政征收征用过程中，国家机关工作人员亦应当注意工作方式方法，在工作初期就积极争取被征收征用人的理解与配合。

需要明确的是，即使被征收征用人以暴力、威胁等方式阻碍依法进行的征收征用活动，行政征收主管部门仍应当依法履行职责，依照法律规定支付征收征用补偿费用，不能因此不支付、少支付或者拖延支付。

典型案例

上海市黄浦区人民检察院指控
石某某、俞某某、李某某犯诈骗罪案[①]

——利用房屋征收补偿协议骗取补偿款构成诈骗罪

案情简介：

2014年8月，在明知上海市山东南路××弄××号租用居住公房（以

[①] 参见上海市第二中级人民法院（2018）沪02刑终541号。

下简称涉案房屋）承租人胡某已死亡，租赁户名无法变更，应由出租人收回房屋的情况下，为获取征收利益，石某某召集俞某某、李某某等人于2014年8月共同签订购房协议，约定共同出资人民币100万元购买该房屋。俞某某、李某某分别出资人民币25万元后，由石某某出面向胡某侄女胡某3、胡某2支付人民币40余万元，取得了涉案房屋租赁凭证及胡某的死亡证明等材料。同年12月，石某某、俞某某、李某某协商一致由俞某某的母亲张某1假冒胡某配偶，后经石某某操办，通过伪造的张某1户籍证明、户口簿等材料，将涉案房屋租赁户名变更为张某1。2015年5月、6月期间，石某某、俞某某、李某某在明知张某1并非合法承租人的情况下，仍以张某1名义参与征收，意图骗取涉案房屋征收补偿款（其中被征收房屋补偿金额为人民币1044501.13元），后因本案案发而未能获得相应钱款。

法院认为：一审法院认为被告人石某某、俞某某、李某某以非法占有为目的，采用虚构事实的方法骗取他人财物，数额特别巨大，其行为均已构成诈骗罪。

上海市第二中级人民法院经审理认为，上诉人石某某及原审被告人俞某某、李某某的行为构成诈骗罪，且数额特别巨大。涉案房屋的征收主体系政府房屋行政管理部门，且根据相关规定，房屋征收过程中可以通过订立补偿协议或作出补偿决定的方式对被征收人、公有房屋承租人进行补偿。故本案中，即使石某某等人已经签订征收补偿协议，该协议也不具有规范市场行为的性质，不属于合同诈骗罪中合同的范畴，其行为应当定性为诈骗罪。

案例评析：

长期以来，我国采用签订房屋征收补偿协议方式骗取补偿款的案例较多，有的认定为合同诈骗罪，有的认定为诈骗罪，法律适用上存在分歧。2011年《国有土地上房屋征收与补偿条例》取代2001年《城市房屋拆迁管理条例》以后，特别是2014年《行政诉讼法》修正以及2019年《最高人民法院关于审理行政协议案件若干问题的规定》

颁布后，行政协议与民事合同之间的差异得以明确，房屋征收补偿法律关系协议应当认定为行政协议[①]，因而不符合合同诈骗罪的构成要件，利用房屋征收补偿协议骗取补偿款的行为应认定为诈骗罪。

🔍 思考题：

1. 被征收征用人承担法律责任的典型情形有哪些？
2. 行政机关及其工作人员应当采取哪些措施，促使被征收征用人积极配合行政征收征用工作的开展？

第三节 第三方机构的法律责任

除了前述情形外，在行政征收征用过程中，亦有非国家机关及其工作人员实施违法行为需要承担相应责任的情形，如协助行政机关进行房屋征收的供水、供电机构，进行房地产价格评估的机构等。

一、非法迫使搬迁行为的法律责任

非法迫使搬迁行为，指的是第三方机构工作人员采用暴力、威胁或停水停电等方式，使被征收征用人违背自身意志被迫搬迁的行为。根据《国有土地上房屋征收与补偿条例》第31条的规定，非国家机关及其工作人员，如协助行政机关进行征收征用的供水、供电机构及其工作人员，在行政征收征用过程中，采取暴力、威胁或者违反规定中断供水、供热、供气、供电和道路通行等非法方式迫使被征收人搬迁，造成损失的，依法承担赔偿责任；构成违反治安管理行为但尚不构成犯罪的，依据《治安管理处罚法》处以警告、罚款等治安管理处罚。

---

① 参见最高人民法院（2016）最高法行申2719号。

二、违法评估行为的法律责任

为实现对被征收征用人的公平补偿,在行政征收征用过程中,房地产价格评估机构、房地产评估师承担着对被征收征用房屋等进行评估的重要使命,为规范其评估行为,《国有土地上房屋征收与补偿条例》第34条[①]规定了房地产价格评估机构、房地产评估师等第三方评估机构非法评估的法律责任。

房地产价格评估机构是依法设立并取得房地产评估机构资质,从事房地产估价活动的中介机构。房地产评估师是指通过全国房地产估价师职业资格考试或者资格认定、资格互认,取得房地产估价师执业资格和房地产估价师注册证书,从事房地产估价活动的人员。《国有土地上房屋征收与补偿条例》第20条第2款规定,"房地产价格评估机构应当独立、客观、公正地开展房屋征收评估工作",换言之,第三方评估机构在进行被征收房屋评估之时,应当遵守法律法规并公平客观地进行评估,若其出具虚假或者有重大差错的评估报告,则应当承担民事责任、行政责任和刑事责任。

《国有土地上房屋征收与补偿条例》所称的"出具虚假评估报告",是指第三方评估机构违反法律规定,在从事房地产估价或者其他相关活动中,对被征收房屋的事实、性质、价值等事项故意背离真实情况做出虚假评估的行为。"出具有重大差错的评估报告",是指第三方评估机构违反法律规定,在从事房屋估价或者其他相关活动中,由于自身重大过失导致出具的评估报告出现重大错误的行为。

在房屋征收与补偿过程中,第三方评估机构与被征收征用人、行

---

① 《国有土地上房屋征收与补偿条例》第34条规定:"房地产价格评估机构或者房地产估价师出具虚假或者有重大差错的评估报告的,由发证机关责令限期改正,给予警告,对房地产价格评估机构并处5万元以上20万元以下罚款,对房地产估价师并处1万元以上3万元以下罚款,并记入信用档案;情节严重的,吊销资质证书、注册证书;造成损失的,依法承担赔偿责任;构成犯罪的,依法追究刑事责任。"

政征收征用机关之间是民事法律关系，即第三方评估机构接受被征收征用人和行政征收征用机关的委托，对被征收的房屋进行价格评估。**第三方评估机构因出具的评估报告存在虚假或者有重大差错，给被征收征用人或行政征收征用机关造成损失的，除了能够证明自己没有过错外，应在其评估不实的金额范围内承担民事赔偿责任。**

第三方评估机构依据其自身违法行为法律性质的差异承担不同的行政责任。违法情节一般的，由发证机关责令限期改正，给予警告，对房地产价格评估机构并处5万元以上20万元以下的罚款，对房地产估价师并处1万元以上3万元以下罚款，并记入信用档案；情节严重的，吊销资质证书、注册证书。

出具虚假或者有重大差错的评估报告情节严重、构成犯罪的，依法承担刑事责任。《刑法》第229条规定，承担资产评估等职责的中介组织的人员故意提供虚假证明文件，情节严重的，处5年以下有期徒刑或者拘役，并处罚金；提供与重大资产交易相关的虚假的资产评估、会计、审计等证明文件，情节特别严重的，处5年以上10年以下有期徒刑，并处罚金。前款规定人员，同时索取他人财物或者非法收受他人财物构成犯罪的，依照处罚较重的规定定罪处罚。承担资产评估等职责的中介组织的人员，严重不负责任，出具的证明文件有重大失实，造成严重后果的，处3年以下有期徒刑或者拘役，并处或者单处罚金。《刑法》第231条规定，单位犯第229条规定之罪的，对单位判处罚金，并对其直接负责的主管人员和其他直接责任人员，依照第229条的规定处罚。概言之，第三方评估机构出具虚假或者有重大错误的评估报告，情节严重，构成犯罪的，应根据《刑法》第231条规定对房地产价格评估机构判处罚金，对房地产估价师以及房地产价格评估机构的直接负责的主管人员和其他直接责任人员应依据《刑法》第229条规定的提供虚假证明文件罪予以处罚。

典型案例

西安市雁塔区人民检察院指控被告单位乙公司、丙公司、被告人余某、王某某等犯提供虚假证明文件罪，被告人史某、沈某犯出具证明文件重大失实罪案[①]
——第三方机构提供虚假证明文件情节严重的，依法构成犯罪

案情简介：

2012年4月至6月，西安高新技术产业开发区长安通讯产业园管理办公室与甲公司签订《三星闪存项目拆迁安置工程委托协议》，委托甲公司负责三星闪存项目拆迁安置工程。被告单位乙公司于2002年5月28日登记成立，具有房地产价格评估资格，经营范围为房地产评估与咨询，被告人史某系该公司法定代表人、房地产估价师；被告人余某作为该公司副总经理、三星闪存项目拆迁评估总负责人，总体负责拆迁项目评估工作；被告人王某某作为该公司三星闪存项目拆迁评估现场负责人，负责管理现场评估工作、出具评估报告以及与甲公司现场负责人对接等事宜；被告人莫某、程某某、杨某某作为该公司现场评估人员，负责现场勘查、测量、登记，制作初评表及评估报告。2012年5月31日，余某代表乙公司与甲公司签订《房地产估价业务约定书》，约定由乙公司负责对三星闪存项目拆迁安置工程范围内的南堰村、三堰村及部分西甘河村进行房屋拆迁补偿评估工作。后乙公司违反国家房地产评估相关规定和程序，按照甲公司与村民签订的协议赔偿金，出具了虚假的评估报告。史某未经审核即在虚假评估报告上加盖其本人估价师印章，程某某未经审核即放任余某在虚假评估报告上加盖其本人估价师印章。经鉴定，乙公

---

① 参见陕西省西安市中级人民法院（2019）陕01刑终840号。

司将村民房屋拆迁面积由594791.24平方米虚增至1267902.44平方米，共虚增673111.20平方米，并出具虚假评估报告2482份，后西安高新管委会按照虚增后的房屋拆迁面积向甲公司多支付555316740元，给国家造成重大损失。2017年5月26日，余某、史某、王某某、程某某、莫某、杨某某因涉嫌犯出具证明文件重大失实罪被西安市雁塔区人民检察院决定取保候审。

法院认为：被告单位乙公司故意提供虚假的拆迁评估报告，情节严重，其行为已构成提供虚假证明文件罪；被告人余某、王某某作为乙公司直接负责的主管人员，被告人莫某、杨某某作为其他直接责任人员，其行为亦构成提供虚假证明文件罪；被告人史某、程某某作为注册房地产估价师，严重不负责任，未经审核就在拆迁评估报告上加盖其本人估价师印章，或者任由他人加盖其本人估价师印章，造成严重后果，其行为均已构成出具证明文件重大失实罪。

案例评析：

房地产评估机构对房屋价值所做的独立、客观、公正、真实的评估报告对征收补偿费的确定具有基础性作用，提供虚假或者有重大错误的评估报告会对被征收人的切身利益以及国家整体利益造成不利影响。本案中房地产评估机构及房地产评估师故意提供虚假拆迁评估报告，给国家造成了重大损失，情节严重，构成提供虚假证明文件罪以及出具证明文件重大失实罪。

思考题

1.供水供电公司以"被征收征用人拒不配合，情节严重的将停水停电"为由敦促被征收征用人尽快搬迁，该行为是否合法？

2.在房屋征收与补偿过程中，房地产价格评估机构、被征收人和征收主管部门之间的法律关系应当如何认定？

附录一　相关法律规定

中华人民共和国土地管理法

（1986年6月25日第六届全国人民代表大会常务委员会第十六次会议通过　根据1988年12月29日第七届全国人民代表大会常务委员会第五次会议《关于修改〈中华人民共和国土地管理法〉的决定》第一次修正　1998年8月29日第九届全国人民代表大会常务委员会第四次会议修订　根据2004年8月28日第十届全国人民代表大会常务委员会第十一次会议《关于修改〈中华人民共和国土地管理法〉的决定》第二次修正　根据2019年8月26日第十三届全国人民代表大会常务委员会第十二次会议《关于修改〈中华人民共和国土地管理法〉、〈中华人民共和国城市房地产管理法〉的决定》第三次修正）

目　　录

第一章　总　　则
第二章　土地的所有权和使用权
第三章　土地利用总体规划
第四章　耕地保护
第五章　建设用地
第六章　监督检查
第七章　法律责任
第八章　附　　则

第一章 总　　则

第一条　为了加强土地管理，维护土地的社会主义公有制，保护、开发土地资源，合理利用土地，切实保护耕地，促进社会经济的可持续发展，根据宪法，制定本法。

第二条　中华人民共和国实行土地的社会主义公有制，即全民所有制和劳动群众集体所有制。

全民所有，即国家所有土地的所有权由国务院代表国家行使。

任何单位和个人不得侵占、买卖或者以其他形式非法转让土地。土地使用权可以依法转让。

国家为了公共利益的需要，可以依法对土地实行征收或者征用并给予补偿。

国家依法实行国有土地有偿使用制度。但是，国家在法律规定的范围内划拨国有土地使用权的除外。

第三条　十分珍惜、合理利用土地和切实保护耕地是我国的基本国策。各级人民政府应当采取措施，全面规划，严格管理，保护、开发土地资源，制止非法占用土地的行为。

第四条　国家实行土地用途管制制度。

国家编制土地利用总体规划，规定土地用途，将土地分为农用地、建设用地和未利用地。严格限制农用地转为建设用地，控制建设用地总量，对耕地实行特殊保护。

前款所称农用地是指直接用于农业生产的土地，包括耕地、林地、草地、农田水利用地、养殖水面等；建设用地是指建造建筑物、构筑物的土地，包括城乡住宅和公共设施用地、工矿用地、交通水利设施用地、旅游用地、军事设施用地等；未利用地是指农用地和建设用地以外的土地。

使用土地的单位和个人必须严格按照土地利用总体规划确定的用途使用土地。

第五条　国务院自然资源主管部门统一负责全国土地的管理和监督工作。

县级以上地方人民政府自然资源主管部门的设置及其职责，由省、自治区、直辖市人民政府根据国务院有关规定确定。

第六条 国务院授权的机构对省、自治区、直辖市人民政府以及国务院确定的城市人民政府土地利用和土地管理情况进行督察。

第七条 任何单位和个人都有遵守土地管理法律、法规的义务，并有权对违反土地管理法律、法规的行为提出检举和控告。

第八条 在保护和开发土地资源、合理利用土地以及进行有关的科学研究等方面成绩显著的单位和个人，由人民政府给予奖励。

第二章 土地的所有权和使用权

第九条 城市市区的土地属于国家所有。

农村和城市郊区的土地，除由法律规定属于国家所有的以外，属于农民集体所有；宅基地和自留地、自留山，属于农民集体所有。

第十条 国有土地和农民集体所有的土地，可以依法确定给单位或者个人使用。使用土地的单位和个人，有保护、管理和合理利用土地的义务。

第十一条 农民集体所有的土地依法属于村农民集体所有的，由村集体经济组织或者村民委员会经营、管理；已经分别属于村内两个以上农村集体经济组织的农民集体所有的，由村内各该农村集体经济组织或者村民小组经营、管理；已经属于乡（镇）农民集体所有的，由乡（镇）农村集体经济组织经营、管理。

第十二条 土地的所有权和使用权的登记，依照有关不动产登记的法律、行政法规执行。

依法登记的土地的所有权和使用权受法律保护，任何单位和个人不得侵犯。

第十三条 农民集体所有和国家所有依法由农民集体使用的耕地、林地、草地，以及其他依法用于农业的土地，采取农村集体经济组织内部的家庭承包方式承包，不宜采取家庭承包方式的荒山、荒沟、荒丘、荒滩等，可以采取招标、拍卖、公开协商等方式承包，从事种植业、林业、畜牧业、渔业生产。家庭承包的耕地的承包期为三十年，草地的承包期为三十年至五十年，林地的承包期为三十年至七十年；耕地承包期届满后再延长三十年，草地、林地承包期届满后依法相应延长。

国家所有依法用于农业的土地可以由单位或者个人承包经营，从事种植业、林业、畜牧业、渔业生产。

发包方和承包方应当依法订立承包合同，约定双方的权利和义务。承包经营土地的单位和个人，有保护和按照承包合同约定的用途合理利用土地的义务。

第十四条 土地所有权和使用权争议，由当事人协商解决；协商不成的，由人民政府处理。

单位之间的争议，由县级以上人民政府处理；个人之间、个人与单位之间的争议，由乡级人民政府或者县级以上人民政府处理。

当事人对有关人民政府的处理决定不服的，可以自接到处理决定通知之日起三十日内，向人民法院起诉。

在土地所有权和使用权争议解决前，任何一方不得改变土地利用现状。

第三章　土地利用总体规划

第十五条 各级人民政府应当依据国民经济和社会发展规划、国土整治和资源环境保护的要求、土地供给能力以及各项建设对土地的需求，组织编制土地利用总体规划。

土地利用总体规划的规划期限由国务院规定。

第十六条 下级土地利用总体规划应当依据上一级土地利用总体规划编制。

地方各级人民政府编制的土地利用总体规划中的建设用地总量不得超过上一级土地利用总体规划确定的控制指标，耕地保有量不得低于上一级土地利用总体规划确定的控制指标。

省、自治区、直辖市人民政府编制的土地利用总体规划，应当确保本行政区域内耕地总量不减少。

第十七条 土地利用总体规划按照下列原则编制：

（一）落实国土空间开发保护要求，严格土地用途管制；

（二）严格保护永久基本农田，严格控制非农业建设占用农用地；

（三）提高土地节约集约利用水平；

（四）统筹安排城乡生产、生活、生态用地，满足乡村产业和基础设施用地合理需求，促进城乡融合发展；

（五）保护和改善生态环境，保障土地的可持续利用；

（六）占用耕地与开发复垦耕地数量平衡、质量相当。

第十八条 国家建立国土空间规划体系。编制国土空间规划应当坚持生态优先，绿色、可持续发展，科学有序统筹安排生态、农业、城镇等功能空间，优化国土空间结构和布局，提升国土空间开发、保护的质量和效率。

经依法批准的国土空间规划是各类开发、保护、建设活动的基本依据。已经编制国土空间规划的，不再编制土地利用总体规划和城乡规划。

第十九条 县级土地利用总体规划应当划分土地利用区，明确土地用途。

乡（镇）土地利用总体规划应当划分土地利用区，根据土地使用条件，确定每一块土地的用途，并予以公告。

第二十条 土地利用总体规划实行分级审批。

省、自治区、直辖市的土地利用总体规划，报国务院批准。

省、自治区人民政府所在地的市、人口在一百万以上的城市以及国务院指定的城市的土地利用总体规划，经省、自治区人民政府审查同意后，报国务院批准。

本条第二款、第三款规定以外的土地利用总体规划，逐级上报省、自治区、直辖市人民政府批准；其中，乡（镇）土地利用总体规划可以由省级人民政府授权的设区的市、自治州人民政府批准。

土地利用总体规划一经批准，必须严格执行。

第二十一条 城市建设用地规模应当符合国家规定的标准，充分利用现有建设用地，不占或者尽量少占农用地。

城市总体规划、村庄和集镇规划，应当与土地利用总体规划相衔接，城市总体规划、村庄和集镇规划中建设用地规模不得超过土地利用总体规划确定的城市和村庄、集镇建设用地规模。

在城市规划区内、村庄和集镇规划区内，城市和村庄、集镇建设用地应当符合城市规划、村庄和集镇规划。

第二十二条 江河、湖泊综合治理和开发利用规划，应当与土地利用总体规划相衔接。在江河、湖泊、水库的管理和保护范围以及蓄洪滞洪区内，土地利用应当符合江河、湖泊综合治理和开发利用规划，符合河道、湖泊行洪、蓄洪和输水的要求。

第二十三条 各级人民政府应当加强土地利用计划管理，实行建设用地总量控制。

土地利用年度计划，根据国民经济和社会发展计划、国家产业政策、土地利用总体规划以及建设用地和土地利用的实际状况编制。土地利用年度计划应当对本法第六十三条规定的集体经营性建设用地作出合理安排。土地利用年度计划的编制审批程序与土地利用总体规划的编制审批程序相同，一经审批下达，必须严格执行。

第二十四条 省、自治区、直辖市人民政府应当将土地利用年度计划的执行情况列为国民经济和社会发展计划执行情况的内容，向同级人民代表大会报告。

第二十五条 经批准的土地利用总体规划的修改，须经原批准机关批准；未经批准，不得改变土地利用总体规划确定的土地用途。

经国务院批准的大型能源、交通、水利等基础设施建设用地，需要改变土地利用总体规划的，根据国务院的批准文件修改土地利用总体规划。

经省、自治区、直辖市人民政府批准的能源、交通、水利等基础设施建设用地，需要改变土地利用总体规划的，属于省级人民政府土地利用总体规划批准权限内的，根据省级人民政府的批准文件修改土地利用总体规划。

第二十六条 国家建立土地调查制度。

县级以上人民政府自然资源主管部门会同同级有关部门进行土地调查。

土地所有者或者使用者应当配合调查，并提供有关资料。

第二十七条 县级以上人民政府自然资源主管部门会同同级有关部门根据土地调查成果、规划土地用途和国家制定的统一标准，评定土地等级。

第二十八条 国家建立土地统计制度。

县级以上人民政府统计机构和自然资源主管部门依法进行土地统计调查，定期发布土地统计资料。土地所有者或者使用者应当提供有关资料，不得拒报、迟报，不得提供不真实、不完整的资料。

统计机构和自然资源主管部门共同发布的土地面积统计资料是各级人民政府编制土地利用总体规划的依据。

第二十九条 国家建立全国土地管理信息系统，对土地利用状况进行动态监测。

第四章 耕地保护

第三十条 国家保护耕地，严格控制耕地转为非耕地。

国家实行占用耕地补偿制度。非农业建设经批准占用耕地的，按照"占多少，垦多少"的原则，由占用耕地的单位负责开垦与所占用耕地的数量和质量相当的耕地；没有条件开垦或者开垦的耕地不符合要求的，应当按照省、自治区、直辖市的规定缴纳耕地开垦费，专款用于开垦新的耕地。

省、自治区、直辖市人民政府应当制定开垦耕地计划，监督占用耕地的单位按照计划开垦耕地或者按照计划组织开垦耕地，并进行验收。

第三十一条 县级以上地方人民政府可以要求占用耕地的单位将所占用耕地耕作层的土壤用于新开垦耕地、劣质地或者其他耕地的土壤改良。

第三十二条 省、自治区、直辖市人民政府应当严格执行土地利用总体规划和土地利用年度计划，采取措施，确保本行政区域内耕地总量不减少、质量不降低。耕地总量减少的，由国务院责令在规定期限内组织开垦与所减少耕地的数量与质量相当的耕地；耕地质量降低的，由国务院责令在规定期限内组织整治。新开垦和整治的耕地由国务院自然资源主管部门会同农业农村主管部门验收。

个别省、直辖市确因土地后备资源匮乏，新增建设用地后，新开垦耕地的数量不足以补偿所占用耕地的数量的，必须报经国务院批准减免本行政区域内开垦耕地的数量，易地开垦数量和质量相当的耕地。

第三十三条 国家实行永久基本农田保护制度。下列耕地应当根据土地利用总体规划划为永久基本农田，实行严格保护：

（一）经国务院农业农村主管部门或者县级以上地方人民政府批准确定的粮、棉、油、糖等重要农产品生产基地内的耕地；

（二）有良好的水利与水土保持设施的耕地，正在实施改造计划以及可以改造的中、低产田和已建成的高标准农田；

（三）蔬菜生产基地；

（四）农业科研、教学试验田；

（五）国务院规定应当划为永久基本农田的其他耕地。

各省、自治区、直辖市划定的永久基本农田一般应当占本行政区域内耕地的百分之八十以上，具体比例由国务院根据各省、自治区、直辖市耕地实际情况规定。

第三十四条 永久基本农田划定以乡（镇）为单位进行，由县级人民政府自然资源主管部门会同同级农业农村主管部门组织实施。永久基本农田应当落实到地块，纳入国家永久基本农田数据库严格管理。

乡（镇）人民政府应当将永久基本农田的位置、范围向社会公告，并设立保护标志。

第三十五条 永久基本农田经依法划定后，任何单位和个人不得擅自占用或者改变其用途。国家能源、交通、水利、军事设施等重点建设项目选址确实难以避让永久基本农田，涉及农用地转用或者土地征收的，必须经国务院批准。

禁止通过擅自调整县级土地利用总体规划、乡（镇）土地利用总体规划等方式规避永久基本农田农用地转用或者土地征收的审批。

第三十六条 各级人民政府应当采取措施，引导因地制宜轮作休耕，改良土壤，提高地力，维护排灌工程设施，防止土地荒漠化、盐渍化、水土流失和土壤污染。

第三十七条 非农业建设必须节约使用土地，可以利用荒地的，不得占用耕地；可以利用劣地的，不得占用好地。

禁止占用耕地建窑、建坟或者擅自在耕地上建房、挖砂、采石、采矿、取土等。

禁止占用永久基本农田发展林果业和挖塘养鱼。

第三十八条 禁止任何单位和个人闲置、荒芜耕地。已经办理审批手续的非农业建设占用耕地，一年内不用而又可以耕种并收获的，应当由原耕种该幅耕地的集体或者个人恢复耕种，也可以由用地单位组织耕种；一年以上未动工建设的，应当按照省、自治区、直辖市的规定缴纳闲置费；连续二年未使用的，经原批准机关批准，由县级以上人民政府无偿收回用地单位的土地使用权；该幅土地原为农民集体所有的，应当交由原农村集体经济组织恢复耕种。

在城市规划区范围内，以出让方式取得土地使用权进行房地产开发的闲置土地，依照《中华人民共和国城市房地产管理法》的有关规定办理。

第三十九条 国家鼓励单位和个人按照土地利用总体规划，在保护和改善生态环境、防止水土流失和土地荒漠化的前提下，开发未利用的土地；适宜开发为农用地的，应当优先开发成农用地。

国家依法保护开发者的合法权益。

第四十条 开垦未利用的土地，必须经过科学论证和评估，在土地利用总体规划划定的可开垦的区域内，经依法批准后进行。禁止毁坏森林、草原开垦耕地，禁止围湖造田和侵占江河滩地。

根据土地利用总体规划，对破坏生态环境开垦、围垦的土地，有计划有步骤地退耕还林、还牧、还湖。

第四十一条 开发未确定使用权的国有荒山、荒地、荒滩从事种植业、林业、畜牧业、渔业生产的，经县级以上人民政府依法批准，可以确定给开发单位或者个人长期使用。

第四十二条 国家鼓励土地整理。县、乡（镇）人民政府应当组织农村集体经济组织，按照土地利用总体规划，对田、水、路、林、村综合整治，提高耕地质量，增加有效耕地面积，改善农业生产条件和生态环境。

地方各级人民政府应当采取措施，改造中、低产田，整治闲散地和废弃地。

第四十三条 因挖损、塌陷、压占等造成土地破坏，用地单位和个人应当按照国家有关规定负责复垦；没有条件复垦或者复垦不符合要求的，应当缴纳土地复垦费，专项用于土地复垦。复垦的土地应当优先用于农业。

第五章 建设用地

第四十四条 建设占用土地，涉及农用地转为建设用地的，应当办理农用地转用审批手续。

永久基本农田转为建设用地的，由国务院批准。

在土地利用总体规划确定的城市和村庄、集镇建设用地规模范围内，为实施该规划而将永久基本农田以外的农用地转为建设用地的，按土地利用年度计划分批次按照国务院规定由原批准土地利用总体规划的机关或者其授权的机关批准。在已批准的农用地转用范围内，具体建设项目用地可以由市、县人民政府批准。

在土地利用总体规划确定的城市和村庄、集镇建设用地规模范围外，将永久基本农田以外的农用地转为建设用地的，由国务院或者国务院授权的省、自治区、直辖市人民政府批准。

第四十五条 为了公共利益的需要，有下列情形之一，确需征收农民集体所有的土地的，可以依法实施征收：

（一）军事和外交需要用地的；

（二）由政府组织实施的能源、交通、水利、通信、邮政等基础设施建设需要用地的；

（三）由政府组织实施的科技、教育、文化、卫生、体育、生态环境和资源保护、防灾减灾、文物保护、社区综合服务、社会福利、市政公用、优抚安置、英烈保护等公共事业需要用地的；

（四）由政府组织实施的扶贫搬迁、保障性安居工程建设需要用地的；

（五）在土地利用总体规划确定的城镇建设用地范围内，经省级以上人民政府批准由县级以上地方人民政府组织实施的成片开发建设需要用地的；

（六）法律规定为公共利益需要可以征收农民集体所有的土地的其他情形。

前款规定的建设活动，应当符合国民经济和社会发展规划、土地利用总体规划、城乡规划和专项规划；第（四）项、第（五）项规定的建设活动，还应当纳入国民经济和社会发展年度计划；第（五）项规定的成片开发并应当符合国务院自然资源主管部门规定的标准。

第四十六条 征收下列土地的，由国务院批准：

（一）永久基本农田；

（二）永久基本农田以外的耕地超过三十五公顷的；

（三）其他土地超过七十公顷的。

征收前款规定以外的土地的，由省、自治区、直辖市人民政府批准。

征收农用地的，应当依照本法第四十四条的规定先行办理农用地转用审批。其中，经国务院批准农用地转用的，同时办理征地审批手续，不再另行办理征地审批；经省、自治区、直辖市人民政府在征地批准权限内批准农用地转用的，同时办理征地审批手续，不再另行办理征地审批，超过征地批准权限的，应当依照本条第一款的规定另行办理征地审批。

第四十七条 国家征收土地的，依照法定程序批准后，由县级以上地方人民政府予以公告并组织实施。

县级以上地方人民政府拟申请征收土地的，应当开展拟征收土地现状调查和社会稳定风险评估，并将征收范围、土地现状、征收目的、补偿标准、安置方式和社会保障等在拟征收土地所在的乡（镇）和村、村民小组范围内公告至少三十日，听取被征地的农村集体经济组织及其成员、村民委员会和其他利害关系人的意见。

多数被征地的农村集体经济组织成员认为征地补偿安置方案不符合法律、法规规定的，县级以上地方人民政府应当组织召开听证会，并根据法律、法规的规定和听证会情况修改方案。

拟征收土地的所有权人、使用权人应当在公告规定期限内，持不动产权属证明材料办理补偿登记。县级以上地方人民政府应当组织有关部门测算并落实有关费用，保证足额到位，与拟征收土地的所有权人、使用权人就补偿、安置等签订协议；个别确实难以达成协议的，应当在申请征收土地时如实说明。

相关前期工作完成后，县级以上地方人民政府方可申请征收土地。

第四十八条 征收土地应当给予公平、合理的补偿，保障被征地农民原有生活水平不降低、长远生计有保障。

征收土地应当依法及时足额支付土地补偿费、安置补助费以及农村村民住宅、其他地上附着物和青苗等的补偿费用，并安排被征地农民的社会保障费用。

征收农用地的土地补偿费、安置补助费标准由省、自治区、直辖市通过制定公布区片综合地价确定。制定区片综合地价应当综合考虑土地原用途、土地资源条件、土地产值、土地区位、土地供求关系、人口以及经济社会发展水平等因素，并至少每三年调整或者重新公布一次。

征收农用地以外的其他土地、地上附着物和青苗等的补偿标准，由省、自治区、直辖市制定。对其中的农村村民住宅，应当按照先补偿后搬迁、居住条件有改善的原则，尊重农村村民意愿，采取重新安排宅基地建房、提供安置房或者货币补偿等方式给予公平、合理的补偿，并对因征收造成的搬迁、临时安置等费用予以补偿，保障农村村民居住的权利和合法的住房财产权益。

县级以上地方人民政府应当将被征地农民纳入相应的养老等社会保障体系。被征地农民的社会保障费用主要用于符合条件的被征地农民的养老保险等社会保险缴费补贴。被征地农民社会保障费用的筹集、管理和使用办法，由省、自治区、直辖市制定。

第四十九条 被征地的农村集体经济组织应当将征收土地的补偿费用的收支状况向本集体经济组织的成员公布，接受监督。

禁止侵占、挪用被征收土地单位的征地补偿费用和其他有关费用。

第五十条 地方各级人民政府应当支持被征地的农村集体经济组织和农民从事开发经营，兴办企业。

第五十一条 大中型水利、水电工程建设征收土地的补偿费标准和移民安置办法，由国务院另行规定。

第五十二条 建设项目可行性研究论证时，自然资源主管部门可以根据土地利用总体规划、土地利用年度计划和建设用地标准，对建设用地有关事项进行审查，并提出意见。

第五十三条 经批准的建设项目需要使用国有建设用地的，建设单位应当持法律、行政法规规定的有关文件，向有批准权的县级以上人民政府自然资源主管部门提出建设用地申请，经自然资源主管部门审查，报本级人民政府批准。

第五十四条 建设单位使用国有土地，应当以出让等有偿使用方式取得；但是，下列建设用地，经县级以上人民政府依法批准，可以以划拨方式取得：

（一）国家机关用地和军事用地；

（二）城市基础设施用地和公益事业用地；

（三）国家重点扶持的能源、交通、水利等基础设施用地；

（四）法律、行政法规规定的其他用地。

第五十五条 以出让等有偿使用方式取得国有土地使用权的建设单位，按照国务院规定的标准和办法，缴纳土地使用权出让金等土地有偿使用费和其他费用后，方可使用土地。

自本法施行之日起，新增建设用地的土地有偿使用费，百分之三十上缴中央财政，百分之七十留给有关地方人民政府。具体使用管理办法由国务院财政部门会同有关部门制定，并报国务院批准。

第五十六条 建设单位使用国有土地的，应当按照土地使用权出让等有偿使用合同的约定或者土地使用权划拨批准文件的规定使用土地；确需改变该幅土地建设用途的，应当经有关人民政府自然资源主管部门同意，报原批准用地的人民政府批准。其中，在城市规划区内改变土地用途的，在报批前，应当先经有关城市规划行政主管部门同意。

第五十七条 建设项目施工和地质勘查需要临时使用国有土地或者农民集体所有的土地的，由县级以上人民政府自然资源主管部门批准。其中，在城市规划区内的临时用地，在报批前，应当先经有关城市规划行政主管部门同意。土地使用者应当根据土地权属，与有关自然资源主管部门或者农村集体经济组织、村民委员会签订临时使用土地合同，并按照合同的约定支付临时使用土地补偿费。

临时使用土地的使用者应当按照临时使用土地合同约定的用途使用土地，并不得修建永久性建筑物。

临时使用土地期限一般不超过二年。

第五十八条　有下列情形之一的，由有关人民政府自然资源主管部门报经原批准用地的人民政府或者有批准权的人民政府批准，可以收回国有土地使用权：

（一）为实施城市规划进行旧城区改建以及其他公共利益需要，确需使用土地的；

（二）土地出让等有偿使用合同约定的使用期限届满，土地使用者未申请续期或者申请续期未获批准的；

（三）因单位撤销、迁移等原因，停止使用原划拨的国有土地的；

（四）公路、铁路、机场、矿场等经核准报废的。

依照前款第（一）项的规定收回国有土地使用权的，对土地使用权人应当给予适当补偿。

第五十九条　乡镇企业、乡（镇）村公共设施、公益事业、农村村民住宅等乡（镇）村建设，应当按照村庄和集镇规划，合理布局，综合开发，配套建设；建设用地，应当符合乡（镇）土地利用总体规划和土地利用年度计划，并依照本法第四十四条、第六十条、第六十一条、第六十二条的规定办理审批手续。

第六十条　农村集体经济组织使用乡（镇）土地利用总体规划确定的建设用地兴办企业或者与其他单位、个人以土地使用权入股、联营等形式共同举办企业的，应当持有关批准文件，向县级以上地方人民政府自然资源主管部门提出申请，按照省、自治区、直辖市规定的批准权限，由县级以上地方人民政府批准；其中，涉及占用农用地的，依照本法第四十四条的规定办理审批手续。

按照前款规定兴办企业的建设用地，必须严格控制。省、自治区、直辖市可以按照乡镇企业的不同行业和经营规模，分别规定用地标准。

第六十一条 乡（镇）村公共设施、公益事业建设，需要使用土地的，经乡（镇）人民政府审核，向县级以上地方人民政府自然资源主管部门提出申请，按照省、自治区、直辖市规定的批准权限，由县级以上地方人民政府批准；其中，涉及占用农用地的，依照本法第四十四条的规定办理审批手续。

第六十二条 农村村民一户只能拥有一处宅基地，其宅基地的面积不得超过省、自治区、直辖市规定的标准。

人均土地少、不能保障一户拥有一处宅基地的地区，县级人民政府在充分尊重农村村民意愿的基础上，可以采取措施，按照省、自治区、直辖市规定的标准保障农村村民实现户有所居。

农村村民建住宅，应当符合乡（镇）土地利用总体规划、村庄规划，不得占用永久基本农田，并尽量使用原有的宅基地和村内空闲地。编制乡（镇）土地利用总体规划、村庄规划应当统筹并合理安排宅基地用地，改善农村村民居住环境和条件。

农村村民住宅用地，由乡（镇）人民政府审核批准；其中，涉及占用农用地的，依照本法第四十四条的规定办理审批手续。

农村村民出卖、出租、赠与住宅后，再申请宅基地的，不予批准。

国家允许进城落户的农村村民依法自愿有偿退出宅基地，鼓励农村集体经济组织及其成员盘活利用闲置宅基地和闲置住宅。

国务院农业农村主管部门负责全国农村宅基地改革和管理有关工作。

第六十三条 土地利用总体规划、城乡规划确定为工业、商业等经营性用途，并经依法登记的集体经营性建设用地，土地所有权人可以通过出让、出租等方式交由单位或者个人使用，并应当签订书面合同，载明土地界址、面积、动工期限、使用期限、土地用途、规划条件和双方其他权利义务。

前款规定的集体经营性建设用地出让、出租等，应当经本集体经济组织成员的村民会议三分之二以上成员或者三分之二以上村民代表的同意。

通过出让等方式取得的集体经营性建设用地使用权可以转让、互换、出资、赠与或者抵押，但法律、行政法规另有规定或者土地所有权人、土地使用权人签订的书面合同另有约定的除外。

集体经营性建设用地的出租，集体建设用地使用权的出让及其最高年限、转让、互换、出资、赠与、抵押等，参照同类用途的国有建设用地执行。具体办法由国务院制定。

第六十四条 集体建设用地的使用者应当严格按照土地利用总体规划、城乡规划确定的用途使用土地。

第六十五条 在土地利用总体规划制定前已建的不符合土地利用总体规划确定的用途的建筑物、构筑物，不得重建、扩建。

第六十六条 有下列情形之一的，农村集体经济组织报经原批准用地的人民政府批准，可以收回土地使用权：

（一）为乡（镇）村公共设施和公益事业建设，需要使用土地的；

（二）不按照批准的用途使用土地的；

（三）因撤销、迁移等原因而停止使用土地的。

依照前款第（一）项规定收回农民集体所有的土地的，对土地使用权人应当给予适当补偿。

收回集体经营性建设用地使用权，依照双方签订的书面合同办理，法律、行政法规另有规定的除外。

第六章　监督检查

第六十七条 县级以上人民政府自然资源主管部门对违反土地管理法律、法规的行为进行监督检查。

县级以上人民政府农业农村主管部门对违反农村宅基地管理法律、法规的行为进行监督检查的，适用本法关于自然资源主管部门监督检查的规定。

土地管理监督检查人员应当熟悉土地管理法律、法规，忠于职守、秉公执法。

第六十八条 县级以上人民政府自然资源主管部门履行监督检查职责时，有权采取下列措施：

（一）要求被检查的单位或者个人提供有关土地权利的文件和资料，进行查阅或者予以复制；

（二）要求被检查的单位或者个人就有关土地权利的问题作出说明；

（三）进入被检查单位或者个人非法占用的土地现场进行勘测；

（四）责令非法占用土地的单位或者个人停止违反土地管理法律、法规的行为。

第六十九条 土地管理监督检查人员履行职责，需要进入现场进行勘测、要求有关单位或者个人提供文件、资料和作出说明的，应当出示土地管理监督检查证件。

第七十条 有关单位和个人对县级以上人民政府自然资源主管部门就土地违法行为进行的监督检查应当支持与配合，并提供工作方便，不得拒绝与阻碍土地管理监督检查人员依法执行职务。

第七十一条 县级以上人民政府自然资源主管部门在监督检查工作中发现国家工作人员的违法行为，依法应当给予处分的，应当依法予以处理；自己无权处理的，应当依法移送监察机关或者有关机关处理。

第七十二条 县级以上人民政府自然资源主管部门在监督检查工作中发现土地违法行为构成犯罪的，应当将案件移送有关机关，依法追究刑事责任；尚不构成犯罪的，应当依法给予行政处罚。

第七十三条 依照本法规定应当给予行政处罚，而有关自然资源主管部门不给予行政处罚的，上级人民政府自然资源主管部门有权责令有关自然资源主管部门作出行政处罚决定或者直接给予行政处罚，并给予有关自然资源主管部门的负责人处分。

第七章　法律责任

第七十四条 买卖或者以其他形式非法转让土地的，由县级以上人民政府自然资源主管部门没收违法所得；对违反土地利用总体规划擅自将农用地改为建设用地的，限期拆除在非法转让的土地上新建的建筑物和其他设施，恢复土地原状，对符合土地利用总体规划的，没收在非法转让的土地上新建的建筑物和其他设施；可以并处罚款；对直接负责的主管人员和其他直接责任人员，依法给予处分；构成犯罪的，依法追究刑事责任。

第七十五条 违反本法规定，占用耕地建窑、建坟或者擅自在耕地上建房、挖砂、采石、采矿、取土等，破坏种植条件的，或者因开发土地造成土地荒漠化、盐渍化的，由县级以上人民政府自然资源主管部门、农业农村主管部门等按照职责责令限期改正或者治理，可以并处罚款；构成犯罪的，依法追究刑事责任。

第七十六条 违反本法规定，拒不履行土地复垦义务的，由县级以上人民政府自然资源主管部门责令限期改正；逾期不改正的，责令缴纳复垦费，专项用于土地复垦，可以处以罚款。

第七十七条 未经批准或者采取欺骗手段骗取批准，非法占用土地的，由县级以上人民政府自然资源主管部门责令退还非法占用的土地，对违反土地利用总体规划擅自将农用地改为建设用地的，限期拆除在非法占用的土地上新建的建筑物和其他设施，恢复土地原状，对符合土地利用总体规划的，没收在非法占用的土地上新建的建筑物和其他设施，可以并处罚款；对非法占用土地单位的直接负责的主管人员和其他直接责任人员，依法给予处分；构成犯罪的，依法追究刑事责任。

超过批准的数量占用土地，多占的土地以非法占用土地论处。

第七十八条 农村村民未经批准或者采取欺骗手段骗取批准，非法占用土地建住宅的，由县级以上人民政府农业农村主管部门责令退还非法占用的土地，限期拆除在非法占用的土地上新建的房屋。

超过省、自治区、直辖市规定的标准，多占的土地以非法占用土地论处。

第七十九条 无权批准征收、使用土地的单位或者个人非法批准占用土地的，超越批准权限非法批准占用土地的，不按照土地利用总体规划确定的用途批准用地的，或者违反法律规定的程序批准占用、征收土地的，其批准文件无效，对非法批准征收、使用土地的直接负责的主管人员和其他直接责任人员，依法给予处分；构成犯罪的，依法追究刑事责任。非法批准、使用的土地应当收回，有关当事人拒不归还的，以非法占用土地论处。

非法批准征收、使用土地，对当事人造成损失的，依法应当承担赔偿责任。

第八十条 侵占、挪用被征收土地单位的征地补偿费用和其他有关费用，构成犯罪的，依法追究刑事责任；尚不构成犯罪的，依法给予处分。

第八十一条 依法收回国有土地使用权当事人拒不交出土地的，临时使用土地期满拒不归还的，或者不按照批准的用途使用国有土地的，由县级以上人民政府自然资源主管部门责令交还土地，处以罚款。

第八十二条 擅自将农民集体所有的土地通过出让、转让使用权或者出租等方式用于非农业建设，或者违反本法规定，将集体经营性建设用地通过出让、出租等方式交由单位或者个人使用的，由县级以上人民政府自然资源主管部门责令限期改正，没收违法所得，并处罚款。

第八十三条 依照本法规定，责令限期拆除在非法占用的土地上新建的建筑物和其他设施的，建设单位或者个人必须立即停止施工，自行拆除；对继续施工的，作出处罚决定的机关有权制止。建设单位或者个人对责令限期拆除的行政处罚决定不服的，可以在接到责令限期拆除决定之日起十五日内，向人民法院起诉；期满不起诉又不自行拆除的，由作出处罚决定的机关依法申请人民法院强制执行，费用由违法者承担。

第八十四条 自然资源主管部门、农业农村主管部门的工作人员玩忽职守、滥用职权、徇私舞弊，构成犯罪的，依法追究刑事责任；尚不构成犯罪的，依法给予处分。

第八章 附 则

第八十五条 外商投资企业使用土地的，适用本法；法律另有规定的，从其规定。

第八十六条 在根据本法第十八条的规定编制国土空间规划前，经依法批准的土地利用总体规划和城乡规划继续执行。

第八十七条 本法自1999年1月1日起施行。

中华人民共和国土地管理法实施条例

（1998年12月27日中华人民共和国国务院令第256号发布　根据2011年1月8日《国务院关于废止和修改部分行政法规的决定》第一次修订　根据2014年7月29日《国务院关于修改部分行政法规的决定》第二次修订　2021年7月2日中华人民共和国国务院令第743号第三次修订）

第一章　总　　则

第一条　根据《中华人民共和国土地管理法》（以下简称《土地管理法》），制定本条例。

第二章　国土空间规划

第二条　国家建立国土空间规划体系。

土地开发、保护、建设活动应当坚持规划先行。经依法批准的国土空间规划是各类开发、保护、建设活动的基本依据。

已经编制国土空间规划的，不再编制土地利用总体规划和城乡规划。在编制国土空间规划前，经依法批准的土地利用总体规划和城乡规划继续执行。

第三条　国土空间规划应当细化落实国家发展规划提出的国土空间开发保护要求，统筹布局农业、生态、城镇等功能空间，划定落实永久基本农田、生态保护红线和城镇开发边界。

国土空间规划应当包括国土空间开发保护格局和规划用地布局、结构、用途管制要求等内容，明确耕地保有量、建设用地规模、禁止开垦的范围等要求，统筹基础设施和公共设施用地布局，综合利用地上地下空间，合理确定并严格控制新增建设用地规模，提高土地节约集约利用水平，保障土地的可持续利用。

第四条 土地调查应当包括下列内容：

（一）土地权属以及变化情况；

（二）土地利用现状以及变化情况；

（三）土地条件。

全国土地调查成果，报国务院批准后向社会公布。地方土地调查成果，经本级人民政府审核，报上一级人民政府批准后向社会公布。全国土地调查成果公布后，县级以上地方人民政府方可自上而下逐级依次公布本行政区域的土地调查成果。

土地调查成果是编制国土空间规划以及自然资源管理、保护和利用的重要依据。

土地调查技术规程由国务院自然资源主管部门会同有关部门制定。

第五条 国务院自然资源主管部门会同有关部门制定土地等级评定标准。

县级以上人民政府自然资源主管部门应当会同有关部门根据土地等级评定标准，对土地等级进行评定。地方土地等级评定结果经本级人民政府审核，报上一级人民政府自然资源主管部门批准后向社会公布。

根据国民经济和社会发展状况，土地等级每五年重新评定一次。

第六条 县级以上人民政府自然资源主管部门应当加强信息化建设，建立统一的国土空间基础信息平台，实行土地管理全流程信息化管理，对土地利用状况进行动态监测，与发展改革、住房和城乡建设等有关部门建立土地管理信息共享机制，依法公开土地管理信息。

第七条 县级以上人民政府自然资源主管部门应当加强地籍管理，建立健全地籍数据库。

第三章　耕地保护

第八条 国家实行占用耕地补偿制度。在国土空间规划确定的城市和村庄、集镇建设用地范围内经依法批准占用耕地，以及在国土空间规划确定的城市和村庄、集镇建设用地范围外的能源、交通、水利、矿山、军事设施等建设项目经依法批准占用耕地的，分别由县级人民政府、农村集体经济组织和建设单位负责开垦与所占用耕地的数量和质量相当的耕地；没有条件开垦或者开垦的耕地不符合要求的，应当按照省、自治区、直辖市的规定缴纳耕地开垦费，专款用于开垦新的耕地。

省、自治区、直辖市人民政府应当组织自然资源主管部门、农业农村主管部门对开垦的耕地进行验收，确保开垦的耕地落实到地块。划入永久基本农田的还应当纳入国家永久基本农田数据库严格管理。占用耕地补充情况应当按照国家有关规定向社会公布。

个别省、直辖市需要易地开垦耕地的，依照《土地管理法》第三十二条的规定执行。

第九条 禁止任何单位和个人在国土空间规划确定的禁止开垦的范围内从事土地开发活动。

按照国土空间规划，开发未确定土地使用权的国有荒山、荒地、荒滩从事种植业、林业、畜牧业、渔业生产的，应当向土地所在地的县级以上地方人民政府自然资源主管部门提出申请，按照省、自治区、直辖市规定的权限，由县级以上地方人民政府批准。

第十条 县级人民政府应当按照国土空间规划关于统筹布局农业、生态、城镇等功能空间的要求，制定土地整理方案，促进耕地保护和土地节约集约利用。

县、乡（镇）人民政府应当组织农村集体经济组织，实施土地整理方案，对闲散地和废弃地有计划地整治、改造。土地整理新增耕地，可以用作建设所占用耕地的补充。

鼓励社会主体依法参与土地整理。

第十一条 县级以上地方人民政府应当采取措施，预防和治理耕地土壤流失、污染，有计划地改造中低产田，建设高标准农田，提高耕地质量，保护黑土地等优质耕地，并依法对建设所占用耕地耕作层的土壤利用作出合理安排。

非农业建设依法占用永久基本农田的，建设单位应当按照省、自治区、直辖市的规定，将所占用耕地耕作层的土壤用于新开垦耕地、劣质地或者其他耕地的土壤改良。

县级以上地方人民政府应当加强对农业结构调整的引导和管理，防止破坏耕地耕作层；设施农业用地不再使用的，应当及时组织恢复种植条件。

第十二条 国家对耕地实行特殊保护，严守耕地保护红线，严格控制耕地转为林地、草地、园地等其他农用地，并建立耕地保护补偿制度，具体办法和耕地保护补偿实施步骤由国务院自然资源主管部门会同有关部门规定。

非农业建设必须节约使用土地，可以利用荒地的，不得占用耕地；可以利用劣地的，不得占用好地。禁止占用耕地建窑、建坟或者擅自在耕地上建房、挖砂、采石、采矿、取土等。禁止占用永久基本农田发展林果业和挖塘养鱼。

耕地应当优先用于粮食和棉、油、糖、蔬菜等农产品生产。按照国家有关规定需要将耕地转为林地、草地、园地等其他农用地的，应当优先使用难以长期稳定利用的耕地。

第十三条 省、自治区、直辖市人民政府对本行政区域耕地保护负总责，其主要负责人是本行政区域耕地保护的第一责任人。

省、自治区、直辖市人民政府应当将国务院确定的耕地保有量和永久基本农田保护任务分解下达，落实到具体地块。

国务院对省、自治区、直辖市人民政府耕地保护责任目标落实情况进行考核。

第四章　建设用地

第一节　一般规定

第十四条 建设项目需要使用土地的，应当符合国土空间规划、土地利用年度计划和用途管制以及节约资源、保护生态环境的要求，并严格执行建设用地标准，优先使用存量建设用地，提高建设用地使用效率。

从事土地开发利用活动，应当采取有效措施，防止、减少土壤污染，并确保建设用地符合土壤环境质量要求。

第十五条 各级人民政府应当依据国民经济和社会发展规划及年度计划、国土空间规划、国家产业政策以及城乡建设、土地利用的实际状况等，加强土地利用计划管理，实行建设用地总量控制，推动城乡存量建设用地开发利用，引导城镇低效用地再开发，落实建设用地标准控制制度，开展节约集约用地评价，推广应用节地技术和节地模式。

第十六条 县级以上地方人民政府自然资源主管部门应当将本级人民政府确定的年度建设用地供应总量、结构、时序、地块、用途等在政府网站上向社会公布，供社会公众查阅。

第十七条 建设单位使用国有土地，应当以有偿使用方式取得；但是，法律、行政法规规定可以以划拨方式取得的除外。

国有土地有偿使用的方式包括：

（一）国有土地使用权出让；

（二）国有土地租赁；

（三）国有土地使用权作价出资或者入股。

第十八条 国有土地使用权出让、国有土地租赁等应当依照国家有关规定通过公开的交易平台进行交易，并纳入统一的公共资源交易平台体系。除依法可以采取协议方式外，应当采取招标、拍卖、挂牌等竞争性方式确定土地使用者。

第十九条 《土地管理法》第五十五条规定的新增建设用地的土地有偿使用费，是指国家在新增建设用地中应取得的平均土地纯收益。

第二十条 建设项目施工、地质勘查需要临时使用土地的，应当尽量不占或者少占耕地。

临时用地由县级以上人民政府自然资源主管部门批准，期限一般不超过二年；建设周期较长的能源、交通、水利等基础设施建设使用的临时用地，期限不超过四年；法律、行政法规另有规定的除外。

土地使用者应当自临时用地期满之日起一年内完成土地复垦，使其达到可供利用状态，其中占用耕地的应当恢复种植条件。

第二十一条 抢险救灾、疫情防控等急需使用土地的，可以先行使用土地。其中，属于临时用地的，用后应当恢复原状并交还原土地使用者使用，不再办理用地审批手续；属于永久性建设用地的，建设单位应当在不晚于应急处置工作结束六个月内申请补办建设用地审批手续。

第二十二条 具有重要生态功能的未利用地应当依法划入生态保护红线，实施严格保护。

建设项目占用国土空间规划确定的未利用地的，按照省、自治区、直辖市的规定办理。

第二节　农用地转用

第二十三条 在国土空间规划确定的城市和村庄、集镇建设用地范围内，为实施该规划而将农用地转为建设用地的，由市、县人民政府组织自然资源等部门拟订农用地转用方案，分批次报有批准权的人民政府批准。

农用地转用方案应当重点对建设项目安排、是否符合国土空间规划和土地利用年度计划以及补充耕地情况作出说明。

农用地转用方案经批准后，由市、县人民政府组织实施。

第二十四条 建设项目确需占用国土空间规划确定的城市和村庄、集镇建设用地范围外的农用地，涉及占用永久基本农田的，由国务院批准；不涉及占用永久基本农田的，由国务院或者国务院授权的省、自治区、直辖市人民政府批准。具体按照下列规定办理：

（一）建设项目批准、核准前或者备案前后，由自然资源主管部门对建设项目用地事项进行审查，提出建设项目用地预审意见。建设项目需要申请核发选址意见书的，应当合并办理建设项目用地预审与选址意见书，核发建设项目用地预审与选址意见书。

（二）建设单位持建设项目的批准、核准或者备案文件，向市、县人民政府提出建设用地申请。市、县人民政府组织自然资源等部门拟订农用地转用方案，报有批准权的人民政府批准；依法应当由国务院批准的，由省、自治区、直辖市人民政府审核后上报。农用地转用方案应当重点对是否符合国土空间规划和土地利用年度计划以及补充耕地情况作出说明，涉及占用永久基本农田的，还应当对占用永久基本农田的必要性、合理性和补划可行性作出说明。

（三）农用地转用方案经批准后，由市、县人民政府组织实施。

第二十五条 建设项目需要使用土地的，建设单位原则上应当一次申请，办理建设用地审批手续，确需分期建设的项目，可以根据可行性研究报告确定的方案，分期申请建设用地，分期办理建设用地审批手续。建设过程中用地范围确需调整的，应当依法办理建设用地审批手续。

农用地转用涉及征收土地的，还应当依法办理征收土地手续。

第三节 土地征收

第二十六条 需要征收土地，县级以上地方人民政府认为符合《土地管理法》第四十五条规定的，应当发布征收土地预公告，并开展拟征收土地现状调查和社会稳定风险评估。

征收土地预公告应当包括征收范围、征收目的、开展土地现状调查的安排等内容。征收土地预公告应当采用有利于社会公众知晓的方式，在拟征收土地所在的乡（镇）和村、村民小组范围内发布，预公告时间不少于十个工作日。自征收土地预公告发布之日起，任何单位和个人不得在拟征收范围内抢栽抢建；违反规定抢栽抢建的，对抢栽抢建部分不予补偿。

土地现状调查应当查明土地的位置、权属、地类、面积，以及农村村民住宅、其他地上附着物和青苗等的权属、种类、数量等情况。

社会稳定风险评估应当对征收土地的社会稳定风险状况进行综合研判，确定风险点，提出风险防范措施和处置预案。社会稳定风险评估应当有被征地的农村集体经济组织及其成员、村民委员会和其他利害关系人参加，评估结果是申请征收土地的重要依据。

第二十七条 县级以上地方人民政府应当依据社会稳定风险评估结果，

结合土地现状调查情况，组织自然资源、财政、农业农村、人力资源和社会保障等有关部门拟定征地补偿安置方案。

征地补偿安置方案应当包括征收范围、土地现状、征收目的、补偿方式和标准、安置对象、安置方式、社会保障等内容。

第二十八条　征地补偿安置方案拟定后，县级以上地方人民政府应当在拟征收土地所在的乡（镇）和村、村民小组范围内公告，公告时间不少于三十日。

征地补偿安置公告应当同时载明办理补偿登记的方式和期限、异议反馈渠道等内容。

多数被征地的农村集体经济组织成员认为拟定的征地补偿安置方案不符合法律、法规规定的，县级以上地方人民政府应当组织听证。

第二十九条　县级以上地方人民政府根据法律、法规规定和听证会等情况确定征地补偿安置方案后，应当组织有关部门与拟征收土地的所有权人、使用权人签订征地补偿安置协议。征地补偿安置协议示范文本由省、自治区、直辖市人民政府制定。

对个别确实难以达成征地补偿安置协议的，县级以上地方人民政府应当在申请征收土地时如实说明。

第三十条　县级以上地方人民政府完成本条例规定的征地前期工作后，方可提出征收土地申请，依照《土地管理法》第四十六条的规定报有批准权的人民政府批准。

有批准权的人民政府应当对征收土地的必要性、合理性、是否符合《土地管理法》第四十五条规定的为了公共利益确需征收土地的情形以及是否符合法定程序进行审查。

第三十一条　征收土地申请经依法批准后，县级以上地方人民政府应当自收到批准文件之日起十五个工作日内在拟征收土地所在的乡（镇）和村、村民小组范围内发布征收土地公告，公布征收范围、征收时间等具体工作安排，对个别未达成征地补偿安置协议的应当作出征地补偿安置决定，并依法组织实施。

第三十二条 省、自治区、直辖市应当制定公布区片综合地价，确定征收农用地的土地补偿费、安置补助费标准，并制定土地补偿费、安置补助费分配办法。

地上附着物和青苗等的补偿费用，归其所有权人所有。

社会保障费用主要用于符合条件的被征地农民的养老保险等社会保险缴费补贴，按照省、自治区、直辖市的规定单独列支。

申请征收土地的县级以上地方人民政府应当及时落实土地补偿费、安置补助费、农村村民住宅以及其他地上附着物和青苗等的补偿费用、社会保障费用等，并保证足额到位，专款专用。有关费用未足额到位的，不得批准征收土地。

第四节　宅基地管理

第三十三条 农村居民点布局和建设用地规模应当遵循节约集约、因地制宜的原则合理规划。县级以上地方人民政府应当按照国家规定安排建设用地指标，合理保障本行政区域农村村民宅基地需求。

乡（镇）、县、市国土空间规划和村庄规划应当统筹考虑农村村民生产、生活需求，突出节约集约用地导向，科学划定宅基地范围。

第三十四条 农村村民申请宅基地的，应当以户为单位向农村集体经济组织提出申请；没有设立农村集体经济组织的，应当向所在的村民小组或者村民委员会提出申请。宅基地申请依法经农村村民集体讨论通过并在本集体范围内公示后，报乡（镇）人民政府审核批准。

涉及占用农用地的，应当依法办理农用地转用审批手续。

第三十五条 国家允许进城落户的农村村民依法自愿有偿退出宅基地。乡（镇）人民政府和农村集体经济组织、村民委员会等应当将退出的宅基地优先用于保障该农村集体经济组织成员的宅基地需求。

第三十六条 依法取得的宅基地和宅基地上的农村村民住宅及其附属设施受法律保护。

禁止违背农村村民意愿强制流转宅基地，禁止违法收回农村村民依法取得的宅基地，禁止以退出宅基地作为农村村民进城落户的条件，禁止强迫农村村民搬迁退出宅基地。

第五节　集体经营性建设用地管理

第三十七条　国土空间规划应当统筹并合理安排集体经营性建设用地布局和用途，依法控制集体经营性建设用地规模，促进集体经营性建设用地的节约集约利用。

鼓励乡村重点产业和项目使用集体经营性建设用地。

第三十八条　国土空间规划确定为工业、商业等经营性用途，且已依法办理土地所有权登记的集体经营性建设用地，土地所有权人可以通过出让、出租等方式交由单位或者个人在一定年限内有偿使用。

第三十九条　土地所有权人拟出让、出租集体经营性建设用地的，市、县人民政府自然资源主管部门应当依据国土空间规划提出拟出让、出租的集体经营性建设用地的规划条件，明确土地界址、面积、用途和开发建设强度等。

市、县人民政府自然资源主管部门应当会同有关部门提出产业准入和生态环境保护要求。

第四十条　土地所有权人应当依据规划条件、产业准入和生态环境保护要求等，编制集体经营性建设用地出让、出租等方案，并依照《土地管理法》第六十三条的规定，由本集体经济组织形成书面意见，在出让、出租前不少于十个工作日报市、县人民政府。市、县人民政府认为该方案不符合规划条件或者产业准入和生态环境保护要求等的，应当在收到方案后五个工作日内提出修改意见。土地所有权人应当按照市、县人民政府的意见进行修改。

集体经营性建设用地出让、出租等方案应当载明宗地的土地界址、面积、用途、规划条件、产业准入和生态环境保护要求、使用期限、交易方式、入市价格、集体收益分配安排等内容。

第四十一条　土地所有权人应当依据集体经营性建设用地出让、出租等方案，以招标、拍卖、挂牌或者协议等方式确定土地使用者，双方应当签订书面合同，载明土地界址、面积、用途、规划条件、使用期限、交易价款支付、交地时间和开工竣工期限、产业准入和生态环境保护要求，约定提前收回的条件、补偿方式、土地使用权届满续期和地上建筑物、构筑物等附着物处理方式，以及违约责任和解决争议的方法等，并报市、县人民政府自然资源主管部门备案。未依法将规划条件、产业准入和生态环境保护要求纳入合同的，合同无效；造成损失的，依法承担民事责任。合同示范文本由国务院自然资源主管部门制定。

第四十二条 集体经营性建设用地使用者应当按照约定及时支付集体经营性建设用地价款，并依法缴纳相关税费，对集体经营性建设用地使用权以及依法利用集体经营性建设用地建造的建筑物、构筑物及其附属设施的所有权，依法申请办理不动产登记。

第四十三条 通过出让等方式取得的集体经营性建设用地使用权依法转让、互换、出资、赠与或者抵押的，双方应当签订书面合同，并书面通知土地所有权人。

集体经营性建设用地的出租，集体建设用地使用权的出让及其最高年限、转让、互换、出资、赠与、抵押等，参照同类用途的国有建设用地执行，法律、行政法规另有规定的除外。

第五章 监督检查

第四十四条 国家自然资源督察机构根据授权对省、自治区、直辖市人民政府以及国务院确定的城市人民政府下列土地利用和土地管理情况进行督察：

（一）耕地保护情况；

（二）土地节约集约利用情况；

（三）国土空间规划编制和实施情况；

（四）国家有关土地管理重大决策落实情况；

（五）土地管理法律、行政法规执行情况；

（六）其他土地利用和土地管理情况。

第四十五条 国家自然资源督察机构进行督察时，有权向有关单位和个人了解督察事项有关情况，有关单位和个人应当支持、协助督察机构工作，如实反映情况，并提供有关材料。

第四十六条 被督察的地方人民政府违反土地管理法律、行政法规，或者落实国家有关土地管理重大决策不力的，国家自然资源督察机构可以向被督察的地方人民政府下达督察意见书，地方人民政府应当认真组织整改，并及时报告整改情况；国家自然资源督察机构可以约谈被督察的地方人民政府有关负责人，并可以依法向监察机关、任免机关等有关机关提出追究相关责任人责任的建议。

第四十七条 土地管理监督检查人员应当经过培训，经考核合格，取得行政执法证件后，方可从事土地管理监督检查工作。

第四十八条 自然资源主管部门、农业农村主管部门按照职责分工进行监督检查时，可以采取下列措施：

（一）询问违法案件涉及的单位或者个人；

（二）进入被检查单位或者个人涉嫌土地违法的现场进行拍照、摄像；

（三）责令当事人停止正在进行的土地违法行为；

（四）对涉嫌土地违法的单位或者个人，在调查期间暂停办理与该违法案件相关的土地审批、登记等手续；

（五）对可能被转移、销毁、隐匿或者篡改的文件、资料予以封存，责令涉嫌土地违法的单位或者个人在调查期间不得变卖、转移与案件有关的财物；

（六）《土地管理法》第六十八条规定的其他监督检查措施。

第四十九条 依照《土地管理法》第七十三条的规定给予处分的，应当按照管理权限由责令作出行政处罚决定或者直接给予行政处罚的上级人民政府自然资源主管部门或者其他任免机关、单位作出。

第五十条 县级以上人民政府自然资源主管部门应当会同有关部门建立信用监管、动态巡查等机制，加强对建设用地供应交易和供后开发利用的监管，对建设用地市场重大失信行为依法实施惩戒，并依法公开相关信息。

第六章　法律责任

第五十一条　违反《土地管理法》第三十七条的规定，非法占用永久基本农田发展林果业或者挖塘养鱼的，由县级以上人民政府自然资源主管部门责令限期改正；逾期不改正的，按占用面积处耕地开垦费2倍以上5倍以下的罚款；破坏种植条件的，依照《土地管理法》第七十五条的规定处罚。

第五十二条　违反《土地管理法》第五十七条的规定，在临时使用的土地上修建永久性建筑物的，由县级以上人民政府自然资源主管部门责令限期拆除，按占用面积处土地复垦费5倍以上10倍以下的罚款；逾期不拆除的，由作出行政决定的机关依法申请人民法院强制执行。

第五十三条　违反《土地管理法》第六十五条的规定，对建筑物、构筑物进行重建、扩建的，由县级以上人民政府自然资源主管部门责令限期拆除；逾期不拆除的，由作出行政决定的机关依法申请人民法院强制执行。

第五十四条　依照《土地管理法》第七十四条的规定处以罚款的，罚款额为违法所得的10%以上50%以下。

第五十五条　依照《土地管理法》第七十五条的规定处以罚款的，罚款额为耕地开垦费的5倍以上10倍以下；破坏黑土地等优质耕地的，从重处罚。

第五十六条　依照《土地管理法》第七十六条的规定处以罚款的，罚款额为土地复垦费的2倍以上5倍以下。

违反本条例规定，临时用地期满之日起一年内未完成复垦或者未恢复种植条件的，由县级以上人民政府自然资源主管部门责令限期改正，依照《土地管理法》第七十六条的规定处罚，并由县级以上人民政府自然资源主管部门会同农业农村主管部门代为完成复垦或者恢复种植条件。

第五十七条　依照《土地管理法》第七十七条的规定处以罚款的，罚款额为非法占用土地每平方米100元以上1000元以下。

违反本条例规定，在国土空间规划确定的禁止开垦的范围内从事土地开发活动的，由县级以上人民政府自然资源主管部门责令限期改正，并依照《土地管理法》第七十七条的规定处罚。

第五十八条 依照《土地管理法》第七十四条、第七十七条的规定，县级以上人民政府自然资源主管部门没收在非法转让或者非法占用的土地上新建的建筑物和其他设施的，应当于九十日内交由本级人民政府或者其指定的部门依法管理和处置。

第五十九条 依照《土地管理法》第八十一条的规定处以罚款的，罚款额为非法占用土地每平方米100元以上500元以下。

第六十条 依照《土地管理法》第八十二条的规定处以罚款的，罚款额为违法所得的10%以上30%以下。

第六十一条 阻碍自然资源主管部门、农业农村主管部门的工作人员依法执行职务，构成违反治安管理行为的，依法给予治安管理处罚。

第六十二条 违反土地管理法律、法规规定，阻挠国家建设征收土地的，由县级以上地方人民政府责令交出土地；拒不交出土地的，依法申请人民法院强制执行。

第六十三条 违反本条例规定，侵犯农村村民依法取得的宅基地权益的，责令限期改正，对有关责任单位通报批评、给予警告；造成损失的，依法承担赔偿责任；对直接负责的主管人员和其他直接责任人员，依法给予处分。

第六十四条 贪污、侵占、挪用、私分、截留、拖欠征地补偿安置费用和其他有关费用的，责令改正，追回有关款项，限期退还违法所得，对有关责任单位通报批评、给予警告；造成损失的，依法承担赔偿责任；对直接负责的主管人员和其他直接责任人员，依法给予处分。

第六十五条 各级人民政府及自然资源主管部门、农业农村主管部门工作人员玩忽职守、滥用职权、徇私舞弊的，依法给予处分。

第六十六条 违反本条例规定，构成犯罪的，依法追究刑事责任。

第七章 附 则

第六十七条 本条例自2021年9月1日起施行。

国有土地上房屋征收与补偿条例

（2011年1月19日国务院第141次常务会议通过　2011年1月21日中华人民共和国国务院令第590号公布　自公布之日起施行）

第一章　总　　则

第一条　为了规范国有土地上房屋征收与补偿活动，维护公共利益，保障被征收房屋所有权人的合法权益，制定本条例。

第二条　为了公共利益的需要，征收国有土地上单位、个人的房屋，应当对被征收房屋所有权人（以下称被征收人）给予公平补偿。

第三条　房屋征收与补偿应当遵循决策民主、程序正当、结果公开的原则。

第四条　市、县级人民政府负责本行政区域的房屋征收与补偿工作。

市、县级人民政府确定的房屋征收部门（以下称房屋征收部门）组织实施本行政区域的房屋征收与补偿工作。

市、县级人民政府有关部门应当依照本条例的规定和本级人民政府规定的职责分工，互相配合，保障房屋征收与补偿工作的顺利进行。

第五条　房屋征收部门可以委托房屋征收实施单位，承担房屋征收与补偿的具体工作。房屋征收实施单位不得以营利为目的。

房屋征收部门对房屋征收实施单位在委托范围内实施的房屋征收与补偿行为负责监督，并对其行为后果承担法律责任。

第六条　上级人民政府应当加强对下级人民政府房屋征收与补偿工作的监督。

国务院住房城乡建设主管部门和省、自治区、直辖市人民政府住房城乡建设主管部门应当会同同级财政、国土资源、发展改革等有关部门，加强对房屋征收与补偿实施工作的指导。

第七条 任何组织和个人对违反本条例规定的行为，都有权向有关人民政府、房屋征收部门和其他有关部门举报。接到举报的有关人民政府、房屋征收部门和其他有关部门对举报应当及时核实、处理。

监察机关应当加强对参与房屋征收与补偿工作的政府和有关部门或者单位及其工作人员的监察。

第二章 征收决定

第八条 为了保障国家安全、促进国民经济和社会发展等公共利益的需要，有下列情形之一，确需征收房屋的，由市、县级人民政府作出房屋征收决定：

（一）国防和外交的需要；

（二）由政府组织实施的能源、交通、水利等基础设施建设的需要；

（三）由政府组织实施的科技、教育、文化、卫生、体育、环境和资源保护、防灾减灾、文物保护、社会福利、市政公用等公共事业的需要；

（四）由政府组织实施的保障性安居工程建设的需要；

（五）由政府依照城乡规划法有关规定组织实施的对危房集中、基础设施落后等地段进行旧城区改建的需要；

（六）法律、行政法规规定的其他公共利益的需要。

第九条 依照本条例第八条规定，确需征收房屋的各项建设活动，应当符合国民经济和社会发展规划、土地利用总体规划、城乡规划和专项规划。保障性安居工程建设、旧城区改建，应当纳入市、县级国民经济和社会发展年度计划。

制定国民经济和社会发展规划、土地利用总体规划、城乡规划和专项规划，应当广泛征求社会公众意见，经过科学论证。

第十条 房屋征收部门拟定征收补偿方案，报市、县级人民政府。

市、县级人民政府应当组织有关部门对征收补偿方案进行论证并予以公布，征求公众意见。征求意见期限不得少于30日。

第十一条 市、县级人民政府应当将征求意见情况和根据公众意见修改的情况及时公布。

因旧城区改建需要征收房屋，多数被征收人认为征收补偿方案不符合本条例规定的，市、县级人民政府应当组织由被征收人和公众代表参加的听证会，并根据听证会情况修改方案。

第十二条 市、县级人民政府作出房屋征收决定前，应当按照有关规定进行社会稳定风险评估；房屋征收决定涉及被征收人数量较多的，应当经政府常务会议讨论决定。

作出房屋征收决定前，征收补偿费用应当足额到位、专户存储、专款专用。

第十三条 市、县级人民政府作出房屋征收决定后应当及时公告。公告应当载明征收补偿方案和行政复议、行政诉讼权利等事项。

市、县级人民政府及房屋征收部门应当做好房屋征收与补偿的宣传、解释工作。

房屋被依法征收的，国有土地使用权同时收回。

第十四条 被征收人对市、县级人民政府作出的房屋征收决定不服的，可以依法申请行政复议，也可以依法提起行政诉讼。

第十五条 房屋征收部门应当对房屋征收范围内房屋的权属、区位、用途、建筑面积等情况组织调查登记，被征收人应当予以配合。调查结果应当在房屋征收范围内向被征收人公布。

第十六条 房屋征收范围确定后，不得在房屋征收范围内实施新建、扩建、改建房屋和改变房屋用途等不当增加补偿费用的行为；违反规定实施的，不予补偿。

房屋征收部门应当将前款所列事项书面通知有关部门暂停办理相关手续。暂停办理相关手续的书面通知应当载明暂停期限。暂停期限最长不得超过1年。

第三章 补　　偿

第十七条　作出房屋征收决定的市、县级人民政府对被征收人给予的补偿包括：

（一）被征收房屋价值的补偿；

（二）因征收房屋造成的搬迁、临时安置的补偿；

（三）因征收房屋造成的停产停业损失的补偿。

市、县级人民政府应当制定补助和奖励办法，对被征收人给予补助和奖励。

第十八条　征收个人住宅，被征收人符合住房保障条件的，作出房屋征收决定的市、县级人民政府应当优先给予住房保障。具体办法由省、自治区、直辖市制定。

第十九条　对被征收房屋价值的补偿，不得低于房屋征收决定公告之日被征收房屋类似房地产的市场价格。被征收房屋的价值，由具有相应资质的房地产价格评估机构按照房屋征收评估办法评估确定。

对评估确定的被征收房屋价值有异议的，可以向房地产价格评估机构申请复核评估。对复核结果有异议的，可以向房地产价格评估专家委员会申请鉴定。

房屋征收评估办法由国务院住房城乡建设主管部门制定，制定过程中，应当向社会公开征求意见。

第二十条　房地产价格评估机构由被征收人协商选定；协商不成的，通过多数决定、随机选定等方式确定，具体办法由省、自治区、直辖市制定。

房地产价格评估机构应当独立、客观、公正地开展房屋征收评估工作，任何单位和个人不得干预。

第二十一条　被征收人可以选择货币补偿，也可以选择房屋产权调换。

被征收人选择房屋产权调换的，市、县级人民政府应当提供用于产权调换的房屋，并与被征收人计算、结清被征收房屋价值与用于产权调换房屋价值的差价。

因旧城区改建征收个人住宅，被征收人选择在改建地段进行房屋产权调换的，作出房屋征收决定的市、县级人民政府应当提供改建地段或者就近地段的房屋。

第二十二条　因征收房屋造成搬迁的，房屋征收部门应当向被征收人支付搬迁费；选择房屋产权调换的，产权调换房屋交付前，房屋征收部门应当向被征收人支付临时安置费或者提供周转用房。

第二十三条　对因征收房屋造成停产停业损失的补偿，根据房屋被征收前的效益、停产停业期限等因素确定。具体办法由省、自治区、直辖市制定。

第二十四条　市、县级人民政府及其有关部门应当依法加强对建设活动的监督管理，对违反城乡规划进行建设的，依法予以处理。

市、县级人民政府作出房屋征收决定前，应当组织有关部门依法对征收范围内未经登记的建筑进行调查、认定和处理。对认定为合法建筑和未超过批准期限的临时建筑的，应当给予补偿；对认定为违法建筑和超过批准期限的临时建筑的，不予补偿。

第二十五条　房屋征收部门与被征收人依照本条例的规定，就补偿方式、补偿金额和支付期限、用于产权调换房屋的地点和面积、搬迁费、临时安置费或者周转用房、停产停业损失、搬迁期限、过渡方式和过渡期限等事项，订立补偿协议。

补偿协议订立后，一方当事人不履行补偿协议约定的义务的，另一方当事人可以依法提起诉讼。

第二十六条　房屋征收部门与被征收人在征收补偿方案确定的签约期限内达不成补偿协议，或者被征收房屋所有权人不明确的，由房屋征收部门报请作出房屋征收决定的市、县级人民政府依照本条例的规定，按照征收补偿方案作出补偿决定，并在房屋征收范围内予以公告。

补偿决定应当公平，包括本条例第二十五条第一款规定的有关补偿协议的事项。

被征收人对补偿决定不服的，可以依法申请行政复议，也可以依法提起行政诉讼。

第二十七条 实施房屋征收应当先补偿、后搬迁。

作出房屋征收决定的市、县级人民政府对被征收人给予补偿后，被征收人应当在补偿协议约定或者补偿决定确定的搬迁期限内完成搬迁。

任何单位和个人不得采取暴力、威胁或者违反规定中断供水、供热、供气、供电和道路通行等非法方式迫使被征收人搬迁。禁止建设单位参与搬迁活动。

第二十八条 被征收人在法定期限内不申请行政复议或者不提起行政诉讼，在补偿决定规定的期限内又不搬迁的，由作出房屋征收决定的市、县级人民政府依法申请人民法院强制执行。

强制执行申请书应当附具补偿金额和专户存储账号、产权调换房屋和周转用房的地点和面积等材料。

第二十九条 房屋征收部门应当依法建立房屋征收补偿档案，并将分户补偿情况在房屋征收范围内向被征收人公布。

审计机关应当加强对征收补偿费用管理和使用情况的监督，并公布审计结果。

第四章　法律责任

第三十条 市、县级人民政府及房屋征收部门的工作人员在房屋征收与补偿工作中不履行本条例规定的职责，或者滥用职权、玩忽职守、徇私舞弊的，由上级人民政府或者本级人民政府责令改正，通报批评；造成损失的，依法承担赔偿责任；对直接负责的主管人员和其他直接责任人员，依法给予处分；构成犯罪的，依法追究刑事责任。

第三十一条 采取暴力、威胁或者违反规定中断供水、供热、供气、供电和道路通行等非法方式迫使被征收人搬迁，造成损失的，依法承担赔偿责任；对直接负责的主管人员和其他直接责任人员，构成犯罪的，依法追究刑事责任；尚不构成犯罪的，依法给予处分；构成违反治安管理行为的，依法给予治安管理处罚。

第三十二条　采取暴力、威胁等方法阻碍依法进行的房屋征收与补偿工作，构成犯罪的，依法追究刑事责任；构成违反治安管理行为的，依法给予治安管理处罚。

第三十三条　贪污、挪用、私分、截留、拖欠征收补偿费用的，责令改正，追回有关款项，限期退还违法所得，对有关责任单位通报批评、给予警告；造成损失的，依法承担赔偿责任；对直接负责的主管人员和其他直接责任人员，构成犯罪的，依法追究刑事责任；尚不构成犯罪的，依法给予处分。

第三十四条　房地产价格评估机构或者房地产估价师出具虚假或者有重大差错的评估报告的，由发证机关责令限期改正，给予警告，对房地产价格评估机构并处5万元以上20万元以下罚款，对房地产估价师并处1万元以上3万元以下罚款，并记入信用档案；情节严重的，吊销资质证书、注册证书；造成损失的，依法承担赔偿责任；构成犯罪的，依法追究刑事责任。

第五章　附　　则

第三十五条　本条例自公布之日起施行。2001年6月13日国务院公布的《城市房屋拆迁管理条例》同时废止。本条例施行前已依法取得房屋拆迁许可证的项目，继续沿用原有的规定办理，但政府不得责成有关部门强制拆迁。

自然资源部关于印发《土地征收成片开发标准（试行）》的通知

各省、自治区、直辖市自然资源主管部门，新疆生产建设兵团自然资源主管部门，各派驻地方的国家自然资源督察局：

《土地征收成片开发标准（试行）》已经部审议通过，现印发执行。

自然资源部

2020年11月5日

土地征收成片开发标准（试行）

一、根据《土地管理法》第45条的规定，制定本标准。

本标准所称成片开发，是指在国土空间规划确定的城镇开发边界内的集中建设区，由县级以上地方人民政府组织的对一定范围的土地进行的综合性开发建设活动。

二、土地征收成片开发应当坚持新发展理念，以人民为中心，注重保护耕地，注重维护农民合法权益，注重节约集约用地，注重生态环境保护，促进当地经济社会可持续发展。

三、县级以上地方人民政府应当按照《土地管理法》第45条规定，依据当地国民经济和社会发展规划、国土空间规划，组织编制土地征收成片开发方案，纳入当地国民经济和社会发展年度计划，并报省级人民政府批准。

土地征收成片开发方案应当包括下列内容：

（一）成片开发的位置、面积、范围和基础设施条件等基本情况；

（二）成片开发的必要性、主要用途和实现的功能；

（三）成片开发拟安排的建设项目、开发时序和年度实施计划；

（四）依据国土空间规划确定的一个完整的土地征收成片开发范围内基础设施、公共服务设施以及其他公益性用地比例；

（五）成片开发的土地利用效益以及经济、社会、生态效益评估。

前款第（四）项规定的比例一般不低于40%，各市县的具体比例由省级人民政府根据各地情况差异确定。

县级以上地方人民政府编制土地征收成片开发方案时，应当充分听取人大代表、政协委员、社会公众和有关专家学者的意见。

四、土地征收成片开发方案应当充分征求成片开发范围内农村集体经济组织和农民的意见，并经集体经济组织成员的村民会议三分之二以上成员或者三分之二以上村民代表同意。未经集体经济组织的村民会议三分之二以上成员或者三分之二以上村民代表同意，不得申请土地征收成片开发。

五、省级人民政府应当组织人大代表、政协委员和土地、规划、经济、法律、环保、产业等方面的专家组成专家委员会，对土地征收成片开发方案的科学性、必要性进行论证。论证结论应当作为批准土地征收成片开发方案的重要依据。

国家自然资源督察机构、自然资源部、省级人民政府应当加强对土地征收成片开发工作的监管。

六、有下列情形之一的，不得批准土地征收成片开发方案：

（一）涉及占用永久基本农田的；

（二）市县区域内存在大量批而未供或者闲置土地的；

（三）各类开发区、城市新区土地利用效率低下的；

（四）已批准实施的土地征收成片开发连续两年未完成方案安排的年度实施计划的。

七、本标准自公布之日施行，有效期三年。

住房城乡建设部关于印发
《国有土地上房屋征收评估办法》的通知

各省、自治区住房城乡建设厅，直辖市住房城乡建设委员会（房地局），新疆生产建设兵团建设局：

根据《国有土地上房屋征收与补偿条例》，我部制定了《国有土地上房屋征收评估办法》。现印发给你们，请遵照执行。

住房城乡建设部
二〇一一年六月三日

国有土地上房屋征收评估办法

第一条 为规范国有土地上房屋征收评估活动，保证房屋征收评估结果客观公平，根据《国有土地上房屋征收与补偿条例》，制定本办法。

第二条 评估国有土地上被征收房屋和用于产权调换房屋的价值，测算被征收房屋类似房地产的市场价格，以及对相关评估结果进行复核评估和鉴定，适用本办法。

第三条 房地产价格评估机构、房地产估价师、房地产价格评估专家委员会（以下称评估专家委员会）成员应当独立、客观、公正地开展房屋征收评估、鉴定工作，并对出具的评估、鉴定意见负责。

任何单位和个人不得干预房屋征收评估、鉴定活动。与房屋征收当事人有利害关系的，应当回避。

第四条　房地产价格评估机构由被征收人在规定时间内协商选定；在规定时间内协商不成的，由房屋征收部门通过组织被征收人按照少数服从多数的原则投票决定，或者采取摇号、抽签等随机方式确定。具体办法由省、自治区、直辖市制定。

房地产价格评估机构不得采取迎合征收当事人不当要求、虚假宣传、恶意低收费等不正当手段承揽房屋征收评估业务。

第五条　同一征收项目的房屋征收评估工作，原则上由一家房地产价格评估机构承担。房屋征收范围较大的，可以由两家以上房地产价格评估机构共同承担。

两家以上房地产价格评估机构承担的，应当共同协商确定一家房地产价格评估机构为牵头单位；牵头单位应当组织相关房地产价格评估机构就评估对象、评估时点、价值内涵、评估依据、评估假设、评估原则、评估技术路线、评估方法、重要参数选取、评估结果确定方式等进行沟通，统一标准。

第六条　房地产价格评估机构选定或者确定后，一般由房屋征收部门作为委托人，向房地产价格评估机构出具房屋征收评估委托书，并与其签订房屋征收评估委托合同。

房屋征收评估委托书应当载明委托人的名称、委托的房地产价格评估机构的名称、评估目的、评估对象范围、评估要求以及委托日期等内容。

房屋征收评估委托合同应当载明下列事项：

（一）委托人和房地产价格评估机构的基本情况；

（二）负责本评估项目的注册房地产估价师；

（三）评估目的、评估对象、评估时点等评估基本事项；

（四）委托人应提供的评估所需资料；

（五）评估过程中双方的权利和义务；

（六）评估费用及收取方式；

（七）评估报告交付时间、方式；

（八）违约责任；

（九）解决争议的方法；

（十）其他需要载明的事项。

第七条 房地产价格评估机构应当指派与房屋征收评估项目工作量相适应的足够数量的注册房地产估价师开展评估工作。

房地产价格评估机构不得转让或者变相转让受托的房屋征收评估业务。

第八条 被征收房屋价值评估目的应当表述为"为房屋征收部门与被征收人确定被征收房屋价值的补偿提供依据，评估被征收房屋的价值"。

用于产权调换房屋价值评估目的应当表述为"为房屋征收部门与被征收人计算被征收房屋价值与用于产权调换房屋价值的差价提供依据，评估用于产权调换房屋的价值"。

第九条 房屋征收评估前，房屋征收部门应当组织有关单位对被征收房屋情况进行调查，明确评估对象。评估对象应当全面、客观，不得遗漏、虚构。

房屋征收部门应当向受托的房地产价格评估机构提供征收范围内房屋情况，包括已经登记的房屋情况和未经登记建筑的认定、处理结果情况。调查结果应当在房屋征收范围内向被征收人公布。

对于已经登记的房屋，其性质、用途和建筑面积，一般以房屋权属证书和房屋登记簿的记载为准；房屋权属证书与房屋登记簿的记载不一致的，除有证据证明房屋登记簿确有错误外，以房屋登记簿为准。对于未经登记的建筑，应当按照市、县级人民政府的认定、处理结果进行评估。

第十条 被征收房屋价值评估时点为房屋征收决定公告之日。

用于产权调换房屋价值评估时点应当与被征收房屋价值评估时点一致。

第十一条 被征收房屋价值是指被征收房屋及其占用范围内的土地使用权在正常交易情况下，由熟悉情况的交易双方以公平交易方式在评估时点自愿进行交易的金额，但不考虑被征收房屋租赁、抵押、查封等因素的影响。

前款所述不考虑租赁因素的影响，是指评估被征收房屋无租约限制的价值；不考虑抵押、查封因素的影响，是指评估价值中不扣除被征收房屋已抵押担保的债权数额、拖欠的建设工程价款和其他法定优先受偿款。

第十二条 房地产价格评估机构应当安排注册房地产估价师对被征收房

屋进行实地查勘，调查被征收房屋状况，拍摄反映被征收房屋内外部状况的照片等影像资料，做好实地查勘记录，并妥善保管。

被征收人应当协助注册房地产估价师对被征收房屋进行实地查勘，提供或者协助搜集被征收房屋价值评估所必需的情况和资料。

房屋征收部门、被征收人和注册房地产估价师应当在实地查勘记录上签字或者盖章确认。被征收人拒绝在实地查勘记录上签字或者盖章的，应当由房屋征收部门、注册房地产估价师和无利害关系的第三人见证，有关情况应当在评估报告中说明。

第十三条　注册房地产估价师应当根据评估对象和当地房地产市场状况，对市场法、收益法、成本法、假设开发法等评估方法进行适用性分析后，选用其中一种或者多种方法对被征收房屋价值进行评估。

被征收房屋的类似房地产有交易的，应当选用市场法评估；被征收房屋或者其类似房地产有经济收益的，应当选用收益法评估；被征收房屋是在建工程的，应当选用假设开发法评估。

可以同时选用两种以上评估方法评估的，应当选用两种以上评估方法评估，并对各种评估方法的测算结果进行校核和比较分析后，合理确定评估结果。

第十四条　被征收房屋价值评估应当考虑被征收房屋的区位、用途、建筑结构、新旧程度、建筑面积以及占地面积、土地使用权等影响被征收房屋价值的因素。

被征收房屋室内装饰装修价值，机器设备、物资等搬迁费用，以及停产停业损失等补偿，由征收当事人协商确定；协商不成的，可以委托房地产价格评估机构通过评估确定。

第十五条　房屋征收评估价值应当以人民币为计价的货币单位，精确到元。

第十六条　房地产价格评估机构应当按照房屋征收评估委托书或者委托合同的约定，向房屋征收部门提供分户的初步评估结果。分户的初步评估结果应当包括评估对象的构成及其基本情况和评估价值。房屋征收部门应当将分户的初步评估结果在征收范围内向被征收人公示。

公示期间，房地产价格评估机构应当安排注册房地产估价师对分户的初步评估结果进行现场说明解释。存在错误的，房地产价格评估机构应当修正。

第十七条 分户初步评估结果公示期满后，房地产价格评估机构应当向房屋征收部门提供委托评估范围内被征收房屋的整体评估报告和分户评估报告。房屋征收部门应当向被征收人转交分户评估报告。

整体评估报告和分户评估报告应当由负责房屋征收评估项目的两名以上注册房地产估价师签字，并加盖房地产价格评估机构公章。不得以印章代替签字。

第十八条 房屋征收评估业务完成后，房地产价格评估机构应当将评估报告及相关资料立卷、归档保管。

第十九条 被征收人或者房屋征收部门对评估报告有疑问的，出具评估报告的房地产价格评估机构应当向其作出解释和说明。

第二十条 被征收人或者房屋征收部门对评估结果有异议的，应当自收到评估报告之日起10日内，向房地产价格评估机构申请复核评估。

申请复核评估的，应当向原房地产价格评估机构提出书面复核评估申请，并指出评估报告存在的问题。

第二十一条 原房地产价格评估机构应当自收到书面复核评估申请之日起10日内对评估结果进行复核。复核后，改变原评估结果的，应当重新出具评估报告；评估结果没有改变的，应当书面告知复核评估申请人。

第二十二条 被征收人或者房屋征收部门对原房地产价格评估机构的复核结果有异议的，应当自收到复核结果之日起10日内，向被征收房屋所在地评估专家委员会申请鉴定。被征收人对补偿仍有异议的，按照《国有土地上房屋征收与补偿条例》第二十六条规定处理。

第二十三条 各省、自治区住房城乡建设主管部门和设区城市的房地产管理部门应当组织成立评估专家委员会，对房地产价格评估机构做出的复核结果进行鉴定。

评估专家委员会由房地产估价师以及价格、房地产、土地、城市规划、法律等方面的专家组成。

第二十四条 评估专家委员会应当选派成员组成专家组，对复核结果进行鉴定。专家组成员为3人以上单数，其中房地产估价师不得少于二分之一。

第二十五条 评估专家委员会应当自收到鉴定申请之日起10日内，对申请鉴定评估报告的评估程序、评估依据、评估假设、评估技术路线、评估方法选用、参数选取、评估结果确定方式等评估技术问题进行审核，出具书面鉴定意见。

经评估专家委员会鉴定，评估报告不存在技术问题的，应当维持评估报告；评估报告存在技术问题的，出具评估报告的房地产价格评估机构应当改正错误，重新出具评估报告。

第二十六条 房屋征收评估鉴定过程中，房地产价格评估机构应当按照评估专家委员会要求，就鉴定涉及的评估相关事宜进行说明。需要对被征收房屋进行实地查勘和调查的，有关单位和个人应当协助。

第二十七条 因房屋征收评估、复核评估、鉴定工作需要查询被征收房屋和用于产权调换房屋权属以及相关房地产交易信息的，房地产管理部门及其他相关部门应当提供便利。

第二十八条 在房屋征收评估过程中，房屋征收部门或者被征收人不配合、不提供相关资料的，房地产价格评估机构应当在评估报告中说明有关情况。

第二十九条 除政府对用于产权调换房屋价格有特别规定外，应当以评估方式确定用于产权调换房屋的市场价值。

第三十条 被征收房屋的类似房地产是指与被征收房屋的区位、用途、权利性质、档次、新旧程度、规模、建筑结构等相同或者相似的房地产。

被征收房屋类似房地产的市场价格是指被征收房屋的类似房地产在评估时点的平均交易价格。确定被征收房屋类似房地产的市场价格，应当剔除偶然的和不正常的因素。

第三十一条 房屋征收评估、鉴定费用由委托人承担。但鉴定改变原评估结果的，鉴定费用由原房地产价格评估机构承担。复核评估费用由原房地产价格评估机构承担。房屋征收评估、鉴定费用按照政府价格主管部门规定的收费标准执行。

第三十二条 在房屋征收评估活动中，房地产价格评估机构和房地产估价师的违法违规行为，按照《国有土地上房屋征收与补偿条例》、《房地产估价机构管理办法》、《注册房地产估价师管理办法》等规定处罚。违反规定收费的，由政府价格主管部门依照《中华人民共和国价格法》规定处罚。

第三十三条 本办法自公布之日起施行。2003年12月1日原建设部发布的《城市房屋拆迁估价指导意见》同时废止。但《国有土地上房屋征收与补偿条例》施行前已依法取得房屋拆迁许可证的项目，继续沿用原有规定。

附录二 集体土地征收过程中部分公告参考模板

××市（县）人民政府
土地征收启动公告

×政土公〔20××〕第××号

××市（县）人民政府为实施××市（县）土地利用总体规划和20××年度土地利用计划，××项目建设用地拟征收××村集体所有的土地，根据《中华人民共和国土地管理法》及《中华人民共和国土地管理法实施条例》的有关规定，现将有关事项公告如下：

一、拟征收土地的范围

××村农民集体所有土地××公顷（××亩）（具体以附件红线图为准）。四至范围见示意图（也可具体描述四至范围）。

二、开展土地现状调查工作安排

××人民政府将组织××（行政机关）开展土地现状调查，对土地权属、地类、面积，以及农村村民住宅（含权属、面积等）、其他地上附着物和青苗的权属、种类、数量等信息进行调查确认，请有关单位和个人予以支持。

三、开展社会稳定风险评估工作

本公告发布后，××人民政府将组织××（行政机关）及职能部门对拟征收土地是否涉及社会稳定风险开展预测和评估，出具社会稳定风险评估报告，确定风险点、制定防控措施和处置预案。

四、其他事项

自公告发布之日起，征地范围内有下列情形之一的，不作为补偿安置的依据：抢建的建筑物、构筑物及室外装潢和抢种的地上农作物的；户口的迁入、分户的；房屋转让、交换、新（扩、改）建、析产、赠与、租赁、抵押、典当、装修等的；领取营业执照、临时营业执照的；变更房屋用途的；其他不符合补偿安置条件的。

特此公告。

××人民政府

20××年××月××日

附件：××项目出让地块拟征收红线图

××市（县）人民政府
征地补偿安置方案公告

×政土公〔20××〕第××号

××市（县）人民政府为实施××市（县）土地利用总体规划和20××年度土地利用计划，××项目建设用地拟征收你村集体土地，根据《中华人民共和国土地管理法》第47条、第48条及《中华人民共和国土地管理法实施条例》第27条、第28条的规定，现将《征地补偿安置方案》内容和有关事项公告如下：

一、拟征地地类、面积及征地位置

征地地类、面积：××乡（镇、街道办）××村集体耕地××公顷、农用地××公顷、未利用地××公顷、建设用地××公顷；××乡（镇、街道办）××村集体耕地××公顷、农用地××公顷、未利用地××公顷、建设用地××公顷。

征地位置：××乡（镇、街道办）××村委会，××村委会；××乡（镇、街道办）××村委会，××村委会。

二、××市（县）征地区片综合地价结果报告数据

依照《××省关于调整××省征地区片综合地价标准的通知》及××市（县）征地区片综合地价成果，该批次用地涉及××个区片，被征地村区片编号为：××××、××××、××××范围内，征地补偿安置费为××—××万元/公顷，社会保障费用为××万元/公顷。

三、被征地村综合补偿标准

被征地单位	征地面积（公顷）	征地补偿费			合计（万元）
^	^	征地补偿安置补助费（××万元/公顷）	青苗补偿费（××万元/公顷）	附着物补偿费（××万元/公顷）	^
××村					
××村					
总计					

注：附着物补偿费按××〔20××〕××号文件标准执行，附着物清点由县政府指定部门（或乡镇）实施，有异议的请于本公告公示期内向政府指定清点部门（或乡、镇、街道办）提出。

四、农业人口安置

根据××号文件精神，被征地农村集体经济组织成员，房屋拆迁补偿后每人可按照××元/平方米的优惠价回购××平方米安置房用于居住安置，为鼓励群众积极参与城市建设，在规定时间内签订协议并完成房屋拆迁的，居住安置用房按照××元/平方米的标准予以奖励；在全部失地后，每人无偿安置××平方米商铺用于生活安置。居住安置和生活安置实行集中安置，安置地点在××安置小区。

不选择集中安置的被征地农村集体经济组织成员，在自愿签署承诺书的前提下，可以按照安置房市场评估价领取居住安置费和生活安置费用，实行货币化安置。

五、社会保障费

按照《××人力资源和社会保障厅关于公布20××年被征地农民社会保障费用最低标准的通知》（××人社办〔20××〕××号）的规定，社会保障费××

万元，足额缴纳至人社部门。

六、被征地四至范围内的土地所有权人和使用权人对本方案如有不同意见，可以提出意见或者听证申请，请于20××年××月××日前以村（居）委会为单位，将意见书或听证申请以书面形式送达××市（县）自然资源和规划局（自然资源局）国土空间用途管制科（股），逾期未提出的，视为放弃权利。多数被征地的农村集体经济组织成员提出听证申请的，将组织召开听证会，并根据法律、法规的规定和听证会情况修改方案。

联系人：××××

电　话：××××

××××年××月××日

××市（县）人民政府
征收土地公告

×政发〔20××〕第××号

××市（县）人民政府为实施××市（县）土地利用总体规划和20××年度土地利用计划，××项目建设用地拟征收你村集体土地，根据《中华人民共和国土地管理法》第47条、第48条，《中华人民共和国土地管理法实施条例》第31条及《××省实施〈中华人民共和国土地管理法〉办法》的有关规定，××年××月××日，经××省人民政府同意，以××土审（××）〔20××〕××号批准我市（县）征收××村农民集体用地××公顷为国有土地的规定，现将《征地土地方案》内容和有关事项公告如下：

一、征收土地用途：××××。

二、征收土地位置：位于××村，具体位置见附件。

三、被征地村（组）及面积

××村，其中农用地××公顷、其他农用地（不含坑塘水面）××公顷、未利用地××公顷。

四、土地补偿安置、青苗及地上附着物补偿标准

（一）土地补偿费和安置补助费标准：农用地（其他农用地）按××万元/公顷补偿，未利用地按××万元/公顷补偿。

（二）青苗及地上附着物补偿标准：（无青苗及地上附着物，不涉及补偿。）

征地补偿总额为××万元（不含留用地折算货币补偿款）。

五、农业人口安置方法：按《中华人民共和国土地管理法》第47条规定的方法落实安置，所需费用已包含在土地补偿费和安置补偿费中。

六、被征收土地所有权人及相关权利人应当在征收土地公告规定的××个工作日内持集体土地所有权证、集体土地使用权证、集体土地承包合同及身份证等到联系地址办理征地补偿登记手续，凡未如期办理征地补偿登记手续的，其补偿内容以土地行政主管部门的调查结果为准。凡从土地行政主管部门现场调查之日起，抢建、抢种的地上附着物不予补偿。（受理时间：上午8：30—12：00，下午2：30—5：30）

七、公告期限为本公告发布之日起××个工作日，被征收土地所有权人及相关权利人可以自公告期限届满之日起××日内就××土审（××）〔20××〕××号征地批复向××人民政府申请行政复议。

特此公告。

联系人：××××

联系电话：××××

联系地址：××××

××人民政府

××××年××月××日

附件：1.××省人民政府关于××20××年度中心城区××批次城市建设用地农用地转用和土地征收实施方案的批复

2.征地红线图

后 记

　　本书的编写是在司法部行政执法协调监督局的悉心指导下完成的，中国法制出版社给予了大力支持，郑州大学法学院、苏州大学法学院为编写工作提供了有力保障，王红建、程雪阳、邢昕等老师在统稿方面做了大量工作，郑州大学法学院的部分研究生，特别是韩影同学协助收集了部分资料，为本书的编写付出了辛劳和汗水，编写组在此一并表示感谢！

本书编者

2022年11月

图书在版编目(CIP)数据

行政征收征用制度教程/全国行政执法人员培训示范教材编辑委员会编. —北京：中国法制出版社，2023.6

ISBN 978-7-5216-3376-4

Ⅰ.①行… Ⅱ.①全… Ⅲ.①行政法－中国－教材 Ⅳ.① D922.1

中国国家版本馆 CIP 数据核字（2023）第 055998 号

策划编辑：马　颖
责任编辑：宋　平　　　　　　　　　　　　　　封面设计：李　宁

行政征收征用制度教程
XINGZHENG ZHENGSHOU ZHENGYONG ZHIDU JIAOCHENG

编者/全国行政执法人员培训示范教材编辑委员会
经销/新华书店
印刷/三河市紫恒印装有限公司
开本/710 毫米 ×1000 毫米　16 开　　　　　印张/19.25　字数/250 千
版次/2023 年 6 月第 1 版　　　　　　　　　2023 年 6 月第 1 次印刷

中国法制出版社出版
书号 ISBN 978-7-5216-3376-4　　　　　　　　　　　　定价：65.00 元

北京市西城区西便门西里甲 16 号西便门办公区
邮政编码：100053　　　　　　　　　　　　传真：010-63141600
网址：http://www.zgfzs.com　　　　　　　编辑部电话：010-63141825
市场营销部电话：010-63141612　　　　　印务部电话：010-63141606
（如有印装质量问题，请与本社印务部联系。）